国家自然科学基金资助项目研究成果(项目编号：71073045)

经济管理学术文库·经济类

淮河流域矿产资源开发、生态环境演变与新型工业化道路研究

Exploitation of Mineral Resources, Evolution of Ecological Environment and a New Path toward Industrialization in the HuaiHe River Basin

万伦来 / 著

图书在版编目（CIP）数据

淮河流域矿产资源开发、生态环境演变与新型工业化道路研究/万伦来著.—北京：经济管理出版社，2013.9

ISBN 978-7-5096-2653-5

Ⅰ.①淮… Ⅱ.①万… Ⅲ.①淮河—流域—矿产资源开发—研究 ②淮河—流域—区域生态环境—研究 ③淮河—流域—工业化进程—研究 Ⅳ.①F426.1 ②X321

中国版本图书馆 CIP 数据核字（2013）第 232763 号

组稿编辑：魏晨红
责任编辑：魏晨红
责任印制：杨国强
责任校对：张　青

出版发行：经济管理出版社
　　　　　（北京市海淀区北蜂窝 8 号中雅大厦 A 座 11 层　100038）
网　　址：www.E-mp.com.cn
电　　话：(010) 51915602
印　　刷：北京京华虎彩印刷有限公司
经　　销：新华书店
开　　本：720mm×1000mm/16
印　　张：14
字　　数：244 千字
版　　次：2013 年 11 月第 1 版　2013 年 11 月第 1 次印刷
书　　号：ISBN 978-7-5096-2653-5
定　　价：48.00 元

·版权所有　翻印必究·

凡购本社图书，如有印装错误，由本社读者服务部负责调换。
联系地址：北京阜外月坛北小街 2 号
电话：(010) 68022974　邮编：100836

前 言

"走千走万，不如淮河两岸"这首民谣，充分表达了淮河流域人民对美丽富饶家乡的赞美之情。淮河流域面积约占国土面积的1/36、可耕地面积约占全国可耕地面积的1/12、人口约占全国总人口的1/7。淮河流域凭借矿产资源（尤其是煤炭资源）丰富的区位条件，工业经济迅猛发展，城市化水平快速提高，但随着矿产资源的被开发利用，原有的生态环境结构被打乱，淮河水质污染、土地塌陷范围和深度逐年扩大。据专家预测，"两淮煤炭基地"每年塌陷土地约26平方千米，预计到2020年塌陷面积将达到700平方千米，淮河流域正陷入"资源诅咒""瓶颈"的两难境地，迫切需要学术界给予极大的关注。

我对淮河流域经济—社会—生态三大系统交互作用机理、统筹协调发展的研究兴趣起于2005年初，经过1年多的努力预研，于2006年成功获批国家教育部人文社会科学研究规划基金项目"淮河流域工业化与自然生态环境的可持续性研究"（06JA790029），2008年又有幸主持国家社会科学基金重大项目"中西部地区资源节约型、环境友好型社会建设战略"（08&ZD043）子课题的研究，特别是2009年成功申报国家自然科学基金面上项目"淮河流域矿产资源开发的环境效应与矿产资源型产业调整战略"（71073045）更激发了我的研究热情。在这期间，我先后指导了朱骏锋、张莉、胡志华、董航、郭文慧、陆建芬、焦叶、陶建国、周炜、朱丽曼等10多位应用经济学专业硕士学位毕业论文，在国内外学术期刊上发表论文30多篇。本书主要是在总结国家自然科学基金"淮河流域矿产资源开发的环境效应与矿产资源型产业调整战略"阶段性研究成果的基础上，根据以上同学的毕业论文拓展整理而编纂的。

本书以我国具有代表性的矿产资源型地区——淮河流域，尤其是全国十四大煤炭基地之一淮河流域安徽段两淮煤炭基地为考察对象，研究探索矿产资源开发—工业化推进—生态环境演变交互作用关系，阐明该流域矿产资源开发的环境效应动态趋势及诱因，揭示该流域生态环境时空变化格局，提出了淮河流域调整优化产业结构、走新型工业化道路的对策措施。本书的特色主要表现在：一是多学科的交叉融合。该书有机结合了生态学、资源环境经济管理、区域经济、产业经济、可持续发展理论、公共管理等进行跨学科交叉融合研究。二是讲求理论研究、应用研究，尤其是政策措施研究相融合。三是大量复杂的数据处理工作。书中涉及大量的关于矿产资源、生态环境系统、工业化的相关数据资料，除常用的土地资源利用、煤炭资源开采、工业化增长水平和CPI指数等能直接从有关统计年鉴获取外，其他数据资料均是笔者多年跟踪调查或根据安徽省环境科学研究院提供的相关资料整理加工而成。四是在经济—社会—生态三大系统交互作用机理研究方面，既强调定性研究，更注重运用定量方法探究生态环境与矿产资源开发交互作用的数理规律性，相信这些是生态经济管理和区域可持续发展管理研究领域上的一个创新。

本书研究过程中得到了国家自然科学基金面上项目"淮河流域矿产资源开发的环境效应与矿产资源型产业调整战略"的资助！特别要感谢以上10多位硕士研究生在本书写作过程中付出的心血！感谢安徽省环境科学研究院潘成荣总工程师给予本书研究的大力支持和帮助！感谢在美国加州大学伯克利分校进修访学期间中外学者提出的宝贵修改意见。此外，本书还参考和引用了中外许多学者的研究成果（详见本书中的参考资料），硕士研究生唐鹏展、卢晓倩、朱琴3位同学在书稿整理过程中付出了大量辛勤劳动，经济管理出版社魏晨红女士也为本书出版付出劳累，在此谨向以上诸位女士和先生表示衷心的感谢！

由于能力有限，且因教学科研工作事务繁忙对本书研究投入不足，书中一定存在许多缺点和不足之处，祈盼读者批评指正！

万伦来

于合肥工业大学经济学院

2013年7月30日

目 录

第1章 绪论 ·· 1
1.1 问题的提出 ··· 1
1.2 研究意义 ·· 2
1.3 研究文献综述 ·· 5

第2章 矿产资源分布特征及开发利用现状 ································· 15
2.1 矿产资源蕴藏量 ·· 15
2.2 矿产资源开发的现状 ·· 17
2.3 矿产资源型产业的发展状况 ··· 27

第3章 生态环境系统演变的动态趋势 ·· 31
3.1 生态环境的内涵 ·· 31
3.2 淮河流域生态环境变化趋势 ··· 32
3.3 淮河流域安徽段生态环境质量分析 ·································· 39
3.4 淮河流域综合生态环境质量分析 ····································· 44

第4章 矿产资源开发与生态环境系统的交互作用 ························ 57
4.1 矿产资源开发与生态系统交互作用的相关理论 ··················· 57
4.2 矿产资源开发与生态系统的交互作用 ······························· 60
4.3 矿产资源开发与生态系统耦合关系的系统动力学模型 ·········· 67

第5章 矿产资源开采企业的环境行为研究 ································· 82
5.1 煤炭采选企业环境行为概况 ··· 82
5.2 煤炭采选企业环境行为的综合评价 ·································· 87
5.3 煤炭采选企业环境行为的微观影响因素分析 ······················ 98

第6章 生态环境质量差异的影响因素 ………………………………… 105
- 6.1 淮河流域生态环境质量差异 ……………………………………… 105
- 6.2 生态环境差异影响因素的理论模型 ……………………………… 106
- 6.3 淮河流域生态环境差异影响因素的实证分析 …………………… 109

第7章 生态环境承载力的实证分析 …………………………………… 114
- 7.1 生态环境承载力研究的理论基础 ………………………………… 114
- 7.2 生态环境承载力评价方法 ………………………………………… 119
- 7.3 安徽省淮河流域生态环境承载力的实证研究 …………………… 128

第8章 工业化的发展历史与现状 ……………………………………… 143
- 8.1 工业化进程的历史回顾 …………………………………………… 143
- 8.2 工业经济发展现状分析 …………………………………………… 145
- 8.3 淮河流域安徽段工业化综合评价 ………………………………… 153

第9章 工业化水平差异的影响因素 …………………………………… 166
- 9.1 区域经济差异现状 ………………………………………………… 166
- 9.2 空间计量经济学模型 ……………………………………………… 170
- 9.3 模型的估计及检验 ………………………………………………… 172
- 9.4 工业化差异影响因素的空间计量模型 …………………………… 174

第10章 工业化与生态环境的协调性研究 …………………………… 180
- 10.1 指标选取和模型确立 …………………………………………… 180
- 10.2 计量结果及分析 ………………………………………………… 180

第11章 新型工业化道路路径选择 …………………………………… 185
- 11.1 高科技化 ………………………………………………………… 186
- 11.2 信息化 …………………………………………………………… 188
- 11.3 低碳化 …………………………………………………………… 189
- 11.4 其他 ……………………………………………………………… 191

参考文献 …………………………………………………………………… 194

第1章 绪 论

1.1 问题的提出

工业化被公认为拉动世界经济快速发展的"火车头"。然而,工业化在创造社会物质财富、改善人民物质生活水平的同时,也造成了日益严峻的生态环境污染问题。纵观世界发达国家或地区工业化的历史不难看出,生态环境恶化一直是工业化相伴而生的世界性难题。一方面工业化、经济增长导致了污染物排放的不断增加,环境质量的不断下降;另一方面环境的持续恶化反过来又对工业化、经济增长产生了约束限制。因此,必须统筹兼顾工业经济增长与生态环境健康状况,努力寻求既保障生态环境可持续发展,又促使工业化快速推进的科学发展之路。

改革开放30余年来,我国工业化、经济增长速度喜人,但是却付出了巨大的生态环境代价。事实上,早在改革开放初期,我国政府就特别强调工业化过程中的生态环境保护。1979年颁布的《中华人民共和国环境保护法》提出在社会主义现代化建设中,必须合理地利用自然环境,防治环境污染和生态破坏,营造清洁适宜的生活和劳动环境;1983年把环境保护上升为我国的一项基本国策,同时出台了"同步发展"方针和"三大政策"及八项管理制度;客观地说,这些政策和措施对我国工业化过程中如何保护经济增长与生态环境的协调发展起到了重要的政策法律保障。但是,受片面追求GDP总量粗放式工业化模式的影响,我国生态破坏、资源紧张和环境污染等问题日益突出,如何切实保障中国工业化、经济增长与生态环境协调发展已成为国人亟待解决的重要课题。

淮河流域地处我国东部,介于长江和黄河两流域之间,地跨河南、安徽、江苏和山东四省,遍及33个地市(河南省主要有郑州、开封、平顶山、许昌、漯河、商丘、信阳、周口、驻马店、洛阳、南阳11个市;安徽省主要有淮南、淮北、蚌埠、阜阳、宿州、滁州、亳州、六安8个市；江苏省主要有宿迁、盐城、徐州、连云港、淮安、扬州、泰州7个市；山东主要有菏泽、济宁、枣庄、临沂、日照、淄博、泰安7个市）。淮河流域在中国七大流域中排名第六，但其人口密度却居七大流域之首，不仅土地辽阔（耕地面积约1.9亿亩，约占全国耕地面积的12%），农产品资源丰富（粮食产量约占全国总产量的1/6），而且矿物丰富多样，矿产资源型产业发展的历史悠久，已开采矿产达100多种，其中煤炭探明储量700亿吨，是我国典型的煤炭资源型地区，该流域的快速发展对我国全面建设小康社会起着举足轻重的作用。

淮河流域工业化"因矿而生，依煤而兴"，矿产资源型产业发展迅速，尤其是20世纪80年代一哄而起，矿产资源特别是煤炭资源无序化开采现象严重。然而，迅速发展起来的矿产资源型产业在创造丰富物质文明、推动区域经济增长的同时，也造成了日益严峻的环境问题，如土地及植被等被毁坏，地面塌陷时有发生，地面地下水资源污染、空气污染和噪声污染等现象严重，这些生态环境问题无疑给淮河流域经济社会可持续发展带来了极大的威胁，致使经济发展与社会、资源、环境之间存在着长期冲突，进而使该流域同世界大多矿产资源型地区一样也逃不过"矿产资源魔咒"。党和国家领导人高度重视淮河流域的可持续发展问题，仅在2009年中，国家环境保护部主要领导和安徽省委省政府领导就曾专门3次视察淮南、淮北两淮矿区，亲临现场督办环境污染综合治理问题。但综观现有文献资料，至今鲜有人对我国这一矿产资源型产业较为稠密、生态环境相对脆弱区域的相关问题进行较深透的研究分析。因此，本书在国家自然科学基金（项目编号：71073045）的资助下，以我国最典型的矿产资源地区淮河流域为考察对象，系统地研究该区域矿产资源开发的环境效应产生机制及矿产资源开发与环境系统交互作用的规律性，以形成具有普世价值的科学认知，进而提出调整矿产资源型产业、走新型工业化道路的政策措施，为广大矿产资源枯竭型地区可持续增长提供有价值的参考资料。

1.2 研究意义

1.2.1 国家综合治理淮河决策的需要

20世纪70年代末，由于淮河流域矿产资源被无序开采，矿产资源型企业

第1章 绪 论

一哄而上，使得横贯其中系中国七大江河之一的淮河遭到了严重污染。在党中央、国务院的高度重视下，1994年淮河治污序幕拉开，2008年底，治淮19项骨干工程累计安排投资计划443亿元（中央307亿元，地方136亿元），累计实际完成投资396亿元（中央277亿元，地方119亿元），占2003年估算总投资447亿元的89%，但实际综合治理效果却不尽如人意。而矿产资源开发对区域生态环境危害更加严重，以安徽省淮南和淮北煤炭基地（简称两淮煤炭基地）为例，矿区面积1.5万平方千米，煤炭资源储量276亿吨，截至2011年10月，已经形成461平方千米的塌陷区，其中塌陷深度在1.5米以上的约200平方千米，最大塌陷深度21.3米（李宏塔，2012）。其原因主要是多年来形成的结构性环境污染问题还没有从根本上得到解决，煤炭、铜矿、铁矿、金矿、脉石英、萤石、水泥用灰岩等矿产资源开发利用技术水平落后，而国家治淮工程更多从淮河水域考虑，相对忽视矿产资源开发利用所诱发的整个区域土地及植被被毁坏、地表塌陷时有发生、地面地下水资源污染严重等环境效应问题。我们认为必须树立"以大淮河治理为契机，实施淮河流域的整体开发"战略理念，从"依河治污"向"大淮河治理"转变，充分利用"大淮河治理"这一杠杆推动淮河流域实现整体开发；从地方或部门"条块"分割治理向上中下游协调一体化综合治理转变；从注重淮河坝堤坡滩和水污染治淮向科学规划调整区域内矿产资源型产业结构优化升级，实现经济社会与生态环境协调发展转变。这是因为淮河流域是我国东部与中西部的连接中枢，也是我国南北长江经济带与黄河经济带的经济结合枢纽，淮河流域整体开发、一体化发展完全可以把经济发达或比较发达的科技人才密集的长江三角洲、山东省中东部、郑州城市群、武汉城市群连为一体。淮河流域可持续发展对于我国建设一体化生产力体系和一体化市场体系，加强东部经济发达地区对中西部大开发的带动作用都具有非常重要的战略意义。因此，该区域矿产资源开采利用的环境效应怎样？如何发生？矿产资源开采利用与环境效应间的关系如何？怎样调整矿产资源型产业实现区域可持续发展？这些都是国家综合治理淮河面临的现实问题。

本书试图对该区域矿产资源开采利用所诱发的环境效应问题，矿产资源开采利用与环境交互作用关系，以及矿产资源型产业调整优化方略等一系列问题进行系统的应用基础研究，为国家综合治理淮河，尽快改善淮河流域生态环境污染状况提供重要的决策参考。

1.2.2 引导淮河流域矿产资源型产业走出困境的需要

淮河流域是我国主要经济欠发达区域之一，目前其经济发展水平在全国仍处于"谷地"。据统计，淮河流域的人均GDP只相当于所在4省（河南、安徽、江苏、山东）平均水平的68%和全国平均水平的72.9%。原因是由于"资源诅咒"导致的经济发展与社会、资源、环境之间的长期冲突（程必定，2000）。在环境污染严重、矿产资源日益枯竭双重压力的背景下，淮河流域必须以冶金、电力、煤炭、建材、化工、轻工等行业为重点，运用循环经济理念，以发展低碳经济为抓手，加快调整产业结构、产品结构和能源消费结构，着力改变高能耗、重污染的工业化格局，努力建立健全资源高效循环利用的产业链。但据我们前期相关的研究发现，该区域市场分割、各自为政现象严重，产业调整短期行为较多，缺乏长期规划，行政协调乏力等问题突出。因此，如何尽快建立健全淮河流域矿产资源型产业优化调整的长效机制，突出区域特色和优势，实现资源型产业可持续发展，引导淮河流域矿产资源型产业尽快走出困境，是该区域面临的最紧迫问题，也是顺利推进"中部崛起"战略的必然要求。

本书拟通过对淮河流域各地矿产资源开发利用及其产业总量分布进行聚类分析，运用时序全局主成分分析法对相关因子进行动态描述，以把握该区域矿产资源开发利用及其产业集聚特征，以及总量分布特征和结构性空间分布特征。本着"以环境治理为关键，以产业可持续发展为基础，以大中城市为中心"的研究逻辑，并根据影响该区域环境承载力的各限制因子强弱程度，结合中外资源型产业调整优化的成功经验，探索建立健全淮河流域资源型产业调整的长效机制的战略措施。

1.2.3 促进区域资源与环境管理理论发展的需要

目前，关于区域矿产资源开发利用的环境效应的研究大多基于环境经济学、地理学和制度经济学理论进行，而结合资源与环境管理、生态经济学、地理经济等学科理论进行跨学科的综合研究非常缺乏。从研究的需求条件看，区域矿产资源开发利用的环境效应是一个研究内容多、研究面广的复杂系统，必须进行跨学科综合研究才能穷尽其实质；从研究的难易程度看，区域矿产资源开发利用的环境效应及产业发展的影响因素复杂，导致目前学术界对有关方面的研究还不成体系。我国淮河流域矿产资源产业发展历史悠久、矿产资源种类丰富多样的现实，既具有研究矿产资源开发利用的环境效应的必要性，又为矿产资源开发利用的环境效应提供了良好素材。因此，以淮河流域矿产资源开发利用的环境效应为研究对象，基于资源与环境管理等理论进行跨学科研究，将区域特色问题的研究上升为理论并推向世界，具有理论创新价值。

本书将在理论上明确回答矿产资源开发利用所诱发的环境效应的本质特征是什么，矿产资源开发利用的环境效应的影响因子有哪些，如何进行科学评价，矿产资源开发利用与环境效应之间的内在关系如何，如何测算区域环境限制因子强弱，如何科学确定必须优先"关、停、转"和实现结构优化升级的行业部门。显然，通过对这些问题的阐释必将有利于完善区域资源与环境管理理论。

1.3 研究文献综述

1.3.1 国外研究综述

关于矿产资源开发利用的环境效应思想，早期的古典经济学家，如 Willian Petty（威廉·配第）、Thomas Robert Malthus（托马斯·罗伯特·马尔萨斯）、David Ricar-do（大卫·李嘉图）、John Mill（约翰·穆勒）等在关于经济增长与资源环境承载容量关系的研究时就有论述。第二次世界大战后，世人逐渐意识到矿产资源掠夺性开采诱发了日益严重的环境问题。1968 年，Kenneth Boulding（肯尼斯·鲍尔丁）研究认为，要解决经济增长过程中的环境污染问题，必须运用"循环"理念实现零排放，从而奠定了经济社会与生态环境协调共进的思想雏形。1972 年，D. H. Meadows（丹尼斯·米都斯）等主张人类社会要想避免自然环境衰退就必须抑制增长。1974 年，Lester R. Brown（莱斯特·R. 布朗）的《环境警示丛书》掀起了全球环境运动的高潮。1984 年，Edith Brown Weiss 提出，必须树立代际公平理念解决全球生态环境的衰退问题。1987 年，世界环境与发展委员会发表声明阐述了实现经济社会与生态环境协调发展的必要性和可行性。1992 年 6 月，联合国环境与发展大会揭开了全球可持续发展的序幕，此后世界各国对可持续发展理论、资源环境等问题展开了广泛而深入的研究。在此背景下，关于区域矿产资源开发利用的环境效应、工业化及产业结构调整战略等也成了国外学者关注的焦点。

(1) 矿产资源开采与生态环境的相互作用。20世纪初期，随着西方先行国家工业化的相继完成，矿产资源开发过程中的资源耗竭与生态环境污染问题也逐渐凸显出来，引起了政府部门与相关学者的关注。归纳起来，研究主要集中在以下几个方面：

①矿产资源开发对生态环境的影响。Kesler（1994）较早展开的系统研究中将矿产资源开发对生态环境的这种影响总结为环境累积效应，并在《矿产资源、经济和环境》一书中指出：矿产资源开发利用的环境累积效应是指当一次矿产资源开发行动与过去、现在以及可合理预见的将来行动结合在一起时所产生的对生态环境的累加影响。Singh（1999）较系统地描述了在过去的100多年里，澳大利亚采矿业对生态系统造成的影响，包括大气污染、水污染、土地退化、森林植被破坏、岩体松散、辐射危害等方面的问题，这在一定程度上拓展了Kesler的理论。Simone（2000）专门针对矿产资源锡矿的开发对生态系统造成的影响进行了研究，发现了影响包括水土河流污染、有毒废弃物排放、生态植被破坏、矿区塌陷等。Pagiola等（2005）针对拉丁美洲矿产资源开采对生态系统所造成的不同影响进行了研究，发现影响包括森林植被大片破坏、水土流失、区域沙漠化、地面地下水污染、空气污染、辐射等20多种。Aigbedion等（2007）针对尼日利亚矿产资源开发对生态系统造成的影响进行了研究，得出造成的影响包括大气和水污染、土地退化、辐射危害、生态失调等。Capatina等（2008）针对罗马尼亚矿产资源开发中的露天采矿对空气造成的影响进行了研究，发现矿产资源开发不仅产生了可悬浮颗粒，而且还产生SO_2、NO_2、NH_3等污染气体。Angela等（2009）针对尼日利亚采矿业发展对生态系统造成的影响进行研究，发现不仅造成森林植被减少、噪声和废弃物污染、土壤退化、洪涝灾害频发等，而且还危害到当地居民的身心健康，尤其是妇女、儿童的身心健康。Jorge等（2009）分析智利北部地区的常年干旱的原因时发现，造成此危害的主要原因是由于该地区矿产资源的大规模开采，以至于破坏了地面及地下水系。Chikkatu等（2010）分析了矿产资源中的煤炭资源的开采对生态系统造成的影响，主要包括采煤过程中释放的甲烷和交通运输活动而造成的大气污染、煤炭开采和洗矿以及其他与之相关的活动造成的水污染、地质坍塌退化和森林植被破坏等。

②矿产资源开发与生态环境的交互作用关系。Shafik（1992）、Grossman和Krueger（1995）等通过实证研究发现经济发展与生态环境之间存在一定的交替关系，可用"环境库兹涅茨曲线"来描述。Eakin（1995）、Stern等

(1996)、Maboeta 等（2006）基于"环境库兹涅茨曲线"实证研究发现：发达国家和新兴工业化国家的大多数工业环境污染物与人均收入之间符合倒"U"形关系曲线，从而认为工业化并不必然地持续导致生态环境质量的恶化。List（1999）认为，倒"U"形曲线并非是"环境库兹涅茨曲线"的唯一表现形式，在某个阶段甚至会出现水平的曲线。从理论分析的角度，Stokey（1998）和 Andreoni 等（2001）的规模收益递增模型、Gawande（2001）的空间选择模型、Sjak（2005）和 Marzio（2006）的权变理论、Elizabeth（2009）对"环境库兹涅茨曲线"的形成原因及机理进行分析，力图证明"环境库兹涅茨曲线"的形成条件和存在的合理性。

（2）环境库兹涅茨曲线。1991 年，美国普林斯顿大学的 Grossman 和 Krueger 通过对 42 个国家面板数据的分析发现，随着经济的不断增长，环境先是趋于恶化，当经济增长到一定水平，环境质量恶化的态势达到顶点，之后环境质量趋于改善。因这一现象与库兹涅茨曲线十分相似，故而也被学术界叫做"环境库兹涅茨曲线"（Environmental Kuznets Curve, EKC）。该理论一经提出就引起了学术界的广泛关注。

①对"环境库兹涅茨曲线"的实证检验。目前，学者大致采用二次函数型（Eakin 和 Selden，1995）、三次函数型（Grossman 和 Krueger，1995；Jha 和 Murthy，2003）和对数形式型（Suri 和 Chapman，1998）三种形式检验"环境库兹涅茨曲线"的合理性。大量研究表明经济增长对生态环境的影响显著，倒"U"形曲线在大多数情况下是存在的。但由于选用模型差异，对于生态环境质量演进的拐点水平的预测差异较大。Shafik 和 Bandyopadhyay（1992）研究发现大气污染物 SO_2 和悬浮微粒库兹涅茨曲线的转折点分别为人均 GDP 3670 美元和 3280 美元，而 Panayotou（1993）研究则发现大气污染物 SO_2 和悬浮微粒库兹涅茨曲线的转折点却分别为人均 GDP 2900～3800 美元和 4500 美元。Kahn（1998）通过研究加利福尼亚居民家庭尾气排放量证实，采用不同方法拐点出现的时间和对应的收入水平差距较大。Cavlovic 等（2000）在对 125 个考查对象研究 11 种不同污染的收入拐点显示，不同方法的确将导致不同结果。虽然大多学者对"环境库兹涅茨曲线"持赞同观点，但是也有学者持反对意见。如 Kaufmann 等（1998）研究发现，人均收入和 SO_2 排放量之间的长期关系呈"U"形曲线。而 Dinda 等（2000）证实，悬浮固体颗粒密度与人均国民收入水平之间也存在"U"形关系；Jha 和 Murthy（2003）在研究经济增长与生态环境变化过程中却发现存在逆"N"形曲线关系。显然，这些研

究对"环境库兹涅茨曲线"提出了质疑。

②对"环境库兹涅茨曲线"形成机理的探讨。"环境库兹涅茨曲线"得以形成,源自边际成本和边际效益曲线的交汇点。EKC 曲线存在的经验证据已经被很多学者研究,多数研究中使用的数据都是面板型数据。通常采用如下的模型来描述污染水平(环境压力)和收入水平之间的关系(S. Dinda, 2004):

$$y_{it}=\alpha_i+\beta_1 x_{it}+\beta_2 x_{it}^2+\beta_3 x_{it}^3+\beta_4 z_{it}+\varepsilon_{it} \tag{1-1}$$

其中,y_{it} 代表第 i 个国家或地区 t 时间段的生态环境指标,x_{it} 代表第 i 个国家或地区 t 时间段的经济发展指标,z_{it} 代表其他影响环境变化的因子,ε_{it} 代表影响环境质量变化的其他控制变量,α_i 代表常数因子。在 z_{it} 随时间变化不明显因此可以近似认为不随时间变化的情况下,令 $\alpha_i^* = \alpha_i + \beta_4 z_{it}$,则 α_i^* 即是特定截面效应项。式(1-1)可以用来测试如下几种经济—环境发展关系:$\beta_1 = \beta_2 = \beta_3 = 0$,说明自变量 x 和因变量 y 之间没有直接联系;$\beta_1 > 0$,$\beta_2 = \beta_3 = 0$,因变量 y 和自变量 x 之间存在单调递增的线性关系;$\beta_1 < 0$,$\beta_2 = \beta_3 = 0$,因变量 y 和自变量 x 之间存在单调递减的线性关系;$\beta_1 > 0$,$\beta_2 < 0$,$\beta_3 = 0$,存在倒"U"形关系曲线,如 EKC 曲线;$\beta_1 < 0$,$\beta_2 > 0$,$\beta_3 = 0$,存在"U"形曲线;$\beta_1 > 0$,$\beta_2 < 0$,$\beta_3 > 0$,存在三次形曲线,或者说"N"形曲线;$\beta_1 < 0$,$\beta_2 > 0$,$\beta_3 < 0$,存在逆"N"形曲线。

随着对"环境库兹涅茨曲线"的深入研究,学术界逐渐认识到仅从经济增长角度研究生态环境质量演变过于简单,有必要引进一些其他解释变量如经济结构、能源价格水平、国家教育水平和进出口贸易等。如 Kaufmann 等(1998)研究认为,相比于区域经济收入来看,提高经济集中度可以促进科技进步和环境保护,从而有利于减少 SO_2 的排放量。Torras 和 Boyce(1998)分析认为对低收入国家而言,文化、政治权力和民权自由等对生态环境影响显著。Gawande 等(2000)指出,移民对 EKC 状况也存在一定的影响。Cole(2004)通过研究贸易开放度、结构变化等因素发现,环境质量改善阶段的出现得益于高收入水平下对环境法规的需求和对环保技术投资的不断增长,以及贸易开放程度的扩大、制造性产出所占比重的降低和污染型产品进口的结构性变化①。

(3)矿产资源型工业城市转型。国外学者大多以资源型城市作为一个整

---

① 陈东,王良健. 环境库兹涅茨曲线研究综述[J]. 经济学动态,2005 (3).

第1章 绪 论

体来进行研究，而煤炭工业城市转型就是其中最为重要的部分。早在20世纪30年代初，E. W. Burgess 和 H. A. Innis（1925）就运用区域发展理论、城市规划理论等对某一特定的资源型城镇人口、资源、社会状况等进行研究，认为城镇会随着资源的不断开采而迅速扩张蓬勃发展下去，开创了国外对资源型城镇研究的先河。J. H. Bradbury 和 R. A. Lucas（1977）开始用发展的眼光借助依附理论、资本积累与国际化理论对资源型城市这样一个完整的群体进行实证研究，描述了加拿大和澳大利亚资源型城镇发展的阶段、衰退的特点和原因，指出只有通过煤炭工业城市产业模式的调整，才能提高城镇的生活质量。R. Hayter（1988）利用经济结构调整理论来研究资源型城市生命周期对煤炭工业城市人口迁移、经济发展的影响，进而提出"城市的可持续发展"和"城市生态学"理论。Panayotou T.（2005）在对美国煤炭工业城市经济增长与环境保护的研究中指出：功能型城市的低碳化转型包含低碳城市、低碳经济、低碳服务、低碳技术等多个方面，并且经济的增长与碳排放量的减少并不矛盾，最终两者是可以同时实现的。Koji Shimada（2007）认为，工业化导致能源的消耗量会不断增加，从而引发矿产资源型城市严重的地面塌陷，大量堆积的固体废弃物以及大面积污染的城市水资源，要改善生态环境不能只依靠能源消费量的减少来实现大气中 CO_2 的平衡，必须改变能源结构，转变工业化模式。

世界各国都经历过或正在进行矿产资源型工业城市（尤其是煤炭工业城市）低碳化的转型，但由于国情、地域状况的差别，转型的方式方法也略有不同，其中以德国、美国和日本最具代表性。第一，德国早在20世纪20年代初就开始注重煤炭城市的生态重建问题，对以莱茵褐煤煤炭城市为代表的露天采煤区进行绿化，到80年代末，德国复垦土地的面积已经达到同时期煤炭城市开采面积的90%以上，复垦率接近65%，开创了煤炭城市生态保护的先河。Frank Wisotzky（2003）在回顾德国鲁尔工业区的产业转型时指出，作为一个传统的煤炭工业区，它具备了煤炭城市所有的典型特点，特别是日益暴露的单一重型工业经济结构，最终在激烈的市场竞争中爆发了煤业危机，带来了传统主导产业的恶性衰退和生态环境的严重破坏。对此，德国政府采取对煤炭工业进行价格补贴，发展非煤产业以实现结构的多样化，相关部门经实地考察后决定关闭严重亏损的煤矿企业，把采煤集中到机械化水平较高和市场盈利更多的大矿井，调整组织结构，实施集约化的经营等方法非常有效地实现了煤炭城市的低碳化生产。第二，奥巴马就职以来，美国政府在调整能源结构、推动技术进步、减缓气候变化方面都采取了积极的行动。Marcelo E.（2007）研究发现，以生产煤炭和钢铁著称的工业城市匹兹堡早已出现开采业整体下滑的局势，因此政府大力实施能源的多元化战略，例如，重新加强对先进核反应堆的建设，力图通过不同能源品种之间的替代来实现产业链的延伸和替代，并在能源城市新建多家为资源开采服务的高新技术企业等举措从根本上改变城市的性质。与此同时，政府积极开发新能源技术，加强CCS技术的研发，大规模生产乙醇、研究氢能经济来替代化石燃料的消耗，提高煤炭利用效率的同时降低CO_2的排放。第三，日本作为典型的岛国，地理环境的限制导致气候的变化对其影响十分重大，政府多年来以构建低碳社会为目标不间断地力推节能降耗规划。Kei Goni（2010）阐述了日本政府为实现九州煤炭工业城市的低碳化转型所实施的措施，解除对煤炭产业的保护，采取新的产业政策来吸引大批现代工业的迁入，并在新的企业内安置煤炭工人，对其进行免费的培训后再就业，并且重新规划产煤地域，制定相关的法律法规，逐步减少国内的产煤总量，向进口煤炭转变，国内大多的传统产煤区也演变为高新技术产业园。同时，日本注重最新的科研技术在新能源和可再生能源的开发与利用中的应用。

除此以外，Krishnamurthy（2004）从煤炭工业城市的产业政策、技术进步和环保法规等多个方面指出了促进印度煤炭开发利用产业结构调整的基本路径；Recoche 等（2006）从提高矿产资源开发和利用效率、实现产业合理布局的角度出发，从多个研究领域建立实现矿产资源可持续管理的指标体系；Barbara（2008）从资源环境约束性的角度研究波兰矿产资源业发展的困境，认为波兰的矿产资源业应该在低碳化和可持续发展的框架中实现矿产资源配置的优化。

1.3.2 国内研究综述

（1）矿产资源开采与生态环境的相互作用。

①矿产资源开发对生态环境的影响。闫军印（2007）通过我国矿业（包括煤炭采选业、石油和天然气开采业、黑色金属矿采选业、有色金属矿采选业、非金属矿采选业和其他矿采选业）及相关产业（包括石油加工及烧焦业、化学原料及制品制造业、非金属矿物制品业、黑色金属冶炼及压延加工业、有色金属冶炼及压延加工业、电力蒸汽热水生产供应业、煤气的生产和供应业）的"三废"排放情况进行分类统计分析得出，矿产资源的开发、加工和利用是造成我国生态环境污染和破坏的主要污染源。周军等（2008）对淮北煤矿

研究时指出，矿产资源开发对生态系统的破坏主要包括对地表的破坏、对水资源、大气资源的破坏，以及废渣矸石等固体废弃物的破坏。武强、陈奇（2008）在深入探讨矿产资源开发全过程（勘查、开采、洗选加工和闭坑等）对生态环境造成不良影响的基础上，将矿产资源开发所诱发的生态问题划分为水资源污染、土地资源占用与破坏、自然景观破坏以及矿山次生地质灾害四大类，并对应不同的影响程度将生态系统所遭受到的破坏分为强烈、严重、中等、弱4个等级，从而为矿区环境调查、评价、修复治理等提供了重要的科学依据。

②矿产资源与生态环境的耦合性。许海霞等（2008）提出选取采区回采率、原煤入洗率、储采比作为衡量煤炭资源开采水平的指标，塌陷土地复垦率、大气质量、水质量、矸石利用率等作为衡量资源开采所采取的环境保护措施指标，利用功效函数计算协调度的方法，说明朔州和大同两矿区的耦合协调水平，借以评价两矿区资源开采与环境的可持续发展程度。彭秀丽（2011）选取网络层次分析法和主成分分析法进行聚类分析，表明湖南矿产资源开发与矿区生态环境协调发展的总体形势不容乐观，并提出矿产资源开发与矿区生态环境协调发展必须健全和完善矿产开发生态补偿机制。

（2）环境库兹涅茨曲线。近年来，随着我国经济增长过程中带来的环境问题，学术界开始关注全国性或区域性"环境库兹涅茨曲线"的研究。

①"环境库兹涅茨曲线"支持论。吴玉萍（2002）运用北京市1985～1999年各环境指标和人均GDP数据，通过分析经济因子和环境因子相互关系，建立北京市经济增长与环境污染水平计量模型，研究表明，北京市环境指标与人均GDP演替轨迹呈现显著的"环境库兹涅茨曲线"特征，但比发达国家较早实现了其"环境库兹涅茨曲线"转折点，且到达转折点的时间跨度小于发达国家。杨凯等（2003）利用上海市1978～2000年人均GDP和城市废弃物增长数据进行拟合计算表明，上海城市"环境库兹涅茨曲线"的理论计算转折点为人均GDP约33441元，对应的城市废弃物达到相应的理论计算峰值约779万吨。高振宁等（2004）以江苏省1988～2002年经济—环境数据为依据研究证实，江苏省经济增长与环境污染总体上具有"环境库兹涅茨曲线"特征规律性。李春生等（2006）选取了广州市1982～2004年经济与废水排放数据，建立了人均GDP与废水排放量的模型并绘制了"环境库兹涅茨曲线"，发现广州市的经济与环境发展符合"环境库兹涅茨曲线"呈倒"U"形，人均GDP与废水排放量曲线已位于转折点。王志华等（2007）采用北京市1990～2004年的序列

数据建立计量模型，解析了十类环境指标的 EKC 演变轨迹和阶段特征。刘耀斌（2007）建立经济增长与环境质量变化的二次函数模型，并选择关键环境要素指标，对中国 39 个城市的经济增长与环境质量变化关系进行了实证检验。高春华等（2007）利用计量分析方法，对陕西省 1991～2004 年经济增长与工业环境污染变化数据进行了分析，建立了陕西经济增长与环境污染的计量模型以对"环境库兹涅茨曲线假说"进行检验。高展聪等（2007）对改革开放以来我国经济发展和环境状况的时间序列数据进行了分析，阐述了收入与环境之间的关系，构建了环境和工业指标之间关系的模型。研究验证了"环境库兹涅茨曲线"在我国的客观存在，发现"工业三废"中，除了废气呈正"U"形曲线外，废水、废渣以及能源消耗都符合倒"U"形的分布。李达（2007）应用 1979～2004 年度有关上海的大气质量、废水排放的统计数据，研究了上海经济增长和经济结构变化导致的结构效应与污染物排放量间的关系。研究发现多数环境质量指标随着经济增长具有倒"U"形或递减特征，环境库兹涅茨曲线假说成立。李兰（2009）通过选取黑龙江省近十年人均 GDP 与工业"三废"排放量的统计数据，建立了黑龙江省的"环境库兹涅茨曲线"模型，对黑龙江省经济增长与环境污染的关系进行了实证研究。

②"环境库兹涅茨曲线"否定论。沈满洪等（2000）通过对浙江省 1981～1998 年人均 GDP 与工业"三废"人均排放量的关系研究发现，该省这期间的人均 GDP 与工业"三废"排放呈现出先是倒"U"形，后是正"U"形的发展态势。凌亢（2001）对 1988～1998 年南京市废气、SO_2、废物的排放与人均 GDP 关系的研究认为，南京市废气、SO_2、废物的排放在近十年呈现上升势头，并不是倒"U"形，也不存在所谓的拐点。吴海鹰等（2005）通过修正后的"环境库兹涅茨曲线"模型对中国西部地区 1986～2003 年的经济增长和主要工业污染物排放的相关数据进行的分析，发现西部地区经济增长与环境质量演替轨迹是一条"U"形的曲线，与流行的库兹涅茨曲线所描述的特征明显不一致。曹光辉（2006）基于我国相关经验数据研究证实，虽然我国处于环境污染恶化阶段，但并不存在"环境库兹涅茨曲线"现象。田晓四等（2007）以南京市 1985～2004 年的经济与环境数据为依据研究表明，南京市人均 GDP 与工业废水排放并不存在倒"U"形关系，而是呈"N"形曲线，其拐点分别在 9000 元和 29000 元；不过南京市这期间的人均 GDP 与工业废气排放、固体废物量存在倒"U"形关系，拐点分别是 30000 元和 38000 元。马俊（2007）采用 1982～2005 年上海市"三废"数据进行了数量经济模型分析，

得出的结论是：上海市人均工业废气和人均工业固废呈出倒"U"形曲线，但是人均废水呈"U"形曲线。韩玉军（2009）通过对165个国家进行分组检验后发现，只是工业化程度高的发达国家的"环境库兹涅茨曲线"呈倒"U"形趋势，工业化程度低的经济落后国家的"环境库兹涅茨曲线"呈微弱倒"U"形趋势，而工业化程度低、收入高国家的"环境库兹涅茨曲线"却呈"N"形趋势，工业化程度高、经济落后国家环境污染与收入增长同步运行。

（3）煤炭工业城市转型。程必定（2000）研究指出，淮河流域治理的主体是生态产业的发展、主线是综合环境的治理、主题是生态产业的发展、动力是科技的进步，坚持区域产业的联动模式来实现产业的优化调整。谷树忠（2002）认为，区域资源的开发不能脱离绿色经济和循环经济，尤其是绿色矿山的建设。徐建中（2003）提出要以可持续发展战略为宗旨，对煤炭工业区的资源适度开发，实施产业的多元化和集约化经营，同时还要通过强化政府职能、完善环保法规、建立评价体系来确保城市转型的可行性。肖文涛（2005）指出煤炭工业城市转型的关键在于专用性资产并通过含有专用性资产的企业现值模型来研究传统煤炭工业城市转型面临的障碍并给出相应的应对措施。庄贵阳（2005）认为，社会经济的发展与实现低碳化之间并不矛盾，可以通过调整能源结构、提高能源效率、发挥碳汇潜力等多种方式来实现。姜春海（2005）指出，以煤炭工业为代表的资源型城市处于资源开采成熟、财力雄厚、外部环境较好时就应当防患于未然，走积极主动、循序渐转的可持续发展道路。国家发展和改革委员会能源研究所（2005）在"2020年中国可持续发展能源情景分析"中利用LEAP模型分析认为，通过工业部门内部结构的多层次调整和在工业部门充分挖掘节能潜力，在不远的将来工业领域能源需求的增长率会明显低于全社会能源需求增长率，以煤电产业为代表的高能耗行业会实现增产不增能的目标。刘伯恩（2006）认为，应当坚持走出去战略，采取资源配置全球化并通过资源的集聚效应实现煤炭工业城市各产业的规模化和集团化。赵俊平（2007）根据之前学者提出的煤矿发展循环经济模式认为，煤炭城市可以通过对矿井水、煤矸石以及粉煤灰的综合利用和对塌陷区进行综合整治来实现低碳化转型。丁湘城（2008）阐述了要将煤炭资源的生命周期、实施合理有序的煤炭开采、坚持城乡一体化协调发展以及加强政府对煤炭工业城市经济转型指导四个方面结合起来，在节能减排的背景下实现产业和城区的低碳化转型。梁钰（2008）从包含区域、产业园和企业在内的多个领域分析矿产资源开发利用的模式并探索资源开发利用的循环经济途径。周建安（2008）

淮河流域矿产资源开发、生态环境演变与新型工业化道路研究

考虑到自然资源不足的绝对性和资源消费需求增长的无限性，提出要以资源效率的提高为原则实现产业结构的调整，同时通过建立资源节约型产业体系，完成资源使用效率的增长并以资源消耗方式的集约化来突破消费结构性"瓶颈"，顺利过渡到工业的低碳化。金涌（2008）指出，要实现低碳化转型，可以通过对以煤炭行业为代表的高能耗产业进行产业链的延伸和耦合优化，对不合理的产业结构和能源结构进行调整，对新型技术进行研发创新以及对落后制度进行改革。鲍健强（2008）提出在煤炭工业城市转变高碳经济发展模式，要实行"两步走"战略，一方面进行传统的产业结构和能源结构调整，另一方面在包含设计、生产和消费的产业链各环节中找寻节能减排途径并大力推广。万宇艳（2009）利用微观物质流分析，通过调控经济系统与生态环境物质流动方向，找寻煤炭区高碳排放的原因，为低碳化转型提供技术支持。张存岭、陈爱萍等（2010）在对淮北煤炭工业城市低碳化转型的研究中指出，要走低碳经济发展道路，需要大力推进煤炭低碳化利用并强化相关产业，如煤炭洗选、高效燃煤发电技术、工业锅炉洁净燃煤技术等，加快煤矿技术改造和产业整体升级。田敏（2011）认为，煤炭工业城市低碳化转型应将关键的生产要素从占主导地位的传统煤炭产业转移到新兴产业，可以转移到与原有产业完全无关的新兴产业以改变对原有资源优势的依赖，也可以转移到与原有产业相关联的替代产业以实现产业链条的延伸。同时还指出，要实现低碳化转型，关键是重视技术创新、提高采煤机械化和自动化水平。

第2章 矿产资源分布特征及开发利用现状

2.1 矿产资源蕴藏量

2.1.1 矿产资源的含义

矿产资源是一种潜在的自然生产力，是人类社会生存发展的物质基础。矿产资源是指由地质作用而形成的赋于地壳内或地壳上的固态、气态或液态自然物。矿产资源是工业原材料的主要来源，是工业化发展的主要动力。据统计，世界95%以上的能源，80%以上的工业原料，70%以上的农业生产资料等均来自矿产资源（赵淑芹等，2005）。随着科技进步和经济增长，生产力水平的不断提高，劳动范围正在不断扩大，过去不被利用的自然物也随之成为了有用的矿产资源。

2.1.2 矿产资源的特征

作为人类社会生存发展和工业化高度依赖的自然物，矿产资源主要具有如下几个特征：

（1）不可再生性。矿产资源都是有限的可耗竭资源，它们的形成需要亿万年的地质作用，虽然诸如金属矿物和多数非金属矿物可回收循环利用，但大多数矿产资源如煤、石油等都是一次消耗性的，在目前科技条件下不可再生。

（2）隐蔽不确定性。隐蔽性是指绝大多数矿产资源一般是赋于地壳内层深部，只有借助先进的机器设备才能勘察和开采利用。正是由于高度隐蔽性，矿产资源勘察和开采具有高风险性，一旦勘察和开采失败或评价失误，将造成巨大的经济损失，因此，在勘察和开采的初期其经济受益往往具有不确定性。

（3）区域差异性。矿产资源在地球上的分布极不均衡，例如，伊朗、伊拉克、科威特等国家盛产石油；非洲国家的黄金、金刚石储量丰富。我国的煤炭、石油、天然气等主要分布在中西部经济欠发达地区，如山西省大同市、安徽淮河流域煤炭资源丰富。

（4）多样复杂性。由于大自然的造化，世界上矿产资源复杂繁多，矿产资源种类复杂多样，根据矿产资源特征性质不同，目前有3000多种矿物，其中能用于工业原材料的大约占15%。我国已经发现的矿产有170多种。

（5）自然社会双重性。一方面，矿产资源作为自然生产力，它的存在不以人的意志为转移，不受人为条件的制约，这是矿产资源的自然属性；另一方面，受科学技术条件和人力认识能力的限制，人类对矿产资源勘察和开采利用的深广度不断拓展，在一定历史条件下看起来矿产资源是有限的，而从人类历史的长河看，人类对自然界的认识和改造也是没有止境的，过去不是矿产资源可能变为新的矿产资源，这说明矿产资源具有社会属性。由此可见，矿产资源具有自然和社会双重属性。

2.1.3 淮河流域矿产资源的主要类型和区域分布①

淮河流域所辖市的主要矿产资源种类如表2-1所示。通过表2-1可以发现，煤炭矿产资源主要分布在安徽省的淮南市、淮北市、宿州市，河南省的平顶山市，山东省的济宁市、枣庄市、临沂市、淄博市，江苏省的徐州市；石油、天然气主要分布在河南的南阳市；金属和其他非金属矿产资源分布较为广泛。进一步分析发现，淮河流域矿产资源尤以煤炭资源居多，矿业类型以煤炭为主，淮河流域有近1/3的城市属于矿产资源型城市，有八成多的城市为煤炭资源型城市，占淮河流域所辖城市总数的26.47%，其中以淮河流域的安徽段和山东段较为突出。

---

① 有关资料主要根据淮河流域各地市矿产资源规划等编辑整理。

第2章 矿产资源分布特征及开发利用现状

表2-1 淮河流域所辖城市的主要矿产资源类型

区域	类型	矿种	主要分布区域
安徽段	能源矿产	煤炭	淮南市、淮北市、宿州市
	金属矿产	铜矿	滁州市、庐江市
		金矿	滁州市
	非金属矿产	水泥、灰岩	宿州市、滁州市、六安市
		硫铁矿	宿州市、滁州市、六安市
河南段	能源矿产	煤炭	平顶山市
		石油、天然气	南阳市
	金属矿产	钼矿	信阳市
		铝土矿	郑州市
山东段	能源矿产	煤炭	济宁市、枣庄市、临沂市、淄博市
		地热	泰安市、济宁市、临沂市
	金属矿产	铝土矿	淄博市、临沂市
		陶瓷土	淄博市、临沂市
	非金属矿产	金刚石	枣庄市
		岩盐、自然硫	枣庄市
		水泥、大理石	淄博市
江苏段	能源矿产	煤炭	徐州市
	金属矿产	铁矿	徐州市
	非金属矿产	磷矿	连云港市

2.2 矿产资源开发的现状

2.2.1 矿产资源开发的含义

矿产资源开发是以生产矿产资源为目的,按主要过程发展可以分为以下四个主要环节,包括矿产资源勘察、矿产资源采选、矿产资源加工、矿产资源利用。矿产资源勘察开采阶段对生态系统产生直接影响,矿产资源加工利用阶段主要是将矿产资源加工转化为人类享用的各种产品。矿产资源开发利用系统流程如图 2-1 所示。

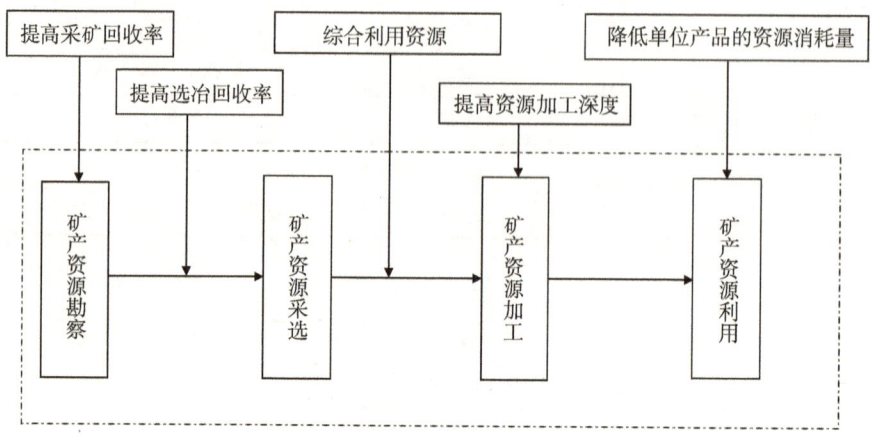

图 2-1 矿产资源开发利用系统流程

2.2.2 矿产资源开发的生命周期规律

根据哈维（S. P. Harvey）和洛顿（W. Jr. Lowdon）的资源开发与区域发展阶段理论，马林鲍姆（W. Malenbaum）创立了矿产资源消费强度理论，并提出了矿产资源需求的生命周期理论。后来，克拉克（A. L. Clack）和杰奥恩（G. J. Jeon）对马林鲍姆理论进行了完善，进而建立较完整的矿产资源开发生命周期理论。矿产资源开发生命周期理论认为，不同发展阶段的国家或区域的矿产资源开发过程均符合 Logistic 曲线呈现出的周期特点，即为生命周期规律。一般地，矿产资源型产业经历了一个由盛到衰的过程（见图 2-2），可以划分为四个时期：勘探期、成长期、成熟期和衰退期[①]。

（1）勘探期。此时期矿产资源产业不断投入大量的资金和人力，开始进行大规模勘探与开发建设。随着矿产资源产量不断提高，资源型产业形成规模，矿产资源开发进入成长期。

（2）成长期。成长期的显著特征是矿产资源型企业开发矿产资源的成本相对其他时期具有优势，故企业会逐渐规范和提高各种生产技术能力和管理水

---

① 葛远群. 资源型城市转型与淮南市经济结构调整[D]. 安徽大学硕士学位论文，2010.

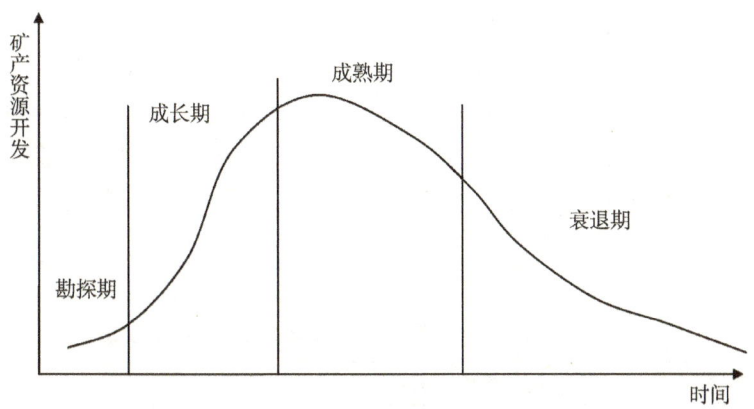

图 2-2 矿产资源开发生命周期

平,使生产能力逐步提高,其中很大一部分原因是由于资源型企业通常集中在矿产资源开采条件较好的矿区。

(3) 成熟期。此时期亦称生产稳定期或探采平衡期,这一时期,矿产资源产量达到顶峰并开始有所回落,并基本稳定在顶峰产量时的 80% 以上。

(4) 衰退期。随着矿产资源开采量的累计增长,矿区中易开采的矿产资源储量下降,开采困难增大,成本不断上升,产量较大幅度下降,收益大幅下滑。这时如果无法在矿产资源勘探有所进展或开采技术水平有所提高,以使矿产资源新增储量或替代资源量有所提高时,矿产资源开发将难以长期经济开采下去,矿产资源开采会进入一个漫长的衰退期,矿产资源型产业要么消亡,要么转型。

2.2.3 矿产资源开发利用状况[①]

(1) 宿州煤、非金属矿区。宿州煤、非金属矿区行政区划主要属宿州市和淮北市,其范围介于东经 116°30′~117°22′、北纬 33°35′~34°23′,面积约为 3000 平方千米,共有矿山企业 265 家,其中大型矿山企业 29 家,主要有煤、建筑石料用灰岩、砖瓦用页岩、铁矿、铜矿、石英岩等主要矿种,矿产资源分布较广,区内分布有淮北煤、铁、石灰岩、白云岩重点开采规划区和淮北煤炭矿业经济区,矿区开采强度大。

---

① 有关资料主要根据淮河流域各地市矿产资源规划等编辑整理。

该区矿山类型和矿山数量分别如表2-2和图2-3所示。由表2-2可得，宿州矿区矿产资源主要以煤炭和建筑石料用灰岩等非金属矿产为主，其中煤炭矿山23家，建筑石料用灰岩186家。除此之外，还包含了其他多种非金属矿产和铁矿、铜矿两种金属矿产。由图2-3可见，非金属矿山有236家，占总矿山的89.1%，煤炭资源矿山占总矿山数的8.7%，金属矿山数量最少，仅有6家。

表2-2 宿州煤、非金属矿区矿山类型与矿山企业数量

矿山类型	矿山企业数量（家）	矿山类型	矿山企业数量（家）
煤炭	23	建筑石料用灰岩	186
铁矿	4	制灰用灰岩	7
冶金用白云岩	2	建筑用花岗石	3
石英岩	2	石灰岩	2
砖瓦用页岩	6	建筑用闪长岩	4
砖瓦用黏土	9	水泥配料用泥岩	2
水泥用灰岩	7	陶瓷土	1
铜矿	2	高岭土	5

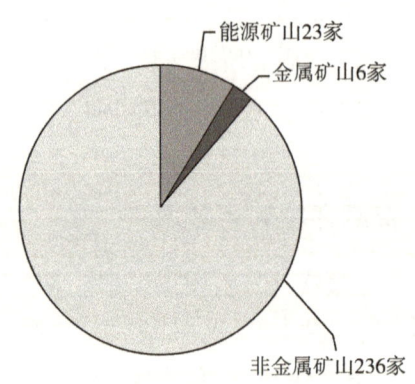

图2-3 矿山类型与矿山企业数量

由图2-4可知，宿州煤、非金属矿区矿山的开采方式主要以露天开采为主，有236家矿山采取了露天开采方式，占矿山总数的89%，只有29家矿山采用了地下开采方式。

第 2 章 矿产资源分布特征及开发利用现状

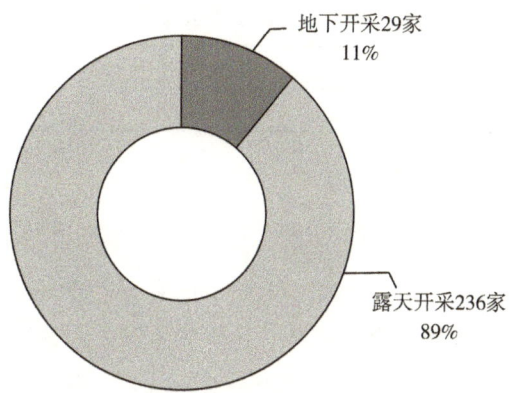

图 2-4 开采方式和数量

（2）滁州石英岩矿区。滁州石英岩矿区行政区域主要属滁州市凤阳县、定远县和明光市，范围介于东经 117°14′~117°33′、北纬 32°33′~32°47′，面积为 3000 平方千米，共有矿山企业 105 家，其中大型矿山企业 2 家，主要有铁矿、方解石、建筑石料用灰岩、饰面用灰岩，均为露天开采。区内含有蚌埠—凤阳—定远金、铅锌、盐、石膏、石灰岩、凹凸棒石黏土一般开采规划区和蚌埠—凤阳—定远玻璃、石膏、凹凸棒石黏土矿业经济区。

该区域矿山类型和矿山数量分别如图 2-5 和表 2-3 所示，在 105 家矿山企业中，有 1 家铁矿矿山企业为金属矿山企业，其他的 104 家矿山企业为非金属矿山企业，非金属矿产在滁州矿区占绝对主导地位。

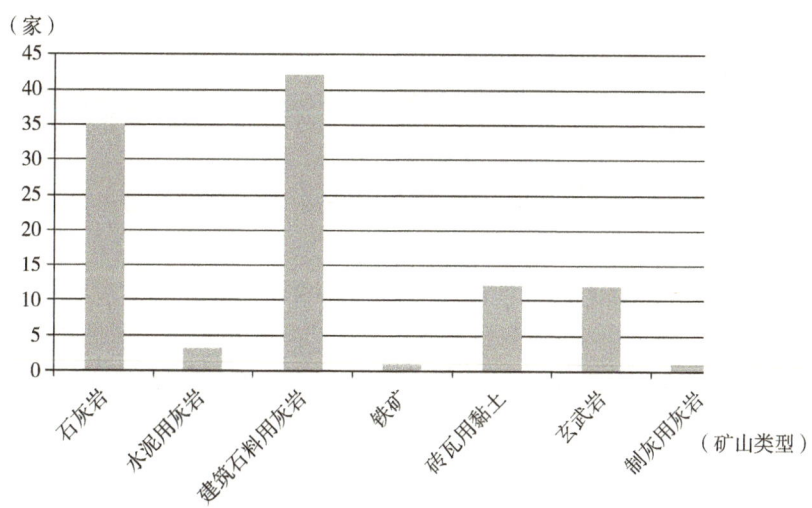

图 2-5 滁州石英岩矿区矿山类型与矿山企业数量

表 2-3　矿山类型与矿山企业数量

矿山类型	矿山企业数量（家）
金属矿山	1
非金属矿山	104

由图 2-6 可得，滁州矿区以露天开采为主要开采方式，105 家矿山中有 104 家矿山是采用露天开采方式，余下的 1 家矿山采用地下开采方式。

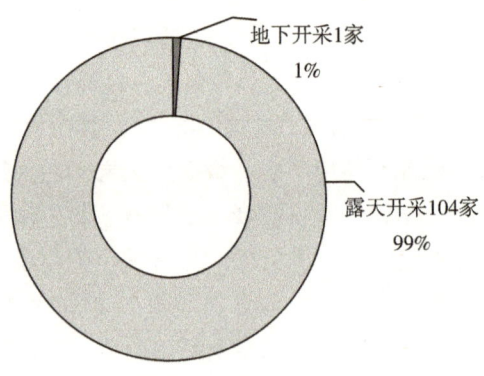

图 2-6　开采方式和数量

（3）霍邱铁、非金属矿区。霍邱铁、非金属矿区位于霍邱县内，其行政区划隶属于六安市，范围介于东经 115°54′～116°05′、北纬 32°14′～32°36′，面积为 850 平方千米，有矿山企业 48 家，其中大型矿山企业 4 家，主要有铁矿、水泥用灰岩、建筑用白云岩、建筑石料用灰岩、陶粒用黏土、砖瓦用黏土等，区内含有霍邱铁矿重点开采规划区和霍邱铁矿矿业经济区。

该区域矿山类型和矿山数量如图 2-7 和图 2-8 所示。该矿区 48 家矿山企业中，能源矿山企业有 1 家，金属矿山企业有 8 家，占总矿山企业的 17%，非金属矿山企业 39 家，占总矿山企业数的 81%。

第2章 矿产资源分布特征及开发利用现状

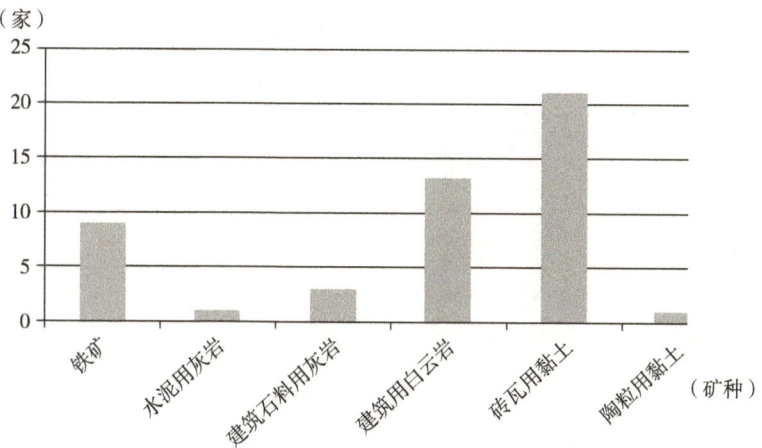

图2-7 霍邱铁、非金属矿区矿山类型与矿山企业数量

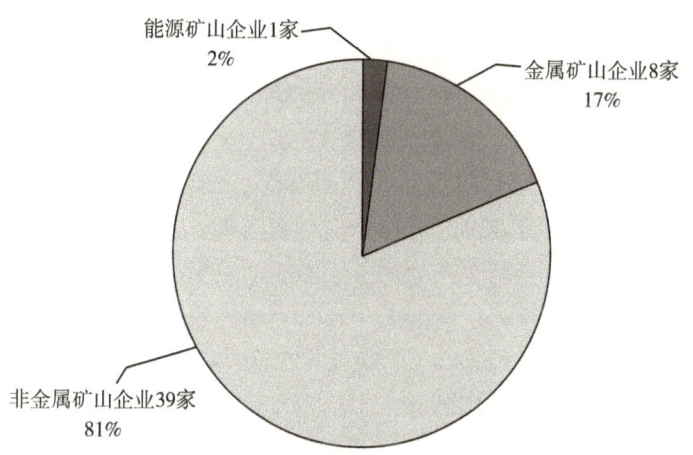

图2-8 矿山类型与矿山企业数量

根据图2-9可以得到，霍邱铁、非金属矿区主要以露天开采方式为主，40家矿山采用露天开采的方式，占总矿山企业总数的83%，8家矿山采用地下开采的方式，占的比例为17%。

（4）平顶山矿区。平顶山矿区是淮河流域河南段最重要的煤炭开采区域，平顶山市地处中朝准地台南缘与秦岭褶皱系的过渡地带，地层发育比较齐全，岩浆活动频繁，构造比较强烈，形成了区内优越的成矿地质条件。平顶山矿区的优势矿种有煤、铁、盐、水泥灰岩、地热资源、铝土矿和耐火黏土等。

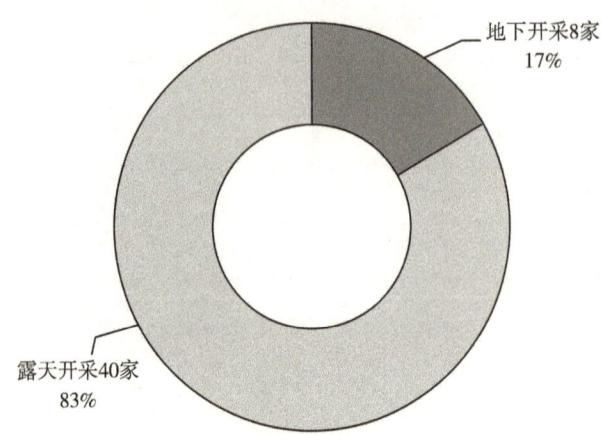

图 2-9 开采方式和矿山企业数量

至今,平顶山矿区已发现矿种58种,查明资源储量的矿种共计25种,主要开发利用矿种9种,其中能源矿产1种,金属矿产3种,非金属矿产3种,水气矿产2种。矿区总数量为135处,查明资源储量的矿产地119处,其中大型23处、中型35处、小型48处、其他13处。

(5) 信阳矿区。信阳矿区位于河南省南部,东毗安徽、南邻湖北,处于鄂豫皖三省的结合部,其西部、北部分别与南阳市、驻马店市接壤。信阳矿区的矿产资源以建材类非金属矿产为主,能源矿产、金属矿产和贵金属矿产资源较贫乏。优势矿产有珍珠岩、膨润土、沸石、水泥用大理岩,其中珍珠岩已探明的资源量占全国总储量的48%;特色矿产有玻璃用凝灰岩、化肥用蛇纹岩、萤石、玻璃用脉石英和建筑用砂等;中小型非金属矿产还有白云岩、磷矿、含钾岩石、熔剂用灰岩、化工灰岩、黄铁矿、蛭石、饰面用石材(花岗石与大理石)、水泥配料用黏土、陶瓷土、砖瓦用黏土和建筑石料等;金属矿产中中型矿床有金红石4处,钼矿4处,银矿1处,其他小型矿床还有铁矿、钒矿、钛磁铁矿、锰矿、铜矿、铅矿、锌矿、金矿和钇矿等。能源矿产只有煤,为小型规模;水资源量相对较为丰富,人均水资源量是全省的2.6倍,但低于全国平均水平,总体属弱富水区;地热资源中的汤泉池温泉已开发为著名的疗养风景区;大茶沟矿泉水属国际标准型优质天然矿泉水。

信阳矿区已发现各类矿产49种:金属矿17种,非金属矿(含能源矿产)24种,其他8种。发现各类矿产地424处,其中大型矿床9处,中型矿床26处、小型矿床84处、温泉1处、矿泉水1处,合计121处;探明资源储量的

第 2 章 矿产资源分布特征及开发利用现状

矿产 15 种。

(6) 南阳矿区。南阳矿区是河南省矿产资源最为密集的地区之一，地处华北与扬子两大陆块碰撞接合部位，地质构造复杂，成矿条件有利，形成了独特的矿产资源。该矿区现已发现矿产地 516 处，其中大型矿床 34 处，中型矿床 49 处，小型矿床 49 处。矿种 84 种，查明资源储量的矿产 45 种，在已探明储量的矿产中，天然碱、蓝晶石、金红石等矿产位居全国首位，红柱石、矽线石、蓝石棉、银矿、金矿、石油、石墨、水泥用灰岩、水泥用大理岩、滑石、萤石、透辉石、冶金橄榄岩及玉石类等矿产位居全省前列。

据统计，该矿区共有 371 家矿山企业，其中大型矿山企业（河南油田、安棚天然碱、银洞坡金矿）3 家，中型矿山企业（破山银矿）1 家，小型矿山企业 367 家。已经开发利用的矿产数有 42 种。

(7) 临沂矿区。临沂矿区地处山东省南部，总面积 17184.1 平方千米。临沂矿区现有大、中、小型矿床 157 处，其中能源矿床 9 处，金属矿床 24 处、非金属矿床 115 处、水气矿床 9 处。大、中型矿床仅占 25% 左右，占有绝大部分储量，金矿占总储量的 93.7%，石膏矿床占总储量的 99.84%。临沂地区也存在诸如金刚石、铁、磷、锌等国家战略性矿产资源，不过这些矿产资源均属于低品位或难采、难选、难冶的矿产，开发利用难度较大。

(8) 枣庄矿区。枣庄市位于山东省南部，下辖市中、薛城、山亭、台儿庄、峄城 5 区和滕州市（县级），共设 44 个镇和 3 个乡，17 个街道办事处，面积 4563 平方千米。该矿区现已发现矿产 57 种，其中查明资源储量的矿产 12 种，未查明资源储量的矿产 45 种。在查明资源储量的 168 个矿床中，大型矿床 14 处，中型矿床 27 处，小型矿床 127 处；其中能源矿产占 69.3%；金属矿产占 4%；非金属矿产占 26.7%。该矿区设置采矿权 286 个，开采矿种 14 种。

枣庄矿区有中大型矿山企业 9 个，占总数的 2.83%；中型 29 个，占总数的 9.12%；其他为小型，占总数的 88.05%。按矿种统计：煤矿 57 个，耐火黏土 12 个，石膏 18 个，水泥用灰岩 3 个，建筑石料用灰岩 197 个，建筑用花岗岩 9 个，水泥用砂岩矿、矿泉水、饰面用花岗岩各 1 个，水泥用页岩矿 2 个，砖瓦用页岩矿 4 个。

(9) 徐州矿区。徐州矿区位于江苏省的西北部，范围介于东经 116°22′~118°40′、北纬 33°43′~34°58′，东西长约 210 千米，南北宽约 140 千米。地处苏、鲁、豫、皖四省交界，为东部沿海与中部地带、上海经济区与环渤海经济圈的结合部，地处欧亚大陆桥的东端，国土总面积为11523平方千米。

徐州矿区是江苏省第一大矿业综合城市，是淮河流域能源、水泥和钢铁等重要的生产基地，该矿区的主要矿产为煤炭、铁矿、石灰岩（含水泥用灰岩和制碱用灰岩）、岩盐、石膏、白云岩、玻璃硅质原料（含玻璃用石英砂岩、玻璃用石英砂和玻璃用脉石英）。以下是徐州矿区主要矿产资源的分布情况：

①煤炭。徐州矿区含煤地层分布面积约2400平方千米，占全市国土面积的20%多。主要集中在丰县、沛县、市区、贾汪区和铜山县境内。徐州共有煤矿矿床72处，其中大型15处、中型4处和小型53处。依其构造和含煤性的差异划分为丰沛矿区（又称大屯矿区）和徐州矿区，徐州矿区又分为东部贾汪矿区和西部九里山矿区。丰沛矿区有矿床18处，东部贾汪矿区有矿床26处，西部九里山矿区有矿床28处。2007年底，累计查明资源储量44.3亿吨（占江苏省煤炭资源储量的99%以上），保有储量9.3亿吨、基础储量17.1亿吨及资源量18.3亿吨，预测资源量69.1亿吨。

②铁矿。铁矿主要分布于铜山县利国镇和沛县栖山镇。利国铁矿历史悠久，经过多年的地质工作，共查明铁矿、铁（铜）矿床6处。2007年底，累计查明资源储量6230万吨，保有储量800万吨、基础储量1307.6万吨及资源量2406.5万吨，预测资源量3700万吨。

③石灰岩。本区石灰岩依用途可以分为水泥用灰岩和制碱用灰岩。徐州的水泥用石灰岩资源非常丰富，主要分布在铜山县、贾汪区境内，其次分布在邳州市北部、睢宁县北部。徐州市共有水泥用灰岩矿床23处，大型矿床2处、中型矿床8处、小型矿床13处。2007年底，累计查明资源储量55019万吨，保有储量21082万吨、基础储量22106万吨及资源量27659万吨，预测资源量24.9亿吨。本矿区制碱用灰岩共有4处矿床，都做过勘探工作。贾汪区鸡毛山为大型矿床，铜山县霸王山和魏集为中型矿床。2007年底，累计查明资源储量41172.8万吨，保有储量19898万吨、基础储量20090.5万吨及资源量13146.6万吨。

④岩盐。分布在丰县师砦乡和史小桥乡境内，矿区总面积64平方千米，岩盐资源丰富。2007年底，累计查明资源储量NaCl 37882.4万吨，保有储量NaCl 5512.1万吨、基础储量NaCl 21990.3万吨及资源量NaCl 15555万吨，预测资源量NaCl 25亿吨。

⑤石膏。集中分布于邳州北部四户、董家、铁富一带，称为邳北石膏矿

区。矿区东西长18千米,南北宽3~5千米,面积60余平方千米。石膏目前共查明16处矿床(段),大型矿床12处,中型矿床2处,小型矿床2处。2007年底,累计查明资源储量17.0亿吨,保有储量4344.6万吨、基础储量50680.8万吨及资源储量114351.7万吨,预测资源量为47亿吨。

⑥白云岩。在铜山县、贾汪区及邳州市南部和睢宁县北部相毗邻地区,都有较为广泛的分布,资源较为丰富。2007年底,累计查明资源储量2.23亿吨,保有储量417万吨、基础储量417万吨及资源量21884.3万吨,预测资源量8亿吨。

⑦玻璃硅质原料。主要为邳、睢的玻璃用石英砂岩和新沂的玻璃用石英砂,2007年底,累计查明资源储量0.7亿吨,保有储量893万吨、基础储量1183万吨及资源量3265万吨,预测资源量5.8亿吨;其次为新沂的脉石英和卵砾石,有零星开采,但未做过地质勘查工作。

徐州矿区现已发现各类矿产46种(含亚矿种)。其中查明资源储量的主要矿产有29种,矿产地179处,按矿产类别分为能源矿产1种(煤炭)、金属矿产5种、冶金辅助原料非金属矿产1种、化工原料非金属矿产3种、建材及其他非金属矿产17种及水气矿产2种。该矿区采矿申请登记的在籍矿山共339家,大型矿山企业30家,中型矿山企业115家,小型矿山企业194家,分别占矿山总数的8.85%、33.92%及57.23%;开采的矿种和亚矿种有15种,非金属数量最多,占73%以上;登记面积共649.7745平方千米。

2.3 矿产资源型产业的发展状况

2.3.1 矿产资源型产业概念

矿产资源型产业是相对技术密集型、劳动密集型而言的,是指产业形态以矿产资源的开采加工为主体,产业要素以矿产资源为主导,经济增长主要依靠消耗矿产资源的产业类型。

2.3.2 矿产资源型产业的发展状况

淮河流域丰富的矿产资源支撑发展了众多矿产资源型产业,呈现出总量大、比重大、分布广的特征,在淮河流域的经济结构中占有极其重要的地位,对区域经济社会发展做出了较大的贡献。

以淮河流域安徽段为例,矿产资源开发和利用,促进了淮南、淮北、宿州等矿业城市的崛起,建成的淮北矿业、淮南矿业、皖北煤电等矿产资源型产业已成为地区国民经济的重要支柱产业之一。

表2-4为2010年淮河流域安徽段矿产资源型城市产业发展情况,从表2-4可得,淮南、淮北两个典型的矿产资源型产业就业人数达到了8.8万和8.3万人,阜阳、宿州、六安三个城市的矿业就业人数也达到了2万~3万人,矿产资源型产业的发展在一定程度上提供了更多的就业机会,缓解了就业压力。从企业利润来看,淮南、淮北和阜阳的矿产资源型企业的利润达到了12.2亿元、13.0亿元及13.6亿元,六安达到了8.3亿元,巢湖达到了6.8亿元。可以得到,矿产资源型产业发展范围广泛、收益颇丰,对整个区域国民经济的发展做出了较大的贡献。

表2-4 2010年淮河流域安徽段矿产资源型城市产业发展情况

区域	矿山数（家）	从业人数（人）	年产矿石量（万吨）	工业总产值（万元）	综合利用产值（万元）	利润总额（万元）
蚌埠	192	9098	285.93	26388.73	1602.40	1366.65
淮南	55	87938	7749.83	4372487.78	8870.14	121832.04
淮北	76	82955	4050.85	1473095.98	28009.43	129688.06
滁州	270	13721	1725.45	171106.65	6366.53	4814.10
阜阳	576	25125	2191.17	517147.24	0	135705.25
宿州	455	36355	3294.79	472213.99	206.00	6619.05
六安	457	24746	3109.14	384090.14	2791.20	83492.96
亳州	129	12899	1031.61	257324.79	463.50	33646.98

表2-5和图2-10为淮河流域安徽段各矿业城市矿产资源型产业工业总产值占全部工业总产值的比重情况。淮南市矿产资源型产业的工业总产值在工业总产值中所占比重最大,达到了55.42%,超过工业总产值的一半。其次是淮北市,比重达到了16.71%,其矿业产值在全市工业总产值中的贡献也不容小觑。亳州、阜阳和宿州的矿业工业总产值比重分别为7.93%、7.35%和6.98%。可以得到,各矿业城市的矿产资源型产业已经成为国民经济重要的支柱产业之一,对当地国民经济的发展具有较大的贡献。

第2章 矿产资源分布特征及开发利用现状

表 2-5 安徽段矿业工业产值占工业总产值的比重

区域	矿业工业总产值（万元）	工业总产值（亿元）	矿业产值所占比重（%）
蚌埠	26388.73	772.68	0.34
淮南	4372487.78	788.93	55.42
淮北	1473095.98	881.41	16.71
滁州	171106.65	1052.97	1.62
阜阳	517147.24	703.70	7.35
宿州	472213.99	676.92	6.98
六安	384090.14	832.71	4.61
亳州	257324.79	324.33	7.93

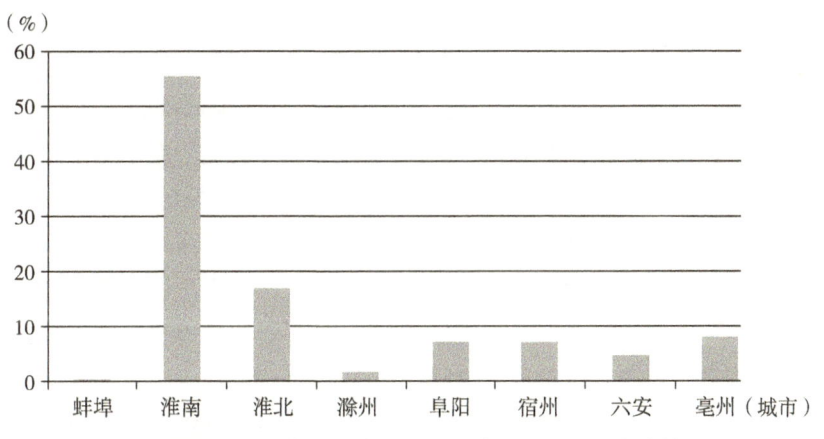

图 2-10 淮河流域安徽段城市矿业工业产值占工业总产值的比重

2.3.3 矿产资源型产业发展存在的问题

随着国民经济的快速增长，矿产资源的日益枯竭和经济社会对其需求的越来越大，矿产品价格总体上不断上涨，这给广大矿产资源型地区带来了难得的发展机遇。淮河流域的矿产资源型产业发展与其他地区相比，主要有以下几方面的优势：①淮河流域的矿产资源分布广，矿山企业几乎各城市都有；②矿业职工众多，为劳动就业、改善人民的生活起到了重要作用；③矿产资源种类多、产量大；④矿业产业发展速度快；⑤矿业企业多种所有制并存，呈现多元化发展。

然而，淮河流域的矿产资源型产业发展也面临着许多问题，主要表现在以下几个方面：

（1）矿产资源已近枯竭。由于片面强调区域经济增长速度，忽视自然资源容量承载力状况，自20世纪80年代以来，淮河流域各地、市一哄而上大力发展矿产资源产业。目前许多区域矿产资源现已开采殆尽，所剩的多是"鸡窝"形深矿区，矿产资源开发利用成本日益上升，依靠矿产资源型禀赋的区域的经济竞争力日渐消退。

（2）矿产资源开发利用技术落后。淮河流域的许多矿产资源型企业建立于20世纪五六十年代，普遍存在设备老化、工艺落后的问题，企业生产成本高，环境污染严重，现有生产条件和设备难以形成规模化，开采工艺不规范，安全管理不到位，不仅矿产资源型产业链条短，而且产品缺乏科技含量，这就造成了矿产资源的极大浪费。

（3）产业结构比较单一。从总体上看，淮河流域矿产资源型企业多是单一型或扩展型产业结构，因此其产品加工程度低，高附加值的产品少，多数企业追求的是短期的眼前比较利益，不能以长远的、全球市场角度出发的视野来发展矿产资源型产业，从而使该区域矿产资源型企业的发展处于不利的地位。

（4）矿产勘察工作相对滞后。受片面追求经济效益的影响，矿产勘察与开发存在急功近利和短视现象，不按设计方案施工的问题仍然存在。公益性地质矿产调查评价与商业性矿产勘察脱节，这不仅加大了地质勘察工作的风险，而且给地方日后矿产资源型产业发展也带来了不确定风险。

（5）生态环境破坏严重。由于经济、技术等因素制约，矿产资源粗放型、掠夺式开采利用比较普遍，从总体上看，淮河流域地表植被破坏严重，采掘区域地面塌陷时有发生，矿区大气浮尘和SO_2指数普遍较高，废水排放造成生活生产用水污染严重，土地资源损失较大，这说明淮河流域矿产资源型产业对生态环境的副作用较大。

第3章 生态环境系统演变的动态趋势

3.1 生态环境的内涵[①]

生态环境（Ecological Environment）是以特定生物体（包括人类）为中心，多元复合生态系统各要素和生态关系的总和，强调生态系统的整体性、连续性、稳定性和协同进化性，以及在此基础上对主体提供的环境功能。

生态环境是与特定主体相联系的相互作用的关系空间，不等同于自然环境。一种自然环境如果和特定人群或生物没有直接或间接的作用关系，就不是这类人群或生物的生态环境。生态环境的主要功能是为主体提供生态服务，涉及生态系统和人类福祉的关系，其中不光有自然因子，也包括了部分社会因素特别是政策、体制、技术和行为因素及社会关系，是自然环境、经济环境和社会环境的交集。

生态环境这一科技名词使用较为频繁，但是对这一名词的含义却存在许多不同的理解和认识：①认为生态与环境是并列的，也就是生态环境应该拆成生态与环境两个不同的名词来对待。②如果研究对象是与生态和环境两者都有关系的，或者说区别不了到底是生态还是环境问题时，就用生态环境这个词语，也可以解释成生态或环境。③把生态作为褒义词来作为环境的前缀，把生态环境理解为除去污染等概念的较符合哲学理念的环境。④生态环境其实就是环境，污染和其他所有的环境问题都包括在生态环境的范畴内，不应该分开。本书支持最后一种解释，认为生态环境概念是环境概念的升级，而环境范畴里的污染排放等问题也属于生态环境的范畴。

---

① 王如松. 生态环境内涵的回顾与思考[J]. 科技术语研究，2005, 7 (2).

3.2 淮河流域生态环境变化趋势

淮河古称"淮水",历史上所称的"四渎"之一。淮河流域是我国东部一个重要的自然地理单元,位于江河之间、祖国腹心之地。它东临黄海,南以大别山与长江流域为界,西边是伏牛山,北同黄河流域紧邻,连接黄河南堤和沂蒙山脉。淮河流域绝大多数为平原地带,约占总面积的 2/3,山丘区面积约占总面积的 1/3。淮河流域全长 1000 千米,流域面积约 27 万平方千米,占国土面积的 1/35,人口约 1.7 亿,占全国的 1/8,人口密度居中国流域之首,耕地占全国的 1/8,粮食产量占全国的 1/66,历来是我国重要的粮、棉、油生产基地,在保证我国粮食安全和生态安全,促进国民经济建设及可持续发展中具有极为重要的地位。

从历史上来看,淮河流域的生态环境经历了"稳定—脆弱—基本稳定"的过程。在 12 世纪以前,淮河流域的生态环境较为良好,系统结构和功能较为稳定。据安徽和县龙潭洞考古资料证明①,古代淮河河道通畅,淮河及其支流鱼虾成群,河水清澈,直通大海。淮河两岸遍布茂密的森林和水草,豺狼虎豹、大象、鹿等动物在此出没。流域土地肥沃,经济发达,有"走千走万,不如淮河两岸"之说。直到宋代之后,由于黄河大规模南泛,流域人口密度增大,加上民众乱砍滥伐,致使淮河地区的环境发生了巨大变化,淮河流域生态环境系统结构与功能受到了极大的干扰,其功能紊乱,处于极不稳定的状态,系统逐步走向衰弱,自然灾害频发。

至明清时期,由于无序开发,水土流失惨重,淮河淤塞普遍,流域绝大多数森林损毁殆尽,植被生态系统受到巨大损伤,地上地下水系紊乱,水患频发,两岸百姓民不聊生,"地力既尽,元气日销,天灾流行,人事屡变"就是当时淮河流域经济社会和自然生态状况的真实写照。虽然明清两代政府采取多种措施治理,但是由于科技水平落后,思想认识水平有限,并未遏止生态恶化趋势。

新中国成立后,国家高度重视淮河流域的综合治理,在各支流上、中游地

---

① 卢勇,王思明. 明清淮河流域生态变迁研究[J].云南师范学院学报(自然科学版),2007 (6).

区兴建一系列水利工程,采取了多种措施恢复生态,虽然淮河流域生态环境危机得到了一定的控制,生态系统功能也有一定的恢复,但是仍然无法恢复到系统的原状。尤其是1950年、1954年、1956年、1991年、1998年和2007年等几次特大水灾和1959年、1966年、1967年、1978年等几次大旱,致使生态环境损毁惨重,流域生态系统十分脆弱。

3.2.1 水土流失

根据水利部第一次(20世纪80年代末)和第二次(20世纪90年代初)的水土流失遥感调查结果,淮河流域山区水土流失调查结果为:第一次水土流失遥感调查时水土流失的面积为58704.6平方千米,第二次水土流失遥感调查时水土流失的面积为30822.24平方千米。20世纪80年代初淮河流域的水土流失面积为58704.6平方千米,90年代末的流失面积为30822.24平方千米,90年代末比80年代初水土流失面积减少了27882.36平方千米,减少了47.5%,如图3-1所示。

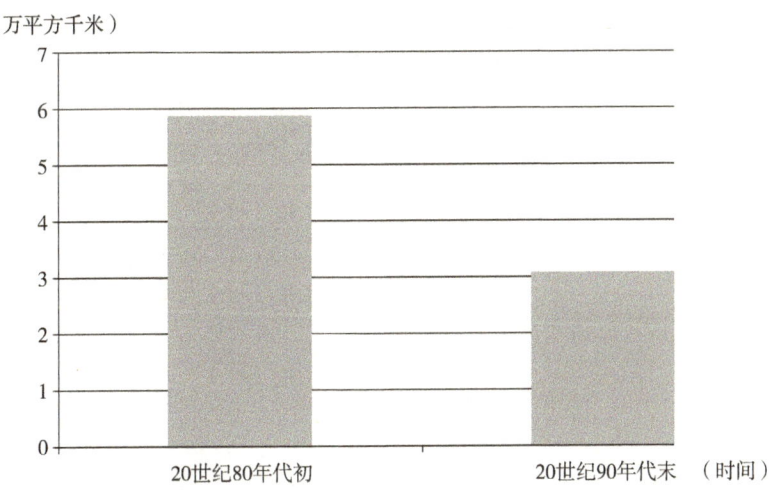

图3-1 淮河流域水土流失面积变化

表3-1和图3-2反映了淮河流域各地貌单元在20世纪80年代初和20世纪90年代末的两次水土流失遥感调查比较结果。由此可知,与20世纪80年代初相比,20世纪90年代末淮河流域的伏牛山区、桐柏大别山区、沂蒙山

区、江淮丘陵区、淮海丘陵区和黄泛平原风沙区的水土流失面积都有不同程度的减少，说明在这段期间，淮河流域在国家的综合治理之下，水土流失情况有明显的好转，生态环境有所改善。

表3-1 淮河流域各区土地流失面积变化

水土流失区	调查时间	轻度以上侵蚀面积（平方千米）	两次调查的面积变化（平方千米）	增幅（%）
伏牛山区	20世纪80年代初	12137.4	-5201.98	-42.86
	20世纪90年代末	6935.42		
桐柏大别山区	20世纪80年代初	16505.1	-8912.13	-54.00
	20世纪90年代末	7592.97		
沂蒙山区	20世纪80年代初	17446.8	-5697.24	-32.65
	20世纪90年代末	11749.56		
江淮丘陵区	20世纪80年代初	3875	-2217.24	-57.22
	20世纪90年代末	1657.76		
淮海丘陵区	20世纪80年代初	3594.9	-2702.92	-75.19
	20世纪90年代末	891.98		
黄泛平原风沙区	20世纪80年代初	5145.4	-3150.85	-61.24
	20世纪90年代末	1994.55		
合计	20世纪80年代初	58704.6	-27882.36	-47.50
	20世纪90年代末	30822.24		

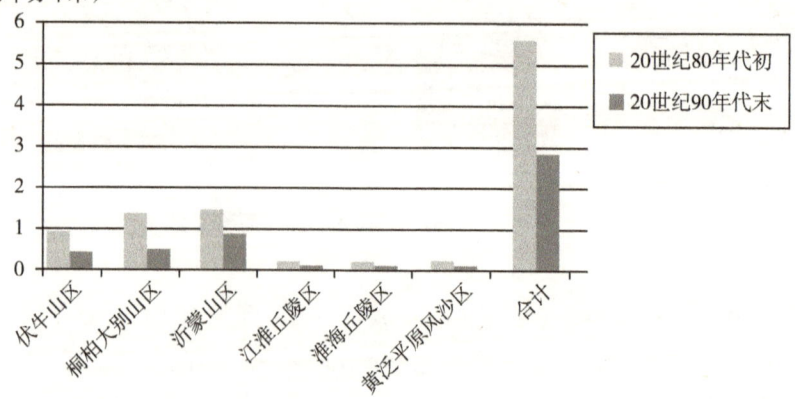

图3-2 淮河流域各地貌单元侵蚀面积变化

如图3-3所示,20世纪80年代初,沂蒙山区水土流失的面积占淮河流域水土流失总面积的比重最大,达30%;其次是桐柏大别山区,占28%;再次位是伏牛山区,占21%;余下的黄泛平原风沙区占9%,江淮和淮海丘陵区各占6%。从土地利用方面来看,水土流失面积主要分布在山地经济林和疏幼林地、"四荒"地及农业用地。

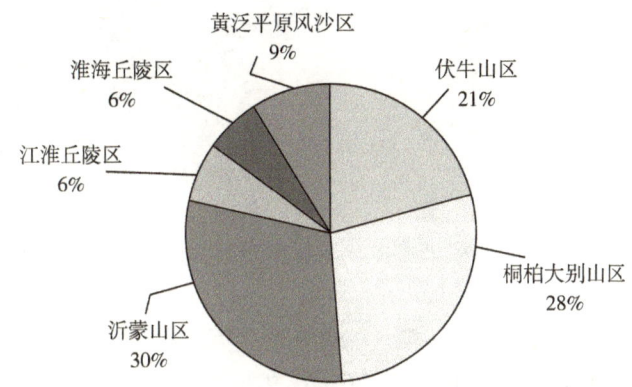

图3-3 20世纪80年代初淮河流域各地貌水土流失所占比重

到了20世纪90年代末,淮河流域各地貌单位的水土流失面积都有很大幅度的降低,水土情况有所好转。根据图3-4可以得到20世纪90年代末各地貌水土流失面积占淮河流域水土流失面积的比重。20世纪90年代末,沂蒙山区水土流失所占的比重依然是最大的,所占的比例从80年代初的30%上升到38%;桐柏大别山的比重由28%下降到25%;伏牛山刚好相反,从21%上升到23%;黄泛平原风沙区、淮海丘陵区和江淮丘陵区三处都有所下降,分别占6%、3%和5%。可以看出,不管是20世纪80年代初还是20世纪90年代末,沂蒙山区、桐柏大别山区和伏牛山区三处的水土流失都极为严重,需要采取适当的措施来改善水土情况。

3.2.2 水污染

淮河流域工业化是典型的依矿产资源工业而兴的工业化。改革开放之后,由于各地政府片面追求GDP,环境保护意识淡薄,工业发展缺乏整体规划,大量高能耗、高污染、高排放诸如煤电、化工、水泥、制药、食品、造纸等工业企业林立而起,流域水体污染日趋严重,水污染事件时有发生。历史资料显

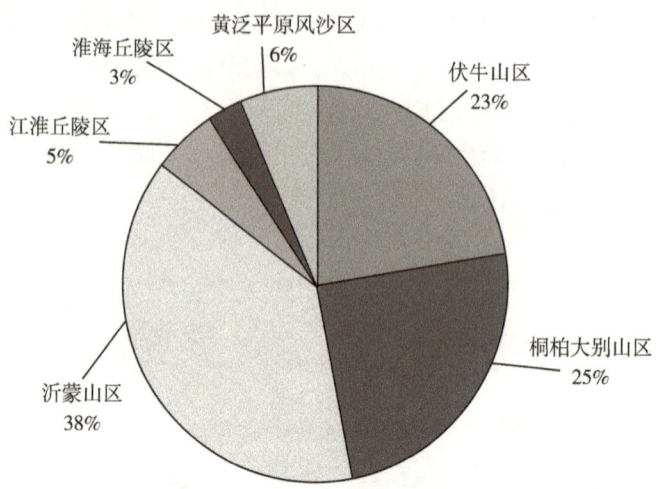

图 3-4　20 世纪 90 年代末淮河流域各地貌水土流失所占比重

示①，1975 年淮河发生首次污染，1982 年发生第二次污染。20 世纪 90 年代水污染更加频繁，如 1992 年、1994 年和 1995 年沙颍河、淮河连续发生大面积水污染。第三次就是发生在 2004 年 7 月的淮河水污染事件，当时由于支流沙颍河、洪河、涡河等上游局部地区连降暴雨，区域内企业排放出来的大量污水顺流而下，形成了长约 140 公里的污水团。90 年代中后期，国务院曾下令关、停、并、转流域众多高污染企业，但是淮河的水质并没有得到明显改善，总体上看淮河水质还属于中度污染，仍有一些跨省界断面水质不能达标，部分二级、三级支流仍为劣Ⅴ类水体，水体中氨氮浓度很高。进入 21 世纪以来，党中央国务院更加重视综合治理淮河，投入了大量人力物力，仅在 2009 年，国家环保部主要领导和安徽省委、省政府领导就曾专门 3 次视察淮南、淮北两淮矿区，亲临现场督办淮河流域环境污染综合治理问题，但总体上看，治理效果仍不尽如人意。

表 3-2 为 2003 年、2006 年和 2011 年淮河流域分区水质状况评价结果，按评价河长进行统计。由表 3-2 可以得到：2003～2011 年，Ⅰ类水所占比重由 2.1% 下降到了 0.4%，而Ⅱ类、Ⅲ类、Ⅳ类和Ⅴ类水比重都有所提高，劣Ⅴ类水的比重由 2003 年的 48.9% 下降到了 2011 年的 24.4%，说明 2003～2011 年淮河流域的总体水质有所提高，但是水污染依旧比较严重。

---

① 余建杰. 构建淮河流域生态环境途径的思考[J]. 赤峰学院学报（自然科学版），2011 (3).

第3章 生态环境系统演变的动态趋势

表 3-2 部分年份淮河流域分区水质状况评价结果①

年份	评价河长（平方千米）	Ⅰ类（%）	Ⅱ类（%）	Ⅲ类（%）	Ⅳ类（%）	Ⅴ类（%）	劣Ⅴ类（%）
2003	11621	2.1	8.8	16.8	15.4	8.0	48.9
2006	11903	—	9.9	27.3	16.8	10.9	35.1
2011	24569	0.4	13.6	24.0	26.9	10.7	24.4

图 3-5 反映了 2011 年淮河流域分区河流水质状况。从图 3-5 可知，Ⅰ类水为最优水质，所占的比重最小，只有 0.4%；Ⅱ类水为受轻度污染的水，占比重也不大，为 13.6%；Ⅲ类水约占 24%；Ⅳ类水所占比重为 26.9%；Ⅴ类水占 10.7%；此外，污染严重、已经没有使用功能的劣Ⅴ类水，所占的比重却高达 24.4%。这些数据表明该流域的水资源虽然较前几年有所改善，但污染依然相当严重。究其原因，主要表现在以下四个方面：

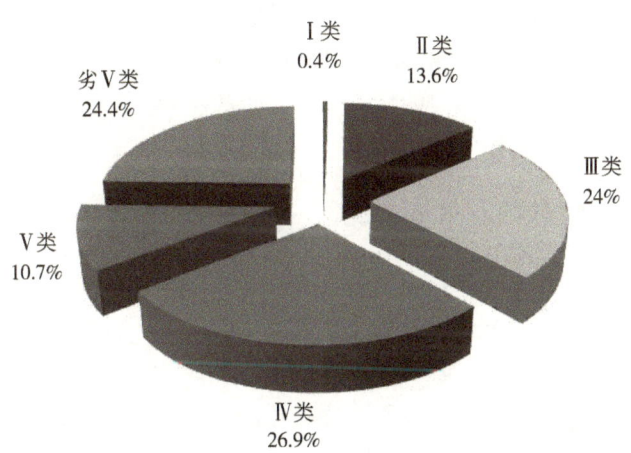

图 3-5 2011 年淮河流域分区河流水质状况评价结果（按评价河长统计）

---

① 以淮河流域 24569 千米河流作为评价区域，分别得到六类水质所占比重。其中，Ⅰ类水为最优水质，主要适用于源头水，国家自然保护区；Ⅱ类水主要适用于集中式生活饮用水、地表水源地一级保护区，珍稀水生生物栖息地，鱼虾类产卵场，仔稚幼鱼的索饵场等；Ⅲ类水主要适用于集中式生活饮用水、地表水源地二级保护区，鱼虾类越冬、回游通道，水产养殖等渔业水域及游泳区；Ⅳ类水主要适用于一般工业用水区及人体非直接接触的娱乐用水区；Ⅴ类水主要适用于农业用水区及一般景观要求水域；劣Ⅴ类水受到严重污染，基本没有使用功能。

淮河流域矿产资源开发、生态环境演变与新型工业化道路研究

（1）治污投入相对不足。由于淮河流域水质污染面积大，治理欠账时期长，虽然国家投巨资进行治理，但资金缺口仍然较大，致使很多治污工程进展较慢，甚至一些重点项目至今尚未开工，尤其是安徽、河南两省治污任务重的省份资金缺口更大。

（2）思想认识不到位。一是政府认识不到位，环境保护监管乏力，如各省虽已调整污水处理收费标准，但一些地级市及多数县认为防止污染会限制工业快速发展，阻碍地方 GDP 增长，致使工业和城镇污水、垃圾处理缺乏有效监督。二是企业认识不到位，认为治污投资是一项白花钱的事，缺乏积极主动性，只注重企业经济利益。三是治污思维不到位，只注重"依河治污"，而缺乏"大淮河治理"理念，从淮河流域整体开发战略布局出发科学治污。

（3）治污工程监督不到位。尽管近年来淮河治理工程实施取得了一定的实效，但是由于工程实施难度大、工期长，加上少数领导干部素质低下，贪污腐化现象时有发生，在工程项目招投标方面存在管理不规范等问题，这给治污工程监督带来了困难，浪费了一定的人力、物力。

（4）社会治污投资不足。由于环保执法监管不力，一些已出台的治污政策法规难以落实到位，监测监控手段滞后，难以实施有效监管，因此淮河治理多依赖国家和地方政府部门的财政投入，而对社会投资吸引力不大，社会资本缺乏投资环境治理的积极性。

3.2.3 生态环境总体状况

近年来，在党中央国务院的正确领导下，在淮河流域广大干部群众的共同努力下，淮河流域上下一致以淮河水治理为重点，以矿山复绿、土地复垦、植树造林工程为抓手，先后启动了矿山复绿、天然林保护、退耕还林还草、退田还湖和大规模的植树造林等生态环境恢复和保护工程，逐步建立了一批不同类型的自然生态保护区、生态功能保护区、生态示范区和生态农业县，生态环境保护和建设取得了很大成绩，淮河流域生态环境得到一定程度的改善。

但是我们也应该看到，由于淮河流域矿产资源开采仍在继续，矿山生态环境治理整顿的长期性和复杂性，各地工业无序发展的势头还没得到真正制止，农村农业点面源污染还较严重，再加上该流域人口密度较大，人均占有资源相对贫乏，山地丘陵土地面积较多，气候异常导致水涝干旱增多，水土流失不断，这就决定了淮河流域生态环境具有较高的脆弱性。因此，淮河流域生态环境脆弱性导致的各种自然灾害，已给该流域国民经济和社会造成了巨大的损

失，制约了一些地区社会经济的快速发展，阻碍了人民生活水平的不断提高，影响区域社会的安全稳定，这对全面建设小康社会产生了较大的不利影响。

3.3 淮河流域安徽段生态环境质量分析

考虑到淮河流域虽然地跨河南省、安徽省、江苏省北部和山东省南部，但是安徽省沿淮8个地市所占比例最大，是该流域农业耕地面积最多、煤炭资源较为丰富、环境变化较显著的区域。因此，本书选择淮河流域阜阳、亳州、淮南、蚌埠、淮北、宿州、六安和滁州8个地级市为研究样本，这一样本总体能够充分反映该区域生态环境动态变化的情况。

根据现有研究成果，学术界通常将工业废水排放量、工业废气排放量、工业固体废弃物产生量、工业化学需氧量（COD）排放量、工业SO_2排放量、工业废水排放达标率和工业固体废弃物综合利用率等指标作为研究生态环境质量的变量。因此，本书首先选取比较具有代表性的人均工业废水排放量、人均工业废气排放量和人均工业固废产生量作为局部环境质量指标，分析淮河流域局部自然生态环境的变化趋势；其次结合人均工业SO_2排放量、人均工业粉尘排放量、人均工业烟尘排放量、人均工业COD排放量、工业废水排放达标率以及工业固体废弃物综合利用率等指标构造淮河流域生态环境综合指标；最后对淮河流域自然生态环境整体质量变化态势进行分析。

3.3.1 工业废水环境质量分析

淮河流域安徽段各市2000～2011年的废水排放量如表3-3和图3-6所示，表中各数值主要依据2001～2012年安徽省统计年鉴整理而成，并参考了部分地区的城市年鉴、环境质量公报和统计公报。

表3-3 淮河流域安徽段2000～2011年人均工业废水排放量

单位：吨/人

年份\地区	蚌埠	淮南	淮北	宿州	阜阳	滁州	亳州	六安
2000	13.964	37.677	10.943	2.293	1.749	5.440	1.776	4.549
2001	13.668	38.504	12.952	2.553	2.336	4.268	2.672	4.743

续表

地区\年份	蚌埠	淮南	淮北	宿州	阜阳	滁州	亳州	六安
2002	13.264	35.895	11.718	2.060	2.275	4.164	1.857	5.790
2003	13.383	35.442	11.760	2.120	1.912	3.934	1.943	6.540
2004	13.690	30.431	12.764	2.150	1.672	3.926	2.486	7.240
2005	20.929	30.784	11.672	12.640	2.577	7.966	2.350	3.020
2006	25.552	24.342	23.242	10.060	2.316	8.221	2.387	3.180
2007	21.928	25.176	8.418	2.740	2.727	8.305	2.218	8.190
2008	19.130	26.132	7.654	4.860	2.690	8.242	2.181	7.800
2009	16.568	23.827	8.035	5.560	2.946	8.926	2.796	8.770
2010	15.851	22.982	8.258	6.880	2.545	9.525	2.542	6.120
2011	11.959	19.849	11.966	13.470	2.970	8.771	2.608	5.350

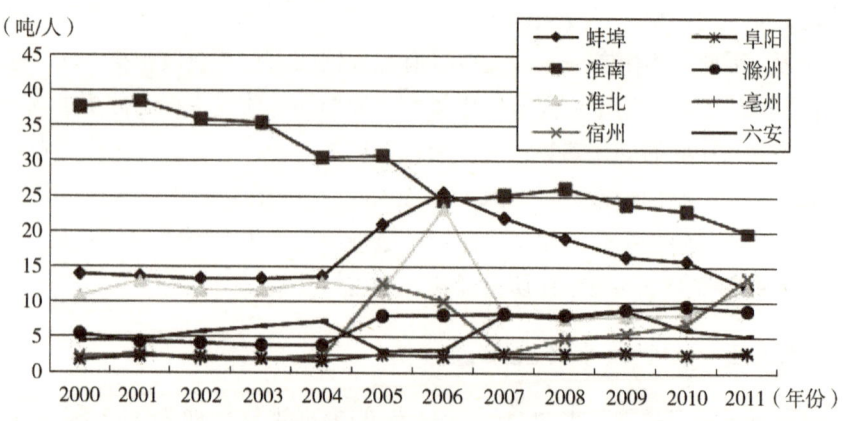

图 3-6　淮河流域安徽段人均工业废水排放量年度变化

由表 3-3 和图 3-6 可知：2000～2011 年，淮南地区的人均工业废水排放量远远高于其他地区，这与该地区的工业化发展和煤炭资源的大幅度开采有密切的联系；2000～2001 年的人均排放量维持在 38 吨左右，变化不大，从 2002 年开始下降，2004 年快速下降，2005 年稍微反弹增加，但总排放量较 2000 年已经降低了 8 吨左右，2006 年再次出现大幅度下降。蚌埠地区的废水排放量比淮北地区还要高一些，这与蚌埠地区的产业结构有密切关系。该地区 2000～2004 年的废水排放量基本稳定不变，2005 年出现急剧增加，2006 年保持增加

第3章 生态环境系统演变的动态趋势

的势头并超过淮南地区成为流域排放量最高的地区。不过2007年又以较大幅度下跌，而淮南则小幅度上升，重新跃至第一的位置。淮北地区在2001年的排放量略微上升，2002年有所下降，2004年小幅度上升之后又开始下降，2006年大幅度增加至23吨，而过去6年间的排放量基本维持在9~10吨；2008年则又跌落至10年来的最低水平，反映出近两年淮北地区工业废水排放量极不稳定。宿州地区工业废水排放量的波动比较大，2000~2004年都维持在较低的2~3吨的水平，到了2005年开始大幅度上升至12.6吨，甚至超过了淮北市在该年的排放量，2006年和2007年开始大幅度下降，从12.6吨下降到了2.2吨，此后一直呈现明显地上升状态。滁州地区一直呈现出较平稳的上升状态，2000~2004年基本保持稳定，在2005年较明显地上升，此后至2011年都一直保持稳定状态。阜阳、亳州和六安地区一直保持着低排放量，波动很小，比较稳定。从流域整体情况来看，淮河流域的人均工业废水排放量得到了一定程度的控制，整体呈下降趋势，这跟沿淮各级政府加强对淮河流域水资源治理、积极推进相关环保政策有直接的关系。

3.3.2 工业废气环境质量分析

淮河流域安徽段各市2000~2011年的人均工业废气排放量如表3-4和图3-7所示，表中各数值主要是依据2001~2012年安徽省统计年鉴整理而成，并参考了部分地区的城市年鉴、环境质量公报和统计公报。

表3-4 淮河流域安徽段2000~2011年人均工业废气排放量

单位：立方米/人

地区 年份	蚌埠	淮南	淮北	宿州	阜阳	滁州	亳州	六安
2000	2140.7	37370.0	14176.7	398.2	648.8	3177.2	647.0	775.2
2001	2698.4	43101.4	21432.3	619.7	917.2	3314.0	1650.0	1360.2
2002	2686.1	43966.3	23443.0	683.0	753.4	3170.7	1357.3	1310.0
2003	3066.7	43648.9	25200.5	928.0	1034.9	3183.0	1318.5	1627.0
2004	2218.7	39543.9	30399.7	1077.0	1047.4	3369.7	1788.9	1718.0
2005	3899.9	40660.2	30242.8	16701.0	6825.8	6850.1	2476.4	247.0
2006	5152.6	46244.4	36762.5	19118.0	6760.1	12147.6	2188.0	330.0
2007	3467.8	63649.9	26642.0	2948.0	3899.0	7272.2	2495.3	2704.0

续表

地区 年份	蚌埠	淮南	淮北	宿州	阜阳	滁州	亳州	六安
2008	7101.0	108877.0	27062.0	3859.0	3845.7	7216.8	2689.5	2053.0
2009	12092.0	95960.0	29237.0	5869.0	3961.7	6819.4	2885.6	2373.0
2010	13631.0	100971.0	31646.0	9982.0	4220.7	6849.3	6070.1	3246.0
2011	21093.0	115499.0	61221.0	14871.0	4245.9	9032.5	6438.1	19394.0

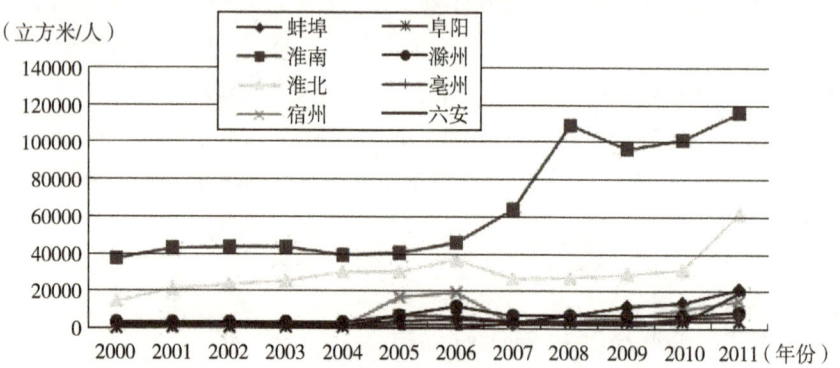

图3-7 淮河流域安徽段人均工业废气排放量年度变化

根据表3-4提供的数据可以得到图3-7。不难看出，与人均工业废水排放量有相似之处，淮南地区的人均工业废气排放量绝对数值远远大于其他地区，2000～2002年保持小幅度增长，2003年的排放量开始回落，次年达到最低点。2005年又开始小幅度的回升，2007年则出现急剧上升，人均工业废气排放量远远高于排名第二的淮北地区。到2008年达到制高点，次年又开始下降，随后上升较明显。其次，淮北地区的人均工业废气排放量水平居于第二，2000～2006年一直呈现上升的状态，2007年有所下降，至2010年一直保持稳定水平，2011年却又急剧上升。除了淮南、淮北两地区，其他地区的人均废气排放水平都较低。除了宿州2005～2007年有较大的增幅和降幅之外，蚌埠、阜阳、滁州、亳州、六安这几个地区的排放量增幅都极小，也一直维持在低排放状态。从整体趋势上看，各地区的人均废气排放量都有继续增加的倾向。

3.3.3 工业固体废弃物环境质量分析

淮河流域安徽段各市2000～2011年的人均工业固体废弃物产生量如表3-5

和图 3-8 所示，表中各数值主要是依据 2001～2012 年安徽省统计年鉴整理而成，并参考了部分地区的城市年鉴、环境质量公报和统计公报。

表 3-5　淮河流域安徽段 2000～2011 年人均工业固体废弃物产生量

单位：千克/人

年份\地区	蚌埠	淮南	淮北	宿州	阜阳	滁州	亳州	六安
2000	124.02	2459.49	2214.11	117.85	57.30	136.22	30.47	53.36
2001	135.35	3028.16	2112.53	138.51	67.95	111.23	29.82	47.32
2002	124.56	3231.11	2169.83	145.00	61.66	108.41	26.23	49.00
2003	141.45	3208.48	2374.26	149.00	70.16	126.55	28.14	40.00
2004	139.78	3009.21	2453.69	239.00	156.27	111.07	61.01	48.00
2005	185.38	3142.36	2827.77	1291.00	637.17	166.70	103.48	42.12
2006	347.23	4476.67	890.67	1741.00	702.90	184.10	124.63	40.32
2007	213.90	5085.54	3167.99	251.00	262.76	146.41	155.47	280.00
2008	296.00	7811.00	3858.00	470.00	259.16	145.29	152.86	533.00
2009	467.00	8777.00	4761.00	726.00	295.85	323.46	302.35	473.00
2010	561.00	10240.00	4006.00	665.00	306.79	357.39	365.69	708.00
2011	659.00	9941.00	4098.00	1784.00	436.97	458.12	404.64	816.00

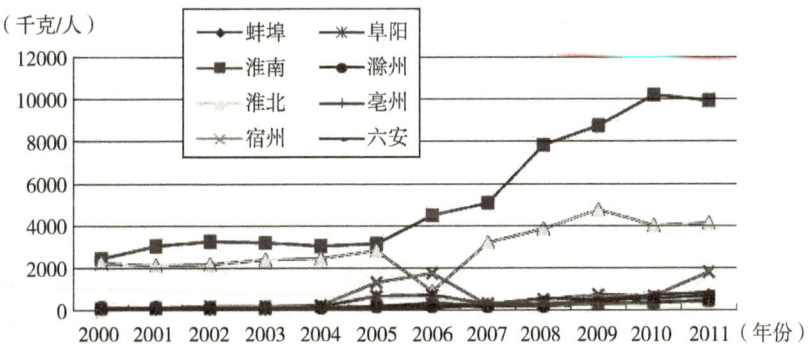

图 3-8　淮河流域安徽段人均工业"固废"产生量年度变化

图 3-8 的变化趋势与图 3-7 极为相似，同样表明，两淮地区的人均工业"固废"产生量远远高出其他几个城市地区，淮南地区在 2000～2002 年的"固废"产生量小幅度增加，2003 年虽然又有下降，但幅度不大，2005 年又开始上升，2006 年大幅度增加，2007 年继续保持这一增加的势头，此后几年一直都呈现大幅度增加的趋势，直到 2011 年有所下降。抛开 2006 年不看，淮北地区的人均"固废"产生量呈现类似"U"形曲线关系，2001 年达到最低值，此后开始小幅度上升，在 2006 年达到最低点后，2007 年开始明显上升，直到 2009 年有所下降。2000～2004 年，宿州的固废排放量都较低且波动极小，在 2005 年有较大幅度的上升，在 2006 年达到高点，次年又开始下降。2007～2010 年都比较稳定，到了 2011 年又开始有较大幅度的增加，预测此后几年会呈现上升趋势。蚌埠、滁州、阜阳、亳州、六安地区的人均"固废"产生量一直比较稳定，小范围内波动，排放量也较小。从流域整体趋势来看，人均工业"固废"产生量仍有继续上升的趋势。

3.4 淮河流域综合生态环境质量分析

3.4.1 环境质量综合指标

本章 3.3 节选用了淮河流域安徽段生态环境的某一方面的污染水平作为指标，分析反映的是淮河流域局部的生态环境质量。本节构造安徽淮河流域的环境综合指标，对流域的局部生态环境质量进行综合评价，考虑到指标的可得性、数据的可靠性以及指标间的相关性，单项指标选取如下：

X_1——人均工业废气排放量； X_2——人均工业废水排放量；
X_3——人均工业固废产生量； X_4——人均工业 SO_2 排放量；
X_5——人均工业烟尘排放量； X_6——人均工业粉尘排放量；
X_7——工业固废综合利用率。

指标体系确定之后，区域生态环境质量评价需要解决的关键问题是如何把多个指标综合成一个统一的评价值，即获得反映该流域环境质量的综合指标，这就需要科学地确定各指标的权重并对原始单项指标值进行无量纲处理。各指标的权重如何确定，在学界并没有形成共识，目前还没有统一的标准。因此，为了避免主观因素的干扰，本书将采用时序全局主成分分析法以获得反映地区

第3章 生态环境系统演变的动态趋势

环境质量的综合指标。

主成分分析法是本着尽量在损失最小信息的前提下,用指标降维把多个指标转化为几个综合指标的多元统计方法,这些经过降维处理后保留下来的指标被称为主成分。主成分相对于变量来说,具有更多的优越性,即在研究许多复杂问题时不至于丢失太多信息,从而使我们更容易抓住事物的主要矛盾,提高分析效率[①]。该方法的核心就是通过主成分分析,选择 N 个主成分 Y_1、Y_2、Y_3、…、Y_i。其中 Y_i($i=1, 2, …, n$)为第 i 个主成分得分,以主分量 Y_i 的方差贡献率 a_i 作为权数,构造综合评价函数:$Y=a_1Y_1+a_2Y_2+…+a_nY_n$,这样当我们把第 i 个主成分的得分计算出来后,便可以很快求出综合得分,并且按照得分的高低来排序。

时序全局主成分分析的方法,它是时序分析和全局主成分分析方法的结合,在经典主成分分析的基础上,以一个综合变量来取代原有的全局变量,再以此为基础描绘出系统的总体水平随时间的变化轨迹。全局主成分分析要利用时序立体数据表 $K=\{X^t \in R^{n \times p}, t=1, 2, …, T\}$,将平面数据表序列按时间序列排放,但要求所有数据表必须有完全同名的样本点和变量,进而进行主成分分析。事实上,全局主成分分析就要寻求一个对所有数据表来说是统一的简化子空间,得到统一的主成分公共因子,迅速提取立体表的重要信息,从而实现对样本进行动态评价分析。

首先,组建全局数据表,将淮河流域安徽段各市的原始数据按时间顺序依次排列组建成全局表 $X=(x_{ij})_{nT \times p}$,然后再对全局数据表实施经典主成分分析。

其次,利用 SPSS 统计软件,对全局数据表中的数据进行标准化。

$$x_{ij}' = (x_{ij}-\overline{x_j})/s_j, \quad i=1, 2, …, nT; \quad j=1, 2, …, p \quad (3-1)$$

其中,$\overline{x_j} = \frac{1}{n}\sum_{i=1}^{nT} x_{ij}$;$s_j^2 = \frac{1}{n}\sum_{i=1}^{nT}(x_{ij}-\overline{x_j})^2$。

标准化后的指标数据,如表 3-6 所示,记为 X_1、X_2、X_3、X_4、X_5、X_6、X_7。

---

① 吴亚飞,李科. 基于 SPSS 的主成分分析法在评价体系中的应用 [J]. 当代经济,2009 (3).

表 3-6 标准化后的指标

年份	区域	X_1	X_2	X_3	X_4	X_5	X_6	X_7
2000	蚌埠	0.42116	-0.55501	-0.54095	-0.36822	-0.10426	0.44835	0.12598
	淮南	2.98919	0.92595	0.57016	2.73948	1.82303	-0.20878	-0.03036
	淮北	0.09399	-0.04904	0.45342	0.14370	1.52764	-0.04777	-0.49938
	宿州	-0.84277	-0.62826	-0.54388	-0.65143	-0.57057	-0.62571	-0.76756
	阜阳	-0.90168	-0.61773	-0.57269	-0.59007	-0.70711	-0.73912	-0.67569
	滁州	-0.50196	-0.51144	-0.53514	-0.47965	-0.18614	1.03473	-0.36130
	亳州	-0.89876	-0.61780	-0.58545	-0.63443	-0.81335	-0.73383	-0.22493
	六安	-0.59845	-0.61241	-0.57456	-0.54494	-0.62011	-0.45048	2.98804
2001	蚌埠	0.38910	-0.53156	-0.53556	-0.31259	-0.13558	0.31477	-0.31337
	淮南	3.07875	1.16688	0.84071	2.71499	1.85353	-0.20730	-0.00697
	淮北	0.31156	0.25596	0.40510	0.49953	1.45497	-0.18547	-0.50794
	宿州	-0.81461	-0.61895	-0.53405	-0.65212	-0.57426	-0.63811	-0.81834
	阜阳	-0.83811	-0.60644	-0.56762	-0.59981	-0.73331	-0.73912	-0.61920
	滁州	-0.62888	-0.50568	-0.54703	-0.52192	-0.18143	0.95124	-0.38526
	亳州	-0.80172	-0.57564	-0.58576	-0.62546	-0.82277	-0.72259	0.07177
	六安	-0.57744	-0.58782	-0.57744	-0.56527	-0.65123	-0.48189	0.59386
2002	蚌埠	0.34535	-0.53208	-0.54069	-0.36822	-0.25205	0.09589	-0.84116
	淮南	2.79620	1.20324	0.93727	2.64119	1.66152	-0.25127	-0.01667
	淮北	0.17792	0.34049	0.43236	0.85777	1.41587	-0.21457	-0.39782
	宿州	-0.86800	-0.61629	-0.53097	-0.66093	-0.67559	-0.64522	-0.92675
	阜阳	-0.84472	-0.61333	-0.57062	-0.64300	-0.81765	-0.73912	-0.90621
	滁州	-0.64015	-0.51171	-0.54837	-0.55004	-0.27826	0.73451	-0.36872
	亳州	-0.88999	-0.58794	-0.58747	-0.63744	-0.81949	-0.72077	-0.11595
	六安	-0.46406	-0.58993	-0.57664	-0.58930	-0.72369	-0.47709	0.92879
2003	蚌埠	0.35824	-0.51608	-0.53265	-0.36614	-0.25697	0.03225	1.13934
	淮南	2.74714	1.18989	0.92650	3.08017	1.79028	1.13954	-0.11252
	淮北	0.18247	0.41437	0.52962	0.88922	1.63941	1.80527	-0.50337
	宿州	-0.86150	-0.60599	-0.52906	-0.60390	-0.57385	-0.65150	-0.65914
	阜阳	-0.88403	-0.60149	-0.56657	-0.63713	-0.81049	-0.73912	-0.90221
	滁州	-0.66505	-0.51119	-0.53974	-0.52022	-0.22196	0.64789	-0.44232
	亳州	-0.88067	-0.58957	-0.58656	-0.63172	-0.83075	-0.71912	-0.12337
	六安	-0.38283	-0.57660	-0.58092	-0.57068	-0.67477	-0.41179	0.29031

第3章 生态环境系统演变的动态趋势

续表

年份	区域	X_1	X_2	X_3	X_4	X_5	X_6	X_7
2004	蚌埠	0.39148	-0.55173	-0.53345	-0.35115	-0.29893	-0.02231	0.76504
	淮南	2.20447	1.01733	0.83170	3.04355	1.56776	0.97868	-0.13820
	淮北	0.29120	0.63293	0.56740	1.13401	1.92661	1.72988	-0.57698
	宿州	-0.85825	-0.59972	-0.48624	-0.59324	-0.57856	-0.64324	-0.72990
	阜阳	-0.91002	-0.60097	-0.52560	-0.63775	-0.81765	-0.73895	-0.91876
	滁州	-0.66592	-0.50334	-0.54711	-0.50299	-0.19801	0.67285	-0.44917
	亳州	-0.82187	-0.56980	-0.57092	-0.63435	-0.83321	-0.73201	-0.03435
	六安	-0.30703	-0.57278	-0.57711	-0.56805	-0.67641	-0.42072	-0.51707
2005	蚌埠	1.17544	-0.48106	-0.51175	-0.38244	-0.23117	-0.08695	-0.16901
	淮南	2.24270	1.06426	0.89504	1.00991	0.10270	1.13656	1.61521
	淮北	0.17294	0.62633	0.74538	0.72300	1.89406	4.94876	3.25050
	宿州	0.27777	0.05707	0.01425	-0.46165	-0.59862	-0.61447	0.14424
	阜阳	-0.81201	-0.35806	-0.29681	-0.63558	-0.80742	-0.73928	-0.62092
	滁州	-0.22840	-0.35703	-0.52064	-0.51890	0.31518	1.52836	-0.10682
	亳州	-0.83660	-0.54090	-0.55072	-0.62214	-0.84365	-0.73532	-0.24661
	六安	-0.76404	-0.63461	-0.57991	-0.53675	-0.76586	-0.39807	3.57117
2006	蚌埠	1.67609	-0.42839	-0.43475	-0.39658	-0.28276	-0.04429	1.12850
	淮南	1.54506	1.29900	1.52985	1.84777	0.22839	0.74311	1.96840
	淮北	1.42593	0.90041	-0.17621	1.18122	2.00358	4.84510	-0.76014
	宿州	-0.00163	0.15868	0.22834	-0.48753	-0.59985	-0.61216	-0.00126
	阜阳	-0.84028	-0.36082	-0.26554	-0.63381	-0.80578	-0.73928	-0.60950
	滁州	-0.20079	-0.13434	-0.51236	-0.49696	-0.27437	0.63235	-0.44803
	亳州	-0.83259	-0.55302	-0.54066	-0.62152	-0.83771	-0.73052	-0.28883
	六安	-0.74671	-0.63113	-0.58077	-0.55793	-0.77159	-0.41064	3.52838
2007	蚌埠	1.28363	-0.49922	-0.49819	-0.41018	-0.15564	-0.11604	-0.11538
	淮南	1.63537	2.03069	1.81952	1.71934	2.11289	-0.31244	-0.39953
	淮北	-0.17945	0.47497	0.90724	1.31722	1.68834	0.99604	-0.51136
	宿州	-0.79436	-0.52107	-0.48054	-0.45655	-0.52308	-0.61298	-0.76014
	阜阳	-0.79577	-0.48109	-0.47494	-0.63226	-0.81212	-0.73829	-0.33905
	滁州	-0.19169	-0.33929	-0.53030	-0.48738	0.16841	1.39396	-0.41436
	亳州	-0.85089	-0.54010	-0.52598	-0.61897	-0.83321	-0.72953	-0.87768
	六安	-0.20415	-0.53133	-0.46674	-0.55746	-0.65778	-0.40402	0.13568

续表

年份	区域	X_1	X_2	X_3	X_4	X_5	X_6	X_7
2008	蚌埠	0.98062	−0.34649	−0.45913	−0.42378	−0.16178	−0.12133	0.08433
	淮南	1.73891	3.93192	3.11617	1.59316	2.09467	−0.31508	1.42292
	淮北	−0.26219	0.49262	1.23551	1.44549	1.66336	0.97918	0.47461
	宿州	−0.56477	−0.48277	−0.37635	−0.42695	−0.52820	−0.61480	1.85599
	阜阳	−0.79977	−0.48333	−0.47665	−0.63041	−0.81315	−0.73829	−0.33905
	滁州	−0.19851	−0.34162	−0.53083	−0.47764	0.16022	1.37759	−0.41436
	亳州	−0.85490	−0.53194	−0.52723	−0.61565	−0.83403	−0.72970	−0.87768
	六安	−0.24638	−0.55869	−0.34637	−0.55646	−0.65983	−0.40700	2.35412
2009	蚌埠	0.70316	−0.13668	−0.37777	−0.43661	−0.22729	−0.17060	−0.18156
	淮南	1.48928	3.38892	3.57575	1.46682	2.62424	−0.36831	−0.23691
	淮北	−0.22093	0.58405	1.66512	1.57330	1.47340	0.68227	−0.17301
	宿州	−0.48896	−0.39828	−0.25455	−0.39836	−0.49238	−0.68638	−0.15988
	阜阳	−0.77205	−0.47846	−0.45920	−0.62855	−0.80476	−0.73829	−0.34361
	滁州	−0.12444	−0.35833	−0.44606	−0.46783	0.05091	0.72839	−0.79837
	亳州	−0.78830	−0.52369	−0.45611	−0.61225	−0.83915	−0.73284	−0.45145
	六安	−0.14133	−0.54524	−0.37492	−0.55514	−0.74621	−0.33360	1.27856
2010	蚌埠	0.62551	−0.07198	−0.33305	−0.31158	−0.32043	−0.18349	−0.88053
	淮南	1.39777	3.59957	4.27178	2.45111	2.33725	−0.36550	−0.44118
	淮北	−0.19678	0.68532	1.30592	1.11199	0.69695	0.59961	−0.73846
	宿州	−0.34601	−0.22538	−0.28357	−0.39087	−0.58900	−0.62985	−0.42178
	阜阳	−0.81548	−0.46757	−0.45399	−0.61047	−0.80455	−0.73730	−0.53362
	滁州	−0.05957	−0.35707	−0.42992	−0.45933	−0.06925	0.95603	−0.79951
	亳州	−0.81580	−0.38982	−0.42597	−0.50237	−0.71428	−0.73234	−0.82005
	六安	−0.42832	−0.50854	−0.26312	−0.51659	−0.74416	−0.39047	0.70284
2011	蚌埠	0.20402	0.24170	−0.28643	−0.28809	−0.36321	−0.30566	−0.77669
	淮南	1.05848	4.21029	4.12953	1.52423	1.00155	−0.06793	−0.23064
	淮北	0.20478	1.92858	1.34969	0.98712	1.48097	0.54407	−0.30424
	宿州	0.36766	−0.01986	0.24880	−0.32209	−0.62564	−0.63580	2.11219
	阜阳	−0.76945	−0.46651	−0.39206	−0.53575	−0.82871	−0.73796	−0.86398
	滁州	−0.14123	−0.26529	−0.38200	−0.39589	0.02675	1.08498	0.17904
	亳州	−0.80865	−0.37436	−0.40744	−0.48266	−0.63526	−0.73300	−0.88224
	六安	−0.51171	0.17028	−0.21173	−0.52323	−0.74416	−0.35542	0.51854

第3章 生态环境系统演变的动态趋势

然后，运用 SPSS 软件，对选择的指标和数据进行检验，看它们能否适用于全局主成分分析，本书选择了 KMO（Kaiser-Meyer-Olkin）取样适当性度量与 Bartlett 球形检验方法，得到统计值如表 3-7 所示。从表中我们可以看出 KMO 检验值为 0.690，大于 0.5，表明各指标之间有较多的共同因素。Bartlett 球形检验的近似卡方分布值为 666.583，自由度为 21，显著性小于 0.01，表明拒绝单位相关原假设，数据适合主成分分析。

表 3-7　KMO and Bartlett's Test

KMO 取样适当性度量值		0.690
Bartlett 球形检验的统计参数值	近似卡方分布	666.583
	自由度	21
	显著性	0.000

最后，利用 SPSS 统计软件，运用时序全局主成分分析法，对淮河流域安徽段 8 个城市 2000~2011 年的生态环境指标原始数据进行分析处理，提取前五个主成分因子的特征值及累积贡献率（见表 3-8）。该表显示出，第一主成分（记为 Z_1）和第二个主成分（记为 Z_2）的特征值都大于 1，但累积方差贡献率还不到 85%，考虑第三主成分（记为 Z_3）后，累积方差贡献率达到 88.958%，损失信息为 11.042%。因此，利用前三个主成分作为综合得分的构造因子。这三个主成分的因子得分系数矩阵见表 3-9。

表 3-8　全局主成分分析的特征值和累积贡献率

主成分	特征值	贡献率（%）	累积贡献率（%）
第一主成分	4.233	60.477	60.477
第二主成分	1.073	15.334	75.811
第三主成分	0.920	13.147	88.958
第四主成分	0.492	7.034	95.992
第五主成分	0.177	2.526	98.518

表3-9　主成分因子得分系数矩阵

变量	得分系数		
	Z_1	Z_2	Z_3
X_1	0.396	0.091	0.052
X_2	0.442	-0.196	0.212
X_3	0.429	-0.219	0.266
X_4	0.456	-0.041	-0.011
X_5	0.453	0.014	-0.230
X_6	0.218	0.552	-0.677
X_7	0.047	0.773	0.609

根据表3-9得到主成分Z_1、Z_2和Z_3的表达式，分别见式（3-2）、式（3-3）、式（3-4）。

$$Z_1 = 0.396X_1 + 0.442X_2 + 0.429X_3 + 0.456X_4 + 0.453X_5 + 0.218X_6 + 0.047X_7 \quad (3-2)$$

$$Z_2 = 0.091X_1 - 0.196X_2 - 0.219X_3 - 0.041X_4 + 0.014X_5 + 0.552X_6 + 0.773X_7 \quad (3-3)$$

$$Z_3 = 0.052X_1 + 0.212X_2 + 0.266X_3 - 0.011X_4 - 0.230X_5 - 0.677X_6 + 0.609X_7 \quad (3-4)$$

在此基础上，以各个主成分的方差贡献率为权重，加权求和，构造一个衡量各经济区域自然生态环境质量的综合评价指标（Synthetic Environment Index，SEI），如式（3-5）所示：

$$SEI = 0.679838Z_1 + 0.172373Z_2 + 0.147789Z_3 \quad (3-5)$$

根据式（3-2）、式（3-3）、式（3-4）、式（3-5）计算得到淮河流域安徽段8地市2000～2011年生态环境状态评价的综合得分及排名情况，见表3-10。

表3-10 淮河流域安徽段8地市2000~2011年生态环境质量综合得分

年份	区域	Z_1	Z_2	Z_3	综合得分	排名
2000	蚌埠	-0.42208	0.62408	-0.43844	-0.24417	5
	淮南	3.86568	-0.25985	0.17683	2.609379	8
	淮北	0.93372	-0.47803	-0.50962	0.477066	7
	宿州	-1.57275	-0.75444	-0.22713	-1.23283	2
	阜阳	-1.65806	-0.75157	-0.07217	-1.26743	1
	滁州	-0.74886	0.48071	-1.14933	-0.5961	4
	亳州	-1.70843	-0.39681	0.22043	-1.19728	3
	六安	-1.24133	2.26615	1.95953	-0.16368	6
2001	蚌埠	-0.46069	0.19932	-0.60424	-0.36814	6
	淮南	4.12778	-0.33784	0.31102	2.793949	8
	淮北	1.23288	-0.60566	-0.34569	0.68267	7
	宿州	-1.56035	-0.80197	-0.24275	-1.2349	2
	阜阳	-1.63938	-0.70541	-0.02458	-1.23974	1
	滁州	-0.83814	0.40782	-1.11656	-0.66452	5
	亳州	-1.63528	-0.16112	0.40948	-1.07898	3
	六安	-1.36612	0.39623	0.53566	-0.78127	4
2002	蚌埠	-0.63109	-0.33159	-0.75383	-0.59761	6
	淮南	3.94271	-0.42326	0.39856	2.666345	8
	淮北	1.37349	-0.58654	-0.23565	0.797823	7
	宿州	-1.63556	-0.89681	-0.28195	-1.30817	2
	阜阳	-1.71772	-0.92527	-0.18210	-1.35418	1
	滁州	-0.94900	0.30122	-0.93940	-0.73208	4
	亳州	-1.68881	-0.30993	0.28565	1.15932	3
	六安	-1.34880	0.66831	0.75897	-0.6896	5
2003	蚌埠	-0.53754	1.16033	0.50269	-0.09114	6
	淮南	4.46995	0.25469	-0.64408	2.987557	8
	淮北	2.00064	0.41330	-1.67735	1.183461	7
	宿州	-1.54431	-0.69618	-0.13572	-1.18994	2
	阜阳	-1.72021	-0.92910	-0.17983	-1.35619	1
	滁州	-0.93817	0.19182	-0.93775	-0.74333	5
	亳州	-1.68793	-0.31418	0.28292	-1.15986	3
	六安	-1.29770	0.21645	0.32038	-0.79757	4

续表

年份	区域	Z_1	Z_2	Z_3	综合得分	排名
2004	蚌埠	-0.58214	0.84986	0.31512	-0.20269	6
	淮南	3.98434	0.14963	-0.58926	2.647412	8
	淮北	2.37834	0.26755	-1.67785	1.415038	7
	宿州	-1.52068	-0.75713	-0.17055	-1.18953	2
	阜阳	-1.71696	-0.95332	-0.17872	-1.35799	1
	滁州	-0.91438	0.19993	-0.96486	-0.72976	5
	亳州	-1.65014	-0.25436	0.35787	-1.11278	3
	六安	-1.30380	-0.40740	-0.15915	-0.98012	4
2005	蚌埠	-0.27271	0.14713	-0.16367	-0.18422	5
	淮南	2.57321	1.63545	0.75981	2.143564	7
	淮北	3.08439	4.97096	-1.47430	2.735863	8
	宿州	-0.46753	-0.20617	0.67693	-0.25334	3
	阜阳	-1.45308	-0.81201	0.11797	-1.11039	2
	滁州	-0.23729	0.94998	-1.39259	-0.20338	4
	亳州	-1.64439	-0.43234	0.24384	-1.1564	1
	六安	-1.34247	2.73392	2.29786	-0.1018	6
2006	蚌埠	0.02233	1.19188	0.66733	0.319253	6
	淮南	3.04286	1.41017	1.38549	2.516489	8
	淮北	3.35382	2.05840	-3.99871	2.0439	7
	宿州	-0.46011	-0.40855	0.65129	-0.28697	4
	阜阳	-1.45000	-0.81211	0.13079	-1.10642	2
	滁州	-0.59280	0.13953	-0.80759	-0.49831	3
	亳州	-1.64181	-0.46173	0.21382	-1.16415	1
	六安	-1.35144	2.69578	2.28328	-0.11664	5
2007	蚌埠	-0.21433	0.18516	-0.12300	-0.13197	6
	淮南	3.98001	-1.16989	0.46287	2.572513	8
	淮北	2.08665	-0.18395	-1.05586	1.230834	7
	宿州	-1.36553	-0.77948	-0.20220	-1.09258	3
	阜阳	-1.56460	-0.52918	0.21738	-1.12276	2
	滁州	-0.31492	0.63670	-1.45239	-0.31899	5
	亳州	-1.66131	-0.92382	-0.14083	-1.30947	1
	六安	-1.14980	0.08329	0.26616	-0.72798	4

续表

年份	区域	Z_1	Z_2	Z_3	综合得分	排名
2008	蚌埠	-0.25081	0.27102	0.03078	-0.11924	6
	淮南	5.43691	-0.40486	2.33346	3.971289	8
	淮北	2.29236	0.48041	-0.35289	1.589088	7
	宿州	-1.07925	1.23107	1.44088	-0.30856	4
	阜阳	-1.56753	-0.52882	0.21646	-1.12483	2
	滁州	-0.32172	0.62710	-1.44052	-0.32351	3
	亳州	-1.65872	-0.92575	-0.13937	-1.30783	1
	六安	-1.02383	1.77159	1.64369	-0.14775	5
2009	蚌埠	-0.29181	-0.04629	-0.03089	-0.21092	6
	淮南	5.38788	-1.72163	1.23240	3.548254	8
	淮北	2.41048	-0.30024	-0.36820	1.532564	7
	宿州	-1.04072	-0.40372	0.30737	-0.73168	3
	阜阳	-1.54248	-0.53456	0.21885	-1.10844	2
	滁州	-0.46802	-0.03858	-1.18698	-0.50025	4
	亳州	-1.57961	-0.60935	0.14760	-1.1571	1
	六安	-1.06161	0.99261	0.95956	-0.40881	5
2010	蚌埠	-0.29561	-0.62968	-0.40622	-0.36954	6
	淮南	6.05319	-2.12440	1.38632	3.953877	8
	淮北	1.70402	-0.71391	-0.54576	0.954741	7
	宿州	-0.96047	-0.59114	0.16811	-0.73002	3
	阜阳	-1.55300	-0.68885	0.10365	-1.15921	1
	滁州	-0.43584	0.08629	-1.30631	-0.47448	5
	亳州	-1.42894	-0.93210	-0.07218	-1.14278	2
	六安	-1.13203	0.45684	0.66914	-0.59196	4
2011	蚌埠	-0.33430	-0.72846	-0.19371	-0.38146	4
	淮南	5.17478	-1.89752	1.70448	3.44283	8
	淮北	2.73786	-0.60954	-0.12657	1.737524	7
	宿州	-0.22607	1.26907	1.94529	0.352556	6
	阜阳	-1.50028	-0.95757	-0.07327	-1.19584	1
	滁州	-0.26053	0.87672	-0.79249	-0.14312	5
	亳州	-1.36961	-0.98668	-0.11942	-1.11884	2
	六安	-0.84701	0.18210	0.68649	-0.44299	3

3.4.2 环境质量综合评价

本章3.3节利用时序全局主成分分析法得到了反映地区环境质量的综合指标和各地区每年的综合指标得分情况。环境综合指标得分越高,表示该地区生态环境质量越恶劣;排名按得分从小到大排列,所以排名越靠前,意味着当地生态环境质量相对越好;反之,越差。根据表3-10的数据,可得到图3-9。结合表3-8和图3-9,可以得出如下结论:

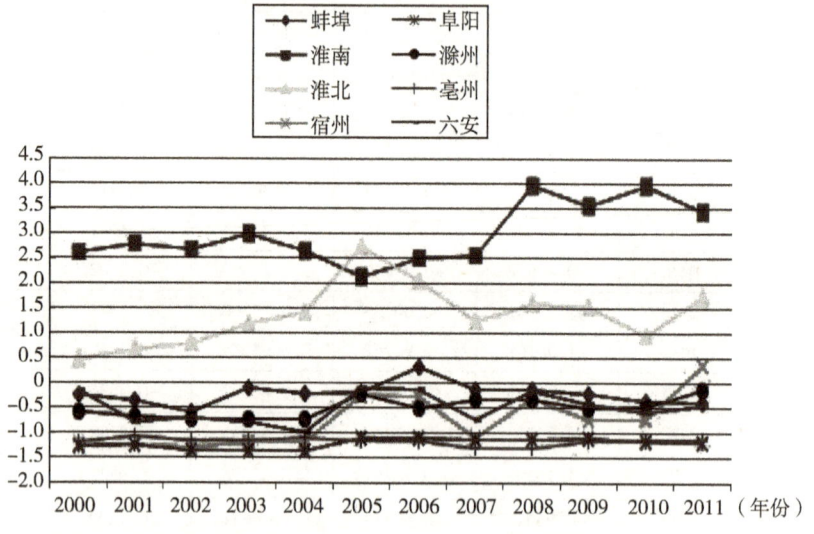

图3-9 淮河流域各地市环境综合指标得分年度变化

如果按照第一集团综合得分大于2;第二集团得分在0.5~1.5;第三集团得分在-1~0;第四集团得分处于-1.5~-1的标准,对上述8个市进行集团划分。则淮南为第一集团,环境质量在8个市中最差;淮北为第二集团,环境质量中等;蚌埠、六安、滁州、宿州四市为第三集团,环境质量相对较好;阜阳和亳州作为第四集团,环境质量在8个市中最好。

在2000~2011年的12年里,淮南地区的生态环境质量一直处于流域最低水平,排名第八,其综合得分远远高于其他地区,环境质量相对最为恶劣。2000年淮南的综合得分为2.61,此后两年保持小幅度变动,2001年得分略微上升,2002年轻微下降,总体维持在2.6~2.7,2003年得分增大到3的高度;2004年综合得分有较大幅度下降,2005年达到2000~2011年的最低值,但此

第3章 生态环境系统演变的动态趋势

后一直保持上升的趋势,且上升幅度逐年增大,2008年上升幅度最大,达到得分最高点3.97,次年有所下降,此后又开始上下波动,这显示当地环境质量正在恶化之中。

淮北地区2000年综合得分低于淮南,生态环境质量排名第七;2000~2005年得分一直保持逐年上升的趋势,且幅度较大,直到2005年达到最高点2.73,该年的综合得分甚至比淮南还要高。2006年得分开始下降,下降幅度也较大,到了2008年又有所回升,2010年下降后,2011年有较大幅度的回升。总体来看,淮北市的环境综合质量得分呈倒"U"形,在2005年到达最大值,环境质量也最差,此后虽有改善,但是仍然有恶化的趋势。

综合得分排名第六位的蚌埠地区,排名情况基本比较稳定,2000~2011年中有9年排名第六,2年排名第五,1年排名第四。其环境质量综合得分年度变化曲线呈现"U"形,具体来说:2000年后开始逐年下降,2002年实现综合得分最低值,只有-0.69左右,2003年,综合得分开始上升。2003~2005年得分比较稳定,变化极小,2006年开始出现较大幅度上升,得分达到2000~2011年的最高点0.32,表明该年是蚌埠地区12年中环境最差的一年。从2007年以后,一直呈现下降的趋势。从曲线整体走势来看,蚌埠地区的生态环境在未来几年将略有改善。

滁州地区2000~2011年的环境质量排名,有6年排名第五,4年排名第四,2年排名第三。从曲线形状来看环境质量变动不大,2000~2004年,环境质量分值一直在减小,2003年达到最低点-0.74,到了2005年有较大幅度的上升,上升至一个高点-0.2,次年有较大幅度的下降。2006~2009年曲线呈不明显的倒"U"形,得分先上升后下降。从2009年开始,有较大幅度的上升,表明环境开始恶化。按照得分的变化情况,此后几年环境也许会持续恶化。

六安地区的环境综合得分曲线呈现锯齿状变动。2000~2004年,分值一直降低,环境质量改善,2004年达到最低点-0.98,表明该年的环境质量最好。2005~2007年呈倒"U"形变化,2005年得分有大幅度上升,2006年基本保持不变,2007年又有较大幅度的下降,表明该期间环境从恶化到有所改善。2008年环境质量得分上升到与蚌埠相似的水平,从此环境开始改善,但到了2011年,环境质量又开始下降。

宿州的环境质量变动还是较大的,2000~2004年,宿州的环境质量得分与阜阳、亳州相近,基本维持在-1.2~-1.0,环境质量较好。从2005~2007

年，宿州的环境变化情况与六安极为相似，也是呈倒"U"形变化，到了2007年环境较2005～2006年有明显的好转。2008年环境恶化，2009年有所改善，但是2010～2011年，环境质量恶化情况加剧。从环境变化的总体趋势来看，宿州的环境正处于恶化当中。

阜阳和亳州作为第四集团，是8个城市中环境质量最好的。两地环境综合得分比较接近，其年度变化趋势也有些类似。从双方各自的曲线形状不难看出，两地的生态环境质量综合得分基本保持稳定，没有明显地恶化或者改善。从排名情况来看，两地排名基本维持在第七和第八。阜阳在2004年的综合得分均是12年间的最低值，亳州的综合得分最低值出现在2007年。根据曲线的变化趋势，未来几年，环境质量基本保持不变。

综上所述，大部分城市如淮南、淮北、滁州、六安等地区的生态环境有继续恶化的趋势，极少部分城市的生态环境略有好转如蚌埠市，还有部分城市如亳州、阜阳地区有持平的趋势，从流域整体情况来看，生态环境质量不容乐观，生态环境有待保护和改善。

第4章 矿产资源开发与生态环境系统的交互作用

矿产资源开发在推动区域经济增长的同时，也带来了日益严峻的生态问题，矿产资源开发与生态系统之间的矛盾日趋尖锐化。目前研究成果多集中于如何有效开发矿产资源和如何保护生态环境上，缺乏区域矿产资源开发与生态系统之间相互影响的研究。矿产资源开发与生态系统之间通过不同的耦合要素相互依赖、相互作用，理清它们之间的耦合机制可以帮助人们思考并寻找解决矿产资源开发与生态环境保护的有效途径。

4.1 矿产资源开发与生态系统交互作用的相关理论

4.1.1 自然资源稀缺性理论

自然资源是工业原材料主要来源，是人类获取社会财富，满足人类精神享受的物质基础，随着人口的不断增加和人类需要欲望的不断膨胀，自然资源消耗呈日益上升趋势。然而，在一定的历史条件和生产力水平下，大自然能提供的所谓自然资源肯定是有限的，而同时人类对自然资源获取的欲望是无限的，这样有限的自然资源和无限的获取自然资源的欲望就形成了一对矛盾统一体，也就是自然资源稀缺性。

自然资源是多种多样的，矿产资源是自然资源最主要的形式和种类，也是人类工业化过程中不可或缺的物质条件，在当今经济社会矿产资源的稀缺性问题尤为突出。一方面，矿产资源是不可再生的，其形成需要特定的地质条件和各种复杂的地质作用，经过漫长的物理化学活动过程。另一方面，矿产资源开采利用是有条件限制的，不仅是矿产资源的隐蔽性导致勘探不确定性，往往要借助先进机器设备才能勘察,而且是矿产资源开采利用也具有不确定性,既受经济社会环境的影响,又受自然生态环境的影响,因为大量的生态系统破坏将加剧矿产资源的稀缺性。因此,自然资源稀缺性理论要求我们必须进行合理的分配和充分有效的使用,必须从经济—社会—生态系统大视野重新审视矿产资源开发,努力保护生态环境,促进经济社会的可持续发展。

4.1.2 外部性

早在古典经济学时期,亚当·斯密、约翰·穆勒就关注到外部性这一重要经济问题。1910年,马歇尔提出了外部性的著名论断,其学生庇古对此进行了丰富发展,并指出外部性问题的本质是个人A对个人B提供某项支付代价的劳动过程中,附带地亦对其他人提供劳务(并非同样的劳动)或损害,而不能从受益的一方取得支付,亦不能对受害的一方施以补偿。也就是说一个经济主体的行为对另一个经济主体的福利产生了影响(正面影响即外部经济性或负面影响即外部不经济性),但这种影响不能通过支付行为方式进行市场出清,从而造成了私人成本与社会成本、私人收益与社会收益相偏离的现象。

矿产资源开发的外部性主要表现在两个方面:一是矿产资源开发不仅提高了当地居民的收入,而且为矿产资源开发区域的经济发展提供了动力,这体现了外部经济;二是由于矿产资源开发,不仅会带来不可再生资源的损耗,而且会污染大气,污染地下水,破坏土地植被,造成水土流失,导致生态环境系统衰退,体现了外部不经济,尤其是对于生态系统这种典型的公共物品而言,外部不经济更大,这就是人们通常所说的"前人污染,后人治理,前人受益,后人受害"。

4.1.3 生态经济学理论

生态经济学是一门跨学科的综合交叉科学,它是将自然科学中的生态学原理与社会科学中的经济学原理相结合,其核心思想是基于生态学的生物与生境,生物系统的构成因素内在关系,研究诸如种群生态学原理、群落生态学原理、系统生态学原理等。根据生态系统自组织循环往复进化理念,研究社会—经济—生态构成的复合经济社会生态系统的构造、功能及其运行规律性,探索在矿产资源开采过程中如何维护生态系统平衡、经济社会可持续发展、经济效益与生态效益的相互关系等。

第 4 章 矿产资源开发与生态环境系统的交互作用

矿产资源开发利用对生态系统影响作用较大，涉及生态学、经济学、社会学和管理学等，必须根据生态经济学原理，如柯尔姆的"环境使用税理论"和托宾的"福利经济指标体系理论"，积极探索矿产资源开发利用与生态系统协调的方法与途径，努力推进淮河流域矿产资源开发与生态环境统筹协调发展，加强矿山生态系统保护恢复。

4.1.4 可持续发展理论

可持续发展这一观点最早出现在 1980 年由国际自然保护联盟（IUCN）、世界自然基金会（WWF）和联合国环境规划署（UNEP）所发表的《世界自然资源保护纲要》（World Conservation Strategy）一书中。1983 年，世界环境与发展委员会（WCED）的成立进一步推动了可持续发展这一概念的形成和发展。1987 年，世界环境与发展委员会向联合国提交了一份题名为"我们共同的未来"（Our Common Future）的报告，可持续发展思想贯穿全文，报告指出，过去人类关心的是经济发展对生态环境带来的影响，现在人类已经迫切地感到生态的压力对经济发展所带来的重大影响，应该致力于走出一条经济社会发展与资源生态环境保护兼顾的可持续发展道路。

众所周知，矿产资源的开发利用虽对工业化促进作用较大，但是对生态环境系统的负面影响也极大，因此必须坚持可持续发展理念，坚持开采与治理同步、经济与生态兼顾的发展理念，不以牺牲后代人的利益来满足当代人的利益。促进经济发展，注重矿产资源的代际可持续分配研究，探求矿产资源在当代人与后代人之间的合理分配方式及途径。与此同时，从扩大矿产资源的供应范围（如全球资源战略）和提高矿产资源技术水平（如集约化战略）等方面探究如何实现矿产资源的可持续供应，以保持矿产资源的可持续发展。

4.1.5 系统论理论

系统是指由相互联系、相互依赖和相互作用的事物或过程组成的有机联系的整体，整体里若干要素通过一定关系联系。研究系统的结构、要素和功能是系统论核心思想，通过研究系统所包含不同层次的要素，以及要素之间的耦合关系，就可以把握系统的整体性质和功能。

系统论为我们探讨矿产资源开发与生态系统的交互耦合关系提供了理论基础。一方面，矿产资源开发促进经济增长，但对生态系统却具有破坏作用；另一方面，生态系统对矿产资源开发和经济增长具有反作用，生态系统恶化、自然环境衰退增加了矿产资源的开发成本，对经济增长起到一定的约束作用。不过，适度的矿产资源开发和经济增长不会给自然生态环境带来干扰和破坏，因为自然生态系统具有自我恢复和净化作用，能够经受一定程度的人类经济活动，也就是说，只要矿产资源开发的规模强度和经济增长速度在生态系统可承载阈值内，经济社会—生态系统就能够实现协调发展；突破这一阈值，生态系统恶化严重就不可恢复，会严重阻碍矿产资源开发。因此，必须运用系统论思想，把握矿产资源开发与生态系统通过交互作用的多重耦合系统，努力寻求经济社会—生态系统实现协调发展之路。

4.2 矿产资源开发与生态系统的交互作用

4.2.1 矿产资源开发对生态系统的胁迫作用①

人类活动对于生态系统造成的不利影响，在生态学中称为胁迫（Stress）。矿产资源开发对矿区及周边生态系统影响巨大，从矿产资源开采过程来看，无论地下开采或地上开采，都对地球地壳和岩石圈的组成、结构产生影响，如破坏表层植被，干扰地下水系等，这种对地球表面物理环境状况的改变和地球化学循环的干扰会超过生态系统自身所能维持的循环平衡开采活动，进而导致地表塌陷、生态危机、地表和地下径流的自然水文条件改变，严重干扰大气、土壤的自净循环。从矿产资源开发利用来看，矿产资源产品加工制造过程产生大量废水、废气和废渣，严重影响气体环境和生态系统，这些都是矿产资源开发对生态系统胁迫作用的主要表现。按矿产资源类型和影响方式的不同，矿产资源开发对生态系统的胁迫作用可概括如表4-1所示。

---

① 梁若皓. 矿产资源开发与生态环境协调机制研究 [D]. 中国地质大学（北京）博士学位论文，2009.

第4章 矿产资源开发与生态环境系统的交互作用

表4-1 不同类型矿产资源开发对生态环境的胁迫作用

环境问题 资源类型	资源毁损	环境污染	地质灾害	开采方式
能源矿产	植被压占及破坏、煤矸石压占土地、地面沉陷塌陷、资源破坏和浪费等	废水、废气、废渣、地下水位降低等	矿井突水、瓦斯爆炸、采空区地面沉陷塌陷、水土流失、泥石（沙）流、水土流失等	地下采矿
金属矿产	侵占土地、尾矿库溃坝、地面及边坡开挖、共生矿物利用效率低、资源破坏和浪费等	废水、废气、废渣、土壤污染	崩塌、塌陷、泥石流、土地沙化水土流失、滑坡、尾矿库溃坝等	地下采矿、露天采矿
非金属矿产	植被压占、地面及边坡开挖、资源破坏和浪费等	废水、废渣、固体废物、粉尘排放等	崩塌、泥石流、水土流失、滑坡、土地沙化等	露天采矿

按影响方式的不同，矿产资源开发对生态系统的胁迫作用如图4-1所示。

根据以上关于矿产资源开发对生态系统影响的研究分析，结合生态系统的内部子系统特征，本书将矿产资源开发对生态系统内部各子系统的胁迫作用归纳为以下三个方面：

（1）生态系统景观型破坏，即对采矿区域的地形地貌的影响；露天开采会直接破坏地表土层及地表土层上的植被子系统，土壤表层的丧失或性质的改变，会使土壤失去永续利用的价值；地下开采直接破坏地层结构，引起地表土层和植被子系统的破坏，严重时会导致地面塌陷。微型地貌变化会引起小气候等土壤肥力因子的变化，加剧了一些原本生态系统脆弱区域的水土流失、沙漠化。矿产资源开发的破坏性影响，还会引发大量泥石流、泥沙流、山体滑坡等地质灾害，从而加剧了水土的流失，大大降低了土地的利用价值。

（2）生态系统环境质量型破坏，即对水体质量、大气质量、地区土质的影响。在矿产资源开采过程中，为了保证采矿安全，需要进行人为的疏干排水，从而会使深层地下水资源受到污染。矿区井泉干涸、地层水位下降，导致周边区域农作物减产、草场退化，甚至诱发沙漠化。对埋藏在地下的煤炭进行

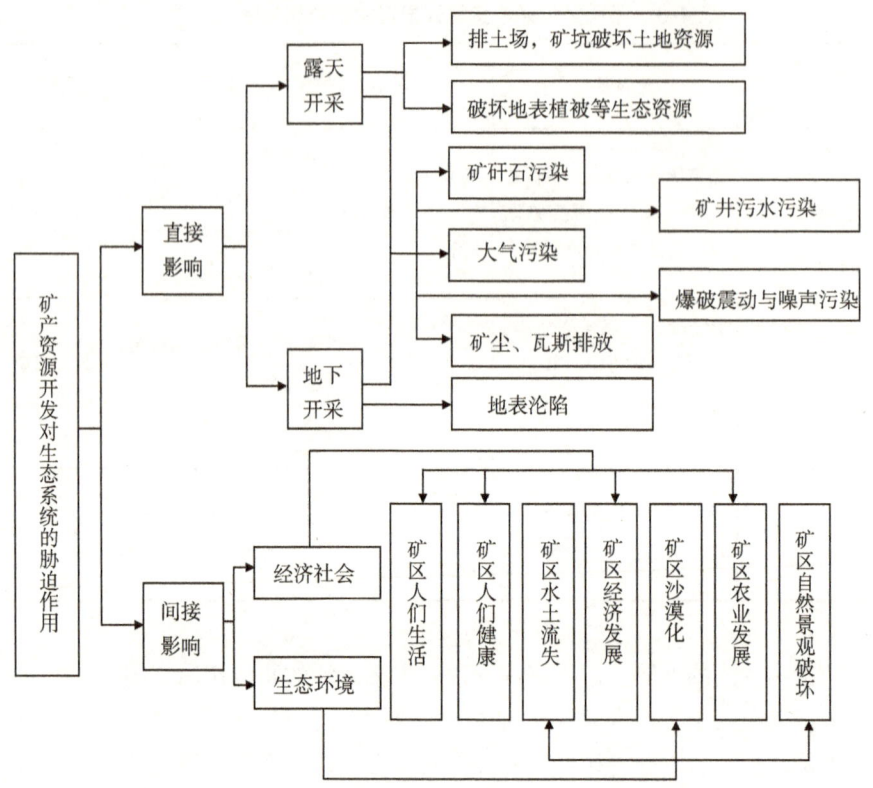

图 4-1 不同影响方式下的矿产资源开发对生态系统的胁迫作用

开采时,一部分在煤化过程中生成的烃类气体,主要是甲烷①(俗称煤层气)在此过程中由矿井通风排到大气中。煤层甲烷的排放,不仅造成可燃气体的浪费,而且甲烷浓度的增加也会导致大气层中臭氧含量的减少。据不完全统计,我国采煤业甲烷的排放量约占世界采煤业甲烷排放总量的 1/4~1/3。由矿井排出的气体除了煤层甲烷外,还有其他有害气体如 SO_2、NO_2、NH_3 等,未加处理排放到大气中严重时会形成酸雨,威胁到附近的水域、森林资源等。矿产资源开采后堆成的废堆矿、尾矿库在长期的氧化、风蚀过程中,其中的各种有

---

① 煤层甲烷(又称煤层气或是煤层瓦斯)是有机质在煤化过程中所生成的烃类气体,经运移、散失后仍保留在煤层及其邻近岩石中的自生自储式的天然气。它具有热值高,硫、氮含量低,燃烧洁净,利用方便,储藏量巨大等特点,是一种不可多得的能源。同时,它是仅次于二氧化碳的第二大温室气体。

毒矿物成分和各种有害物质会缓慢地释放出来，造成地表水体、地下水体和土壤的持续化学污染。未得到有效处理的废弃矿渣、矸石，不仅会占用大量的土地，造成河道堵塞，而且因煤矸石含有硫化铁和含碳物质，还会发生自燃现象。有研究表明，一般冶金矿山引起的生态环境质量型破坏以及由此导致的生物型破坏的严重程度大于非金属矿产资源开采；露天开采型矿山对生态景观型和生物型的破坏程度大于地下开采型矿山。

（3）生态系统生物型破坏，即对微生物、动物及人类的影响。矿产资源开发区域的居民因长期生活在矿产资源开发所污染的水质、空气、粉尘、放射性物质等的生态环境中，威胁居民正常的生产生活，危害居民身心健康，同时癌症等恶性疾病的发病率和新生儿致残率呈上升趋势。另外，由于矿产资源开发过程中排放出的废弃物大多含有酸性、碱性、毒性或重金属成分，在地表地下径流、大气飘散的作用下，会使周围更大区域范围内的水域、土地和大气受到污染，使更大范围内的生物群落受到破坏。

4.2.2 生态系统对矿产资源开发的约束作用

生态环境系统是大自然的一部分，是人类社会生存发展的基本条件，因此矿产资源开发必须有相应生态系统环境作支持，即生态系统对矿产资源开发具有约束作用。遭到污染破坏的生态环境不仅会增加环境治理费用，而且会直接影响人类健康并可能会以灾害的形式将这种污染和破坏表现出来，导致人类生命和财产的损失，使矿产资源开发活动难以为继。矿产资源的开采在很大程度上改变了原有的生态环境，矿产资源开采破坏的土地丧失了其原有的生态系统服务功能，成为干扰区域经济规划的障碍之一。生态系统的恶化对于以矿产资源开发为主的矿区或矿产资源型城市实现产业结构转型有着很大的负面影响。一方面，恶劣的生态环境影响资源型城市吸引外来投资的能力；另一方面，对居民生产生活产生相当大的不利影响。矿产资源开发区域生态系统伴随着矿产资源开发区域的生命周期，承受着从勘探期、成长期、成熟期、衰退期等各阶段及累计造成的生态损失。这种损失从勘探期开始，按照矿区50年左右的生命周期计算，损失在成长期和成熟期阶段急剧上升，会在较短的时间内形成严重的生态环境问题。

然而良好的生态系统对经济社会的发展会有促进作用，表现为：①生态系统环境要素的支撑能力。经济加速发展需要生态环境要素的支撑，良好的生态环境要素支撑能力强，能保证优质的水、空气等的供给，提高生活生产环境的舒适度，为居民提供一个宜人的生活居住环境，有利于经济的进一步发展和城市空间的拓展。②生态系统环境要素的吸引能力。主要表现在两个方面：一方面，良好的生态系统环境是一笔巨大的无形资产，不仅能提高城市的身份和知名度，而且可以吸引投资项目和外资资本，提高投资环境竞争力，提高对周边城市或地区的经济集聚能力和辐射能力；另一方面，良好的生态系统环境，可以吸引更多的高素质人才进入，提高科技竞争力，促进经济发展。

4.2.3 矿产资源开发与生态系统的耦合关系

（1）耦合的含义。在经济管理的研究中，耦合一词属于外来词。借助于耦合（Coupling）的英文理解是指将两个物体连接起来的行为。真正意义上，耦合是物理学的一个基本概念，指的是两个或两个以上的系统或运动形式、方式之间，通过各种相互作用而彼此影响以至协同的现象，呈现出相互依赖、相互协调、相互促进的动态关联关系。例如，在两个单摆之间连一根弹簧，单摆的振动会彼此起伏，相互影响，这种相互作用称为单摆耦合。本章研究分析的是矿产资源开发与生态系统的耦合，因此可以通过矿产资源开发系统与生态系统这两个系统各自的耦合要素产生相互作用而彼此影响和融合进而形成新一级的系统。

（2）矿产资源开发与生态系统的耦合关系分类。根据矿产资源开发系统和生态系统两个系统不同的耦合要素，将矿产资源开发与生态系统耦合关系分为以下三类。

一是生命周期耦合关系。矿产资源开发具有生命周期的规律，开发的不同阶段对生态系统的影响程度也会不同，可以称为矿产资源开发与生态系统生命周期耦合关系，简称生命周期耦合关系，如图4-2所示。

矿产资源开发地区初步形成以矿产资源产业为核心的矿区经济，而其他产业相对较为缺乏，矿产资源开发对生态系统的胁迫作用不大。由于与外界生态环境交换的物质、能量、信息相对较少，基本上处于封闭的平衡状态，所以，生态系统对矿产资源开发的约束作用也不大。此时，矿产资源开发所带来的正效应大于负效应。但随着矿产资源开发逐渐进入到成长期时，矿产资源开采量增大，矿业及相关产业处于快速发展时期，胁迫作用和约束作用都在不断加强，如果不强调对已经造成的污染进行治理和对生态系统采取保护措施，矿产资源开发对生态系统的胁迫作用就会越来越强，导致生态系统质量越来越恶

第4章 矿产资源开发与生态环境系统的交互作用

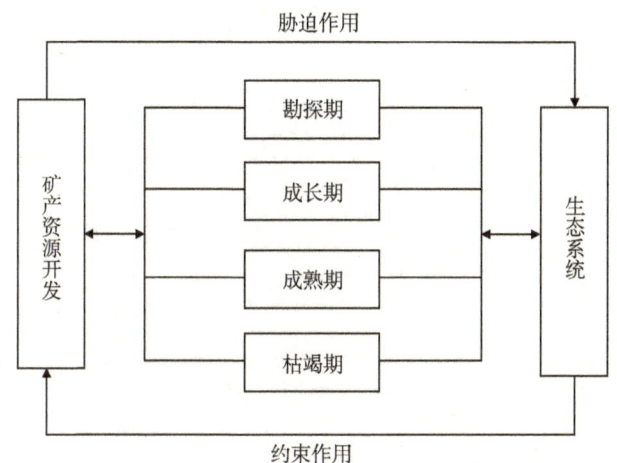

图4-2 矿产资源开发与生态系统生态周期耦合关系

劣，一旦这种胁迫作用突破某一触发点之后，生态系统压力就将显现。在此压力作用下，生态系统对矿产资源开发的约束作用会越来越明显，以致经济发展将会受到影响，引发越来越多对于生态系统保护的关注。由于生态重建和修复投入增加，矿产资源开发和生态系统之间的矛盾会逐渐趋于缓和，生态系统对矿产资源开发区域发展的约束作用减弱，矿产资源开发开始新一轮的快速发展，生态系统压力又不断增大，两者再次出现新一轮的调整。在矿产资源开发的胁迫作用下，生态系统环境质量不断下降，但是随着矿产资源开发区域的发展，一般在矿产资源开发成熟期时，生态系统保护的投入能力不断增强，生态环境有可能趋于好转，在生态系统约束作用下，矿产资源开发区域发展速度不断发生变化。伴随着矿产资源的不断开发，原有的矿产资源成本优势会逐渐消失，当矿产资源开发进入衰退期时，开发成本居高不下，资源型产业作为主导产业的发展会困难重重，各种经济社会矛盾冲突不断，其中包括生态系统。可以看出，矿产资源开发与生态系统之间通过彼此的胁迫作用和约束作用，伴随着矿产资源开发的生命周期，交互耦合发展。

二是区域特质耦合关系。矿产资源开采区域的地质构造条件、资源禀赋不同、自身生态环境状况不同，这些因子都会对生态环境产生一定的不同影响，可以称为矿产资源开发与生态系统区域特质耦合关系，简称区域特质耦合关系，如图4-3所示。

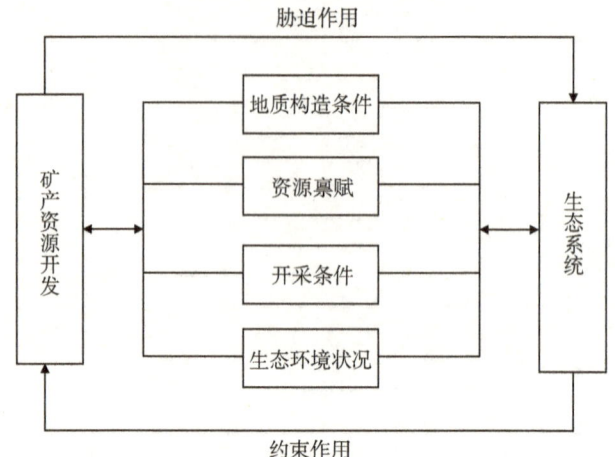

图 4-3 矿产资源开发与生态系统区域特质耦合关系

区域内资源禀赋中成矿特征明显，找矿远景条件好，资源储量较丰富，往往可以形成较大的矿产资源开采量。除了具备资源禀赋，还要具备良好的矿石分离条件、选冶加工条件、工程地质条件、水文地质条件等矿产资源开采条件，才能形成现实中最终的矿产资源开采量。一般可以认为，金属资源开采引起的生态系统环境质量型的破坏及生态系统生物型的破坏要比非金属资源开采更严重。

三是影响因子耦合关系。不同的矿产资源开采方式，如露天开采或地下开采、粗放式开发或精细式开发，都会不同程度地直接影响到生态系统；技术水平、投资程度、政府政策、矿产资源开采的环境成本等间接影响到生态系统。将这种耦合关系称为矿产资源开发与生态系统影响因子耦合关系，简称为影响因子耦合关系，如图 4-4 所示。

一般认为，露天开采所引起的生态系统景观型的破坏和生态系统生物型的破坏比地下开采更严重。在粗放式矿产资源开发模式下，人们缺乏矿产资源开发与生态系统协调的可持续发展思想意识，片面追求眼前的经济利益，造成矿产资源的掠夺式开采，一方面采富矿弃贫矿，矿产资源利用率低，矿产资源浪费现象严重；另一方面生态系统内部的自身平衡状态被打破，严重的会造成矿产资源开发区域灾害频繁发生。在精细式矿产资源开发模式下，矿产资源开发系统和生态系统的平衡能力可以得到有效恢复，矿产资源开发区域灾害发生次数有所减少、频率降低。技术水平的提高，可以把原来不具备开采价值的矿产

第4章 矿产资源开发与生态环境系统的交互作用

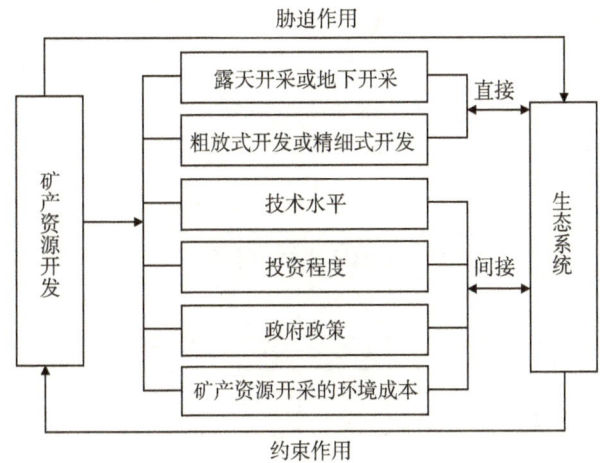

图 4-4 矿产资源开发与生态系统影响因子耦合关系

资源通过技术手段进行开采，提高矿产资源利用率，进一步从根本上提高矿产资源的综合利用率。加大生态系统上的保护投资程度，可以增强治理生态环境污染的力度，从而改善生态系统的环境质量，同时相应地增加了矿产资源开发的环境成本。

4.3 矿产资源开发与生态系统耦合关系的系统动力学模型

系统动力学（System Dynamics）是由美国麻省理工学院 J. W. 福雷特斯教授（Jay. Wright. Forrester）最早于1956年提出的将系统科学理论与计算机仿真紧密结合的以研究系统反馈结构与行为的一门科学。系统动力学擅长处理非线性时变的多重反馈问题，即使在数据不足的情况下，仍可以进行相关的研究，同时比较适用于动态的、战略性的研究。矿产资源开发系统和生态系统是较为复杂的非线性反馈系统，两大系统通过相互间的输入和输出变量来相互影响、相互制约、相互作用，构成具有多重反馈关系，均存在着大量的指标体系，其中有的指标体系的数据较难收集获取，故单纯利用计量经济模型就比较困难。系统动力学方法可以通过设定一些系数而推算出部分变量。另外，从系统动力学解决问题的角度看，通过建立因果关系图能够较好地处理非线性反馈系统，借助模型进行探讨各影响因素之间相互影响、相互作用的关系是系统动力学的特点之一，因此，系统动力学是矿产资源开发系统与生态系统耦合发展的一种重要的定量分析工具。本章使用系统动力学建模软件 Vensim PLE 版，其解决问题的流程如图 4-5 所示。

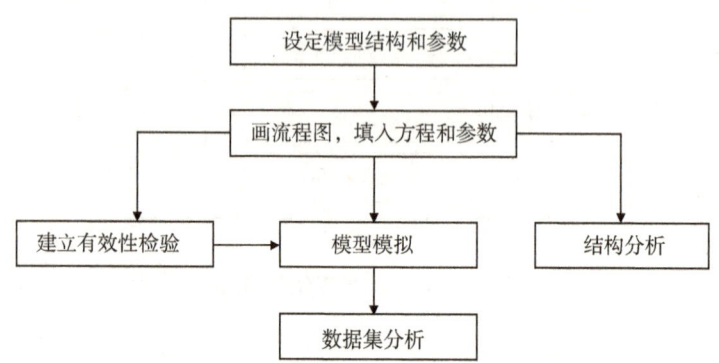

图 4-5 系统动力学软件 Vensim PLE 的一般流程

用 Vensim PLE 软件建立系统动力学模型大致分为以下四个步骤：

第一步设定模型结构和参数。把那些与所研究问题关系最紧密的重要变量划入系统边界内，并确定内生变量、外生变量和输入量，分析变量及变量间的关系以定义变量并确定变量的种类。

第二步画流程图，建立模型方程。初步确定系统的反馈回路和回路间的反馈耦合关系，以及其中的主回路及性质，画出系统的因果关系图。因果关系图所示的模型往往是比较非正式和概念化，因此需要把模型结构转换成规范的数学方程式，包括建立流位方程、速率方程和辅助变量方程，目的在于能够通过计算机软件对模型进行模拟，以此研究模型中所隐含的动力学特性。

第三步模型仿真模拟。将仿真程序输入计算机软件以进行模拟，以便深入地剖析系统。随后可以根据研究目标的需要和不同的政策组合制定不同的模拟方案，利用系统模型对不同的政策方案进行模拟，以分别得到不同的政策方案的仿真结果进行政策比较分析。

第四步模型的有效性检验。对模型的有效性进行检验是为了验证所构造的模型与现实系统的吻合程度，通过此检验，模型仿真所获得的信息与行为能够反映出实际系统的特征与变化规律。有效性检验方法一般可以分为直观检验、运行检验、历史检验和灵敏度检验等。

4.3.1 模型系统结构分析

(1) 模型的因果关系图分析。因果关系图是表示系统反馈结构的重要工具，一张因果关系图包含了多个变量，变量之间由标出因果关系的箭头所连接。因果关系是指构成系统的各要素（或变量）之间相互联系、相互作用的关系，表示这种关系的箭线称为因果链。因果关系可分为正因果关系和负因果关系，正因果关系是指一个变量的增加（减少）会引起另一个相关联的变量的增加（减少），如 A $\xrightarrow{+}$ B，表示变量 A 是原因，变量 B 是可能引起的结果，如果 A 增加（减少），那么 B 增加（减少）到高于（低于）原所应有的量。负因果关系则反之，指一个变量的增加（减少）会引起另一个相关联的变量的减少（增加），如 A $\xrightarrow{-}$ B，表示如果 A 增加（减少），那么 B 减少（增加）到低于（高于）原所应有的量。两个及两个以上的因果链所形成的闭合回路称为反馈回路。反馈回路分为正反馈回路和负反馈回路，正反馈回路表示某一变量从出发经过一个闭合回路的传递，最终导致该变量本身的增加；反之为负反馈回路。反馈回路的极性由反馈回路中包含的负因果链的数量决定，若有偶数个负因果链，反馈回路极性为正；若有奇数个负因果链，反馈回路极性为负。

矿产资源是矿产资源开发区域发展的基础和保障，是矿产资源开发区域经济发展的原动力。矿产资源开发系统包含着与经济发展密不可分的矿业发展。矿产资源系统输出的矿产资源投入到生产过程中，而生产过程中排放的污染物则输入到生态系统中，造成生态环境污染。从矿产资源开发影响因素和生态系统影响因素考虑，其耦合关系主要有以下两个传递过程：

一是矿产资源开发影响因素变化→矿产资源开发变化→矿产资源开发造成的生态系统破坏程度变化→生态系统影响因素变化→生态系统质量变化→矿产资源开发影响因素变化。

二是生态系统影响因素变化→生态系统质量变化→矿产资源开发影响因素变化→矿产资源开发变化→矿产资源开发造成的生态系统破坏程度变化→生态系统影响因素变化。

以矿产资源开发影响因子与生态系统耦合关系为例，矿产资源开发系统的影响因素包括矿产资源产业投资、矿产资源开发技术水平、政府保护矿产资源政策强度等。生态系统的影响因素包括生态环境投资、生态环境治理率、政府保护生态环境政策强度等。图4-6为矿产资源开发与生态系统影响因子耦合因果关系图。

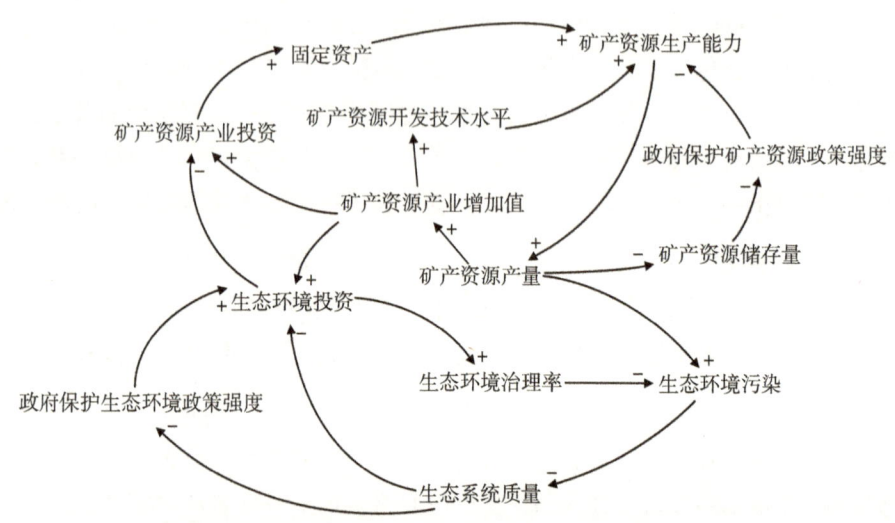

图4-6 矿产资源开发与生态系统影响因子耦合因果关系

从模型的因果关系图中，可以看出几个重要的反馈回路：

反馈回路1：矿产资源产业投资—⁺→固定资产—⁺→生产能力①—⁺→矿产资源产量—⁺→矿产资源产业增加值—⁺→矿产资源产业投资。此反馈回路包括五个正因果链，回路极性为正。矿产资源产业投资增加，固定资产增加；固定资产增加，生产能力提高；生产能力提高，矿产资源产量增加；假定日益稀缺的矿产资源的价格不下降，矿产资源产量增加，矿产资源产业增加值增加；矿产资源产业增加值增加，按照一定的投资比例，使得矿产资源产业投资增加。这一正反馈回路总体表明，矿产资源投资与矿产资源开采量成正反馈回路，在矿产资源产业投资的持续追加下，矿产资源开采量会持续增长。

反馈回路2：矿产资源开发技术水平—⁺→矿产资源生产能力—⁺→矿产资源产量—⁺→矿产资源产业增加值—⁺→矿产资源开发技术水平。此反馈回路包括四

---

① 生产能力是单位时间内可以达到的最大产量，是反映企业所拥有的加工能力的一个技术参数，也是反映企业生产可能性的一个重要指标。

第4章　矿产资源开发与生态环境系统的交互作用

个正因果链，故回路极性为正。矿产资源开发技术水平提高，矿产资源生产能力提高；矿产资源生产能力提高，矿产资源产量增加；假定日益稀缺的矿产资源的价格不下降，矿产资源产量增加，矿产资源产业增加值增长；矿产资源产业增加值增长，按照一定的投资比例，矿产资源开发技术水平提高。这一正反馈回路总体表明，矿产资源开发技术水平与矿产资源开采量成正反馈回路，在矿产资源开发技术水平持续提高的情况下，矿产资源产量会持续增长。

反馈回路3：政府保护矿产资源政策强度——→矿产资源生产能力——$+$→矿产资源产量——→矿产资源储存量——→政府保护矿产资源政策强度。此反馈回路包括三个负因果链和一个正因果链，故回路极性为负。政府保护矿产资源强度增加，矿产资源生产能力下降；矿产资源生产能力下降，矿产资源产量下降；矿产资源产量下降，矿产资源储存量增加；矿产资源储存量增加，政府保护矿产资源政策强度下降。这一负反馈回路总体表明，政府保持矿产资源政策强度与矿产资源产量成负反馈回路。随着矿产资源的开采，储存量会不断减少，为了可持续利用矿产资源，新的严厉的政府保护政策会出台，随着保护矿产资源强度的增加，矿产资源产量会随之减少。例如，2009年，国土资源部公布了重要稀土矿产资源开采总量的控制指标，以针对稀土矿产资源粗放开采、无序竞争、出口量越来越多的开发现状。

反馈回路4：生态环境治理率——→生态环境污染——→生态系统质量——→生态环境投资——$+$→生态环境治理率。此反馈回路包括三个负因果链和一个正因果链，故回路极性为负。生态系统质量下降，生态环境投资增加；生态环境投资增加，生态环境治理率提高；生态环境治理率提高，生态环境污染下降；生态环境污染下降，生态系统质量提高。此负反馈回路总体表明生态环境治理率持续增加，生态环境污染会持续减少。生态系统治理利用率包括土地破坏治理率、废水综合利用率、废气综合治理率、固体废物综合利用率等。

反馈回路5：政府保护生态环境政策强度——$+$→生态环境投资——→矿产资源产业投资——$+$→固定资产——$+$→矿产资源生产能力——$+$→矿产资源产量——$+$→生态环境污染——→生态系统质量——→政府保护生态环境政策强度。此反馈回路包括三个负因果链和五个正因果链，故回路极性为正。政府保护生态环境政策强度增大，生态环境投资增加；此时进入反馈回路1中，矿产资源产业投资减少，最终导致矿产资源产量减少；矿产资源产量减少，生态环境污染程度下降；生态环境污染程度下降，生态系统质量提高；生态系统质量提高，政府保护生态环境政策强度下降。这一负反馈回路总体表明，在政府保护生态环境政策强度提高的情况下，矿产资源产量会下降，生态系统质量会提高。政府如果出台强有力的生态环境保护政策，则会对矿产资源产业产生冲击，影响矿产资源产量。

（2）模型的变量选择。模型的变量选择是建立模型过程中极其重要的一个环节，并且其可以用来确定模型的边界。一般系统变量包括流位变量、速率变量、辅助变量、常量，其中前三种变量为最主要的变量。鉴于前面对淮河流域城市矿产资源所做出的归纳，煤炭资源型城市占资源型城市总数的81.82%，故重点对煤炭资源开发与生态系统耦合模型进行研究。

①流位变量。流位变量是指在一定时间内能对输入和输出变量进行积累。根据流位变量的定义来确定流位速率系下的变量是否为流位变量，即流位变量应满足 $L(t)=L(t-\Delta t)+\Delta L(t-\Delta t)$。流位变量又可称为状态变量、积累变量或者水平变量，用矩形表示，即流图符号为：☐。

②速率变量。在流位方程中代表输入与输出的变量。其是控制流位变量的变量，表示单位时间内流位变量的变化值，在同一回路中，流位变量与速率变量总是同时存在的。速率变量又可称为流率变量，用阀符号表示，即流图符号为：⟶。

③辅助变量。辅助变量是一种中间变量，连接着流位变量和速率变量，并和速率变量密切联系。而速率变量直接影响流位变量的变化，因此，辅助变量间接地影响系统的状态，故选择与速率变量因果关系较强的量作为系统的辅助变量。

④常量。常量是指在一段研究期间内研究系统中某些因素变化甚微或相对不变的量。一般地，常数可直接按速率变量输入，或通过辅助变量转变成按速率变量输入。

以矿产资源开发与生态系统的影响因子耦合关系为例，流位变量可以选择煤炭行业增加值、煤炭产业投资、煤炭生产能力、煤炭产量、煤炭可采储存量、生态治理投资、固体废物煤矸石量、废水排放量、废气排放量、土地沉陷面积；速率变量可以选择新增煤炭产业增加值、新增煤炭产业投资、新增产能、新增煤炭产量、固体废物利用投资、固体废物煤矸石产生量、固体废物煤矸石利用量、废水治理投资、废水产生量、废水处理量、废气治理投资、废气产生量、废气处理量、土地修复投资、土地沉陷产生量、土地修复量；辅助变量可选择煤炭产业增加值增长率、煤炭产业投资影响系数、煤炭产业投资对产能影响因子、煤炭产能对产量影响因子、矿产开发技术水平、已探明煤炭储量、固体废物煤矸石利用率、废水处理率、废气治理率、土地修复利用率、固体废物煤矸石产生因子、废水产生因子、废气产生因子、土地沉陷产生因子。

（3）**系统流图**。由于加入了不同性质的流位变量、速率变量、辅助变量等变量的区别，构造出能更完整、更具体地描述系统中变量相互作用机制的系统流图，与静态的因果关系图相比，能够更清晰地描述系统的动态反馈机制。根据系统动力学原理，首先根据实际情况划分各系统子块，并根据系统中变量的因果关系确定变量的种类；其次确定系统中各反馈回路之间的耦合关系，将各子块耦合为一个复杂系统；最后建立系统中各变量的系统动力方程，并初步估计有关参数。煤炭资源开发与生态系统影响因子耦合关系各系统流图如图4-7和图4-8所示。

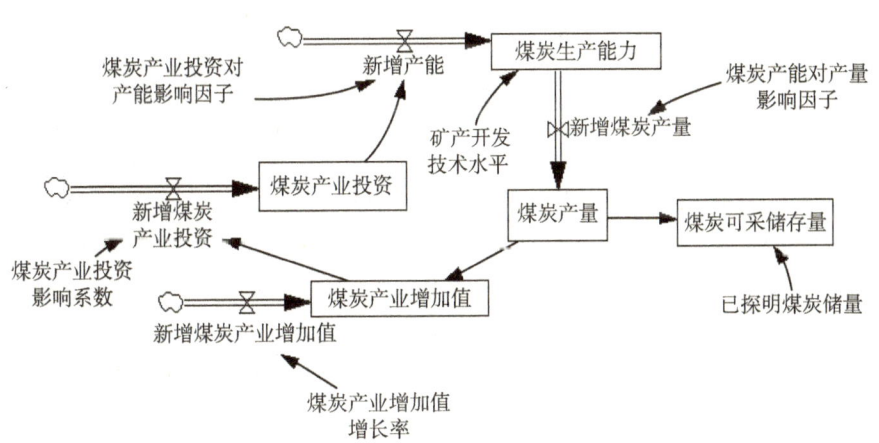

图4-7　影响因子耦合关系中煤炭资源开发系统流图

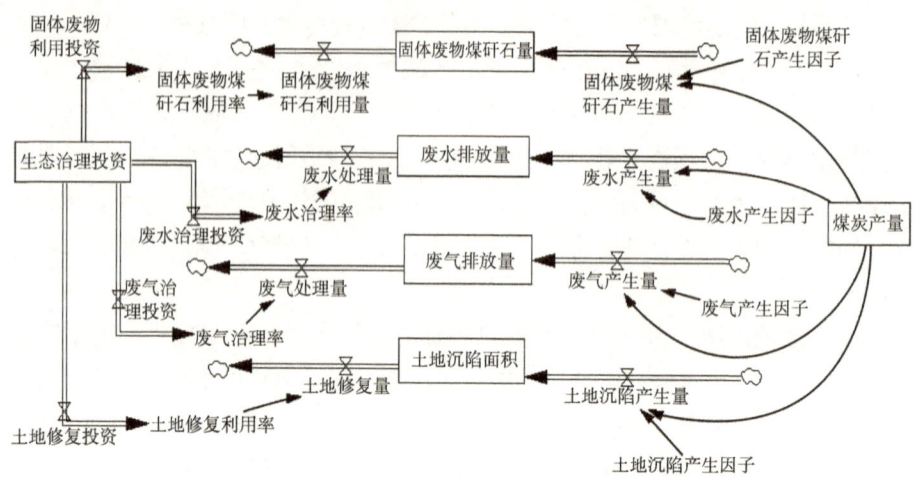

图 4-8 影响因子耦合关系中生态系统流图

4.3.2 矿产资源开发与生态系统耦合模型模拟

（1）耦合模型设定。在上述分析的基础上，建立矿产资源开发与生态系统的耦合模型系统流图，如图 4-9 所示。同时，由于考虑到指标重要性以及各变量间更确切的相互关系等多方面原因，加入及综合了部分变量。其中加入矿产资源开发指数以表示政府保护资源政策强度对于矿产资源开发量的反应，即政府保护资源政策强度大，允许矿产资源开发的总量减小，则矿产资源开发指数下降。将政府保护矿产资源政策强度和政府保护生态环境强度综合成政府保护资源政策强度，表示政府方面政策强度。矿产资源开发区域生态质量指数是一个综合指数，反映矿产资源开发区域的生态环境质量，由矿产资源开发生态环境污染率与生态环境治理率决定，本节假定初始值为1，表示生态质量处于尚可以维持自身稳定的状态。矿产资源开发生态环境污染率与矿产资源产量和矿产资源开发生态污染系数有关，生态环境治理率与生态环境治理投资和生态环境治理系数有关。将矿产资源开发技术水平的进步归由到矿产资源开发技术投资。矿产资源开发生态污染率与生态环境治理率共同决定了矿产资源开发区域的生态质量。

第4章 矿产资源开发与生态环境系统的交互作用

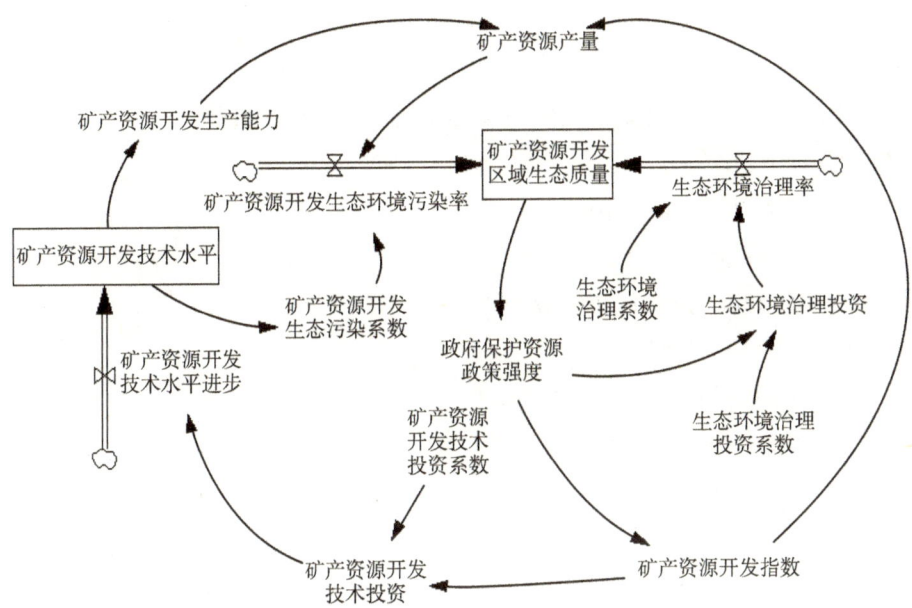

图4-9 矿产资源开发与生态系统耦合模型系统流图

图4-9反映了矿产资源开发与生态系统的内部耦合机制，从系统流图中可以看出，一旦进行矿产资源开发就会对生态环境造成破坏，从而影响到矿产资源开发区域的生态质量。生态质量的下降引起政府的重视，制定出相关保护资源政策，一方面协同企业加大对生态环境治理的投资，以提高生态环境治理率，改善生态环境；另一方面影响到矿产资源开发指数，为了保护资源和生态环境，视矿产资源开发对生态环境的污染程度，政府可能对矿产资源开采加以限制，如对小煤窑进行停产整顿等。对矿产资源开发进行技术投资，可以提高矿产资源开发技术水平。矿产资源开发技术水平的提高，不仅可以提高开采效率和开采能力，提高矿产资源产量，而且还可以减少生态污染物的排放，降低对生态环境的影响，从而提高生态系统质量。矿产资源开发系统和生态系统达到良性耦合的状态为：矿产资源开发系统代表量——矿产资源产量能够不断上升，同时生态系统代表量——生态环境质量能够不恶化，矿产资源开发造成的生态环境污染在生态治理下处于生态系统可承载的范围内。可以通过建立系统动力学系统耦合方程，对耦合要素赋予不同参数值，设定出不同状态，从而模拟出不同状态下的矿产资源开发系统与生态系统的情形。

采用 Vensim PLE 软件作为工具对模型进行模拟，系统动力学方程和表函数的书写不同于 DYNAMO 语言，方程中的变量都没有带有时间下标①（K、J、KL 或 JK），但其编写规则还是使用 DYNAMO 语言的方程规则②。上述模型的系统方程如下：

(01) FINAL TIME = 10

  Units：Year

  The final time for the simulation.

(02) INITIAL TIME = 0

  Units：Year

  The initial time for the simulation.

(03) SAVEPER = TIME STEP

  Units：Year [0,?]

  The frequency with which output is stored.

(04) TIME STEP = 1

  Units：Year [0,?]

  The time step for the simulation.

(05) 政府保护资源政策强度=1-矿产资源开发区域生态质量

  Units：Dmnl

(06) 生态环境治理投资=政府保护资源政策强度*生态环境治理投资系数

  Units：千万元

(07) 生态环境治理投资系数=5

  Units：千万元/Dmnl

(08) 生态环境治理率=生态环境治理投资*生态环境治理系数

  Units：Dmnl

(09) 生态环境治理系数=0.18

  Units：Dmnl/千万元

(10) 矿产资源产量=矿产资源开发指数*矿产资源开发生产能力

---

① K 表示现在时刻的代号；J 表示已计算过的前一时刻的代号；L 表示下一时刻的代号；JK 表示从 J 到 K 的时间间隔；KL 表示从 K 到 L 的时间间隔。

② 曹宪娜．房地产价格形成机制的系统动力学研究［D］．河北工业大学硕士学位论文，2010．

第4章 矿产资源开发与生态环境系统的交互作用

Units：千万吨

（11）矿产资源开发区域生态质量＝INTEG（生态环境治理率-矿产资源开发生态环境污染率，1）

Units：Dmnl

（12）矿产资源开发技术投资＝（1-矿产资源开发指数）*矿产资源开发技术投资

Units：千万元

（13）矿产资源开发技术投资系数＝5

Units：千万元/Dmnl

（14）矿产资源开发技术水平＝INTEG（矿产资源开发技术水平进步，1）

Units：Dmnl

（15）矿产资源开发技术水平进步＝WITH LOOKUP（矿产资源开发技术投资，{[(0,0)-(2,1)],(0,0.2),(0.64,0.15),(0.69184,0.12),(0.720578,0.1),(0.738877,0.092),(0.742884,0.087),(0.74786,0.081),(0.750065,0.076),(0.750081,0.072),(0.748957,0.069),(0.747581,0.067)]}

Units：Dmnl

（16）矿产资源开发指数＝1-政府保护资源政策强度

Units：Dmnl

（17）矿产资源开发生产能力＝矿产资源开发技术水平*4

Units：千万吨

（2）耦合作用分析。由于涉及的耦合影响变量因素较多，下面仅选取几个典型因素的不同数值对矿产资源开发与生态系统耦合机制进行研究，即选取矿产资源开发投资系数和生态环境治理系数进行相关变动，以主要关注矿产资源开发系统的代表量——矿产资源产量和生态系统代表量——矿产资源开发区域生态质量的不同变化趋势，如图4-10至图4-14所示。一般来说，取零为极端情况。

状态一：矿产资源开发投资系数和生态环境治理投资系数均为5，表示既对矿产资源开发进行投资，也对生态环境治理进行投资，假定此时生态治理能够完全消除矿产资源开发造成的生态污染。

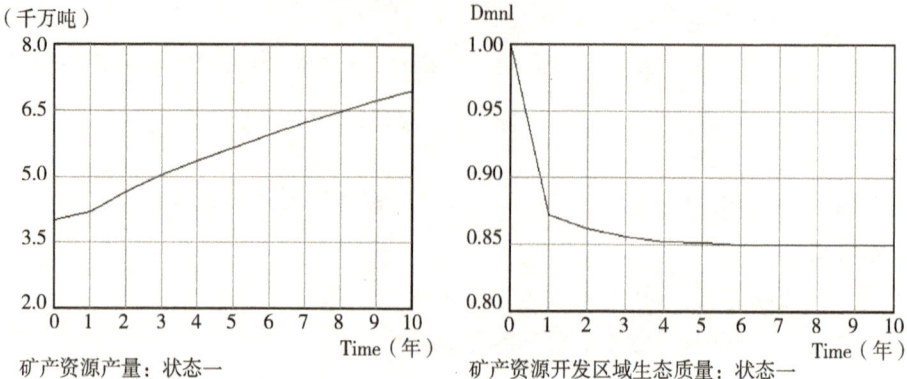

图4-10 状态一下的矿产资源开发与生态系统的情形

从图4-10可以看出,矿产资源产量呈上升趋势,并且矿产资源开发区域生态环境质量开始下降,但最终会维持在一个相对稳定的情形。

状态二:矿产资源开发投资系数为5、生态环境治理投资系数为0,表示只对矿产资源开发进行投资,而对矿产资源开发造成的生态环境污染不进行治理,此时为以牺牲生态环境为代价进行矿产资源开发的状态。

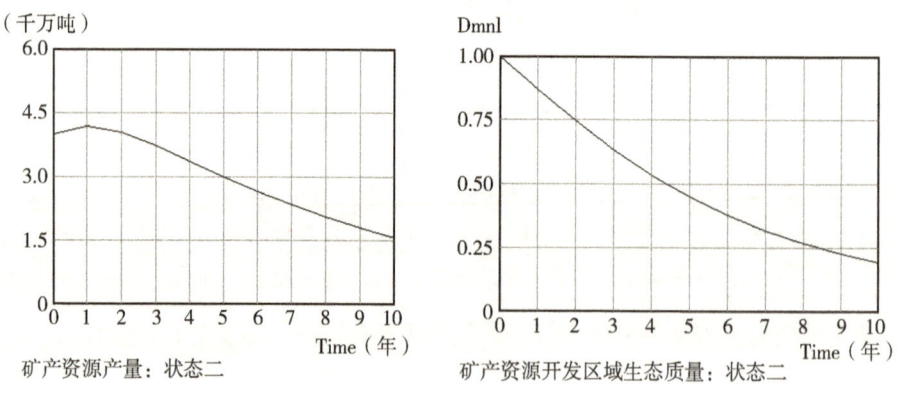

图4-11 状态二下的矿产资源开发与生态系统的情形

从图4-11可以看出,矿产资源产量呈下降趋势,同时矿产资源开发区域生态质量持续下降。

状态三:矿产资源开发投资系数为0、生态环境治理投资系数为5,表示仅对矿产资源开发造成的生态环境污染进行投资治理,而不对矿产资源开发进行投资。

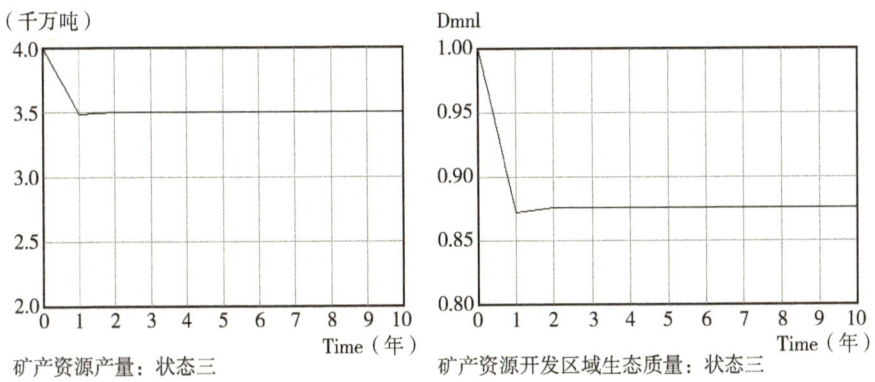

图 4-12 状态三下的矿产资源开发与生态系统的情形

从图 4-12 可以看出,矿产资源产量和矿产资源开发区域生态质量均是先下降,然后维持在一定的值。

状态四:矿产资源开发投资系数和生态环境治理投资系数均为 0,表示不对矿产资源开发和生态环境治理进行投资,任其发展。

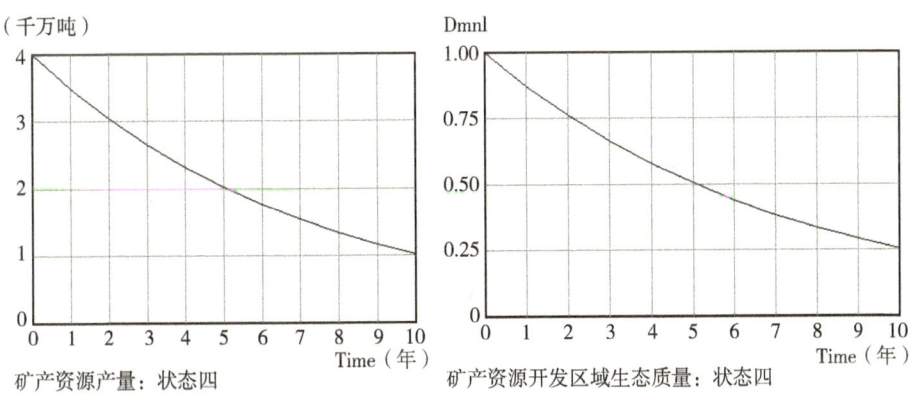

图 4-13 状态四下的矿产资源开发与生态系统的情形

从图 4-13 可以看出,不仅矿产资源产量下降,而且矿产资源开发区域生态质量也下降。状态四是最糟糕的情况。

状态五:矿产资源开发投资系数为 5、生态环境治理投资系数为 3,表示生态治理不能完全消除矿产资源开发造成的生态污染破坏，治理力度不够。

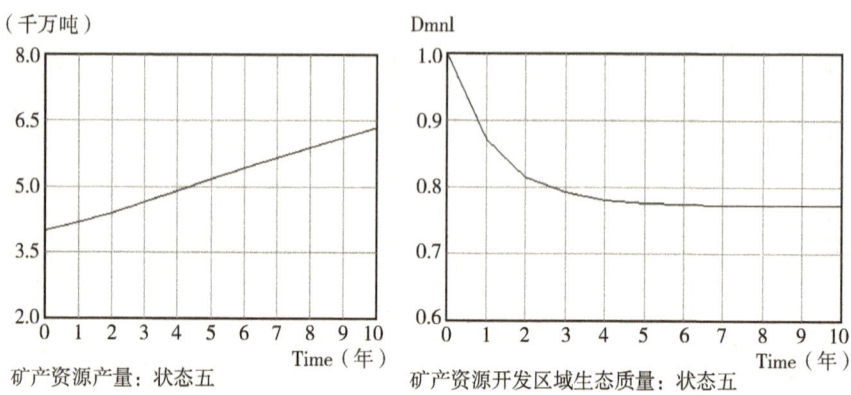

图 4-14　状态五下的矿产资源开发与生态系统的情形

从图 4-14 可以看出，矿产资源产量呈现出上升趋势，矿产资源开发区域生态质量先下降后维持在一定值。

比较图 4-10 和图 4-11，状态二较状态一的差别为没有对生态环境治理进行投资，但矿产资源产量不仅下降，而且生态质量持续恶化，可以充分反映出生态环境治理投资的重要性。比较图 4-10 和图 4-14，差别为状态五中生态环境治理的投资没有达到状态一的水平，所带来的差别为状态五下的矿产资源产量和生态环境质量终值较低，在一定程度上反映出生态环境治理投资的重要性。比较图 4-11 和图 4-14，差别为状态五中的生态质量对于生态环境投资力度不够的反映并不是持续恶化，而是仍能保持在相对稳定的情形，但值得注意的是政府在维持生态质量稳定中起到了相当大的作用，政府的相关政策使生态环境治理不会出现为零的极端情况，在矿产资源开发与生态系统耦合机制中有着相当重要的地位。比较图 4-10 和图 4-12，状态三与状态一的差别在于未能对矿产资源开发进行投资，虽然矿产资源产量也未能有所上升，但生态质量方面的终值要优于状态一。可以得出，对矿产资源开发进行投资最主要的影响是矿产资源产量的提高，对生态环境虽有所影响，但只要对生态治理进行投资，生态质量不会持续恶化，矿产资源产量也能至少稳定在一定值。比较图 4-12 和图 4-13，状态三和状态四均未对矿产资源开发进行投资，不同于矿产资源开发系统与生态系统均恶化的状态四，对生态环境治理进行投资的状态三下的矿产资源产量和生态质量均能维持平稳，也反映出生态治理投资更重要。比较

第4章 矿产资源开发与生态环境系统的交互作用

图 4-11 和图 4-13，状态二和状态四均未对生态治理进行投资，虽然状态二对矿产资源开发进行投资，但矿产资源产量仍呈下降趋势，终值略高于状态四，而生态质量却比状态四还要恶化，可以看出不对生态治理进行投资而只对矿产资源开发进行投资，虽然矿产资源产量终值有所增加，但生态质量恶化严重，得不偿失。比较图 4-11 和图 4-12，只对矿产资源开发进行投资的状态二下的矿产资源产量与生态质量均呈下降趋势，而只对生态治理进行投资的状态三下的矿产资源产量与生态质量虽然在前期下降，但后期均可保持在一定值。

通过对影响因素中的矿产资源型产业投资和生态系统投资两方面设置不同的参数进行模拟，并对得出不同状态下呈现出的不同情形进行比较分析，发现投资作为重要的影响耦合因素之一，对于矿产资源开发系统和生态系统而言都有着相当重要的作用。进行矿产资源开发一定要配合着生态环境治理投资，即使不能完全将生态污染完全治理，但也不至于使矿产资源产量下降，若不进行生态环境治理投资，即使进行矿产资源开发投资，矿产资源产量最终也会逐渐下降，生态环境质量也会严重恶化。

第5章 矿产资源开采企业的环境行为研究

由于淮河流域煤炭资源型城市占资源型城市总数的81.82%，因此本章从企业层面入手，选取淮河流域安徽段52家煤炭采选企业并对其环境行为进行综合评价，并分析企业微观因素对企业环境行为的影响，把握行为本质特点，以期为该区域煤炭资源开发利用及环境保护等重大问题的研究提供理论支持与实践指导。

5.1 煤炭采选企业环境行为概况

5.1.1 煤炭采选企业环境行为的内涵

企业环境行为是考察企业社会责任和评价企业对社会经济发展贡献的重要指标和依据。这部分将从煤炭开采企业环境行为的含义、特征和影响因素三个方面阐述煤炭采选企业环境行为的内涵，进而对安徽省煤炭采选企业环境行为的现状进行描述。

（1）煤炭采选企业环境行为的含义。随着社会各界对环境污染问题的日益关注，企业环境责任已经成为企业社会责任的重要内容之一。"行为"是个体或组织适应环境变化的一种主要的手段。企业法人在面对来自外界的压力时，也会采取宏观战略和制度变革、内部生产调整等措施和手段对其生产经营过程中对环境产生不利影响的因素进行限制和控制，这样的行为被称为企业环境行为。ISO 14001环境管理体系对环境行为的定义为：一个组织基于环境方针、目标和指标，控制其环境因素对环境造成的影响和对环保政策的态度。

煤炭采选包括煤炭采掘和煤炭洗选，由于该行业的特征是直接与自然资源

第 5 章 矿产资源开采企业的环境行为研究

接触,因此更具破坏性和显性,外界压力也就更大。因此,煤炭采选业企业环境行为是企业在面临外界压力时,在生产管理、生产和环保技术投入及对环境规制的态度和执行力上有所改进以减少对环境伤害的行为。

(2) 煤炭采选企业环境行为的特征。煤炭采选企业环境行为具有外部性、长期性和无形性的特征。

①外部性。外部性是指一个主体的活动对外部产生的影响,包括有利的影响(即正外部性)和不利的影响(即负外部性)。由于煤炭采选业企业直接从自然中获取资源,因此对生态环境的破坏更加明显。其对生态环境的破坏主要体现在:一是对水资源的污染,如在采煤过程中污染的地下水资源和洗煤后煤泥水大量的排放等;二是对大气环境的污染,如在采煤中耗费的能源产生的废气、矿井通风以及采煤烟尘等;三是在开采过程中对土地资源的占用和破坏,如地表沉陷和煤矸石占用土地等问题。

②长期性。企业环境行为源于企业的生产经营活动与环境相互作用和影响,煤炭采选企业生产对环境造成的严重破坏或显著改善不是一次污染或一次治污投入造就的,需要长期的破坏污染或治理,这就是煤炭采选企业环境行为的长期性特征。

③无形性。煤炭采选企业对环境造成的破坏是无法用货币直接衡量的,水污染和空气污染的范围也是不能被明确界定的。同时还给企业本身带来了一些隐性成本,如投资者对企业失去信心造成的损失等。

(3) 煤炭采选企业环境行为的影响因素。在建设"资源节约型和环境友好型社会"的背景下,企业以其环境行为对外部环境要求做出回应,把环境保护融入企业经营战略的重要环节,其承担的外部环境压力逐步转变成企业内部成本,使企业环境保护与企业发展融为一体。企业行为和环境压力的相互作用,促使企业走向可持续发展的绿色化战略。煤炭采选企业环境行为主要由宏观因素和微观因素制约。

宏观因素主要有政府环境规制、市场压力、公众与媒体压力、生产与环保技术等。最早的企业环境行为研究认为环境规制能有效改善企业环境行为,如庇古的外部性理论和科斯的产权理论。之后学者的研究和事实也都表明,政府环境规制越是严格,执行能力越强,企业环境行为就越好。在一般企业中,企业环境行为会影响企业声誉,从而影响产品的销售。为维护企业品牌和持续经营,企业会自动提高企业的环境行为。而在煤炭采选业中,市场压力主要体现在金融市场上,投资者会把企业环境行为作为考察的重要因素,所以市场的压力能推动煤炭采选企业改善环境行为。公众与媒体对环保的重视和监督可以促进企业改善环境行为；生产与环保技术的进步可以使企业有效节能减排，改善企业环境行为。本节用系统动力学流程图来刻画宏观影响因素对煤炭采选企业环境行为的影响，利用 Vensim PLE 软件绘制流程图，如图 5-1 所示。

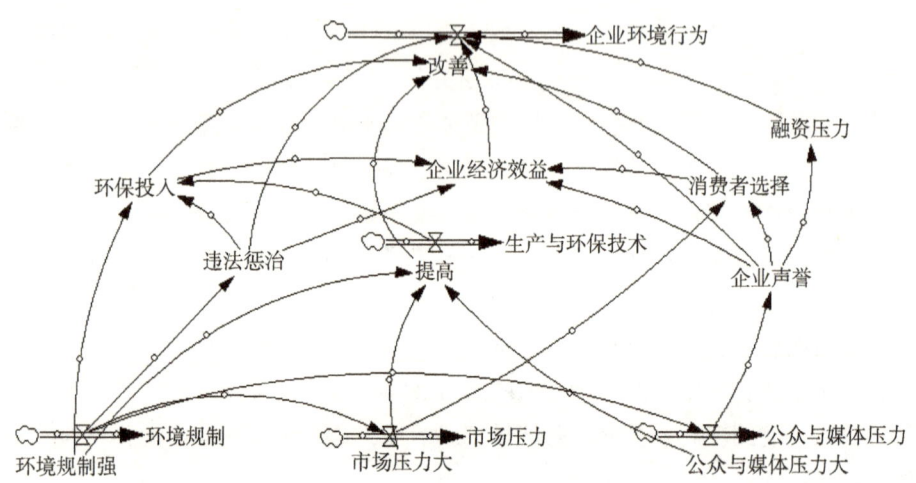

图 5-1　煤炭采选企业环境行为——宏观因素影响流程图

微观因素如企业规模、企业财务状况、企业所有制形式、领导和高层素质等因素。目前，学者研究一致认为领导与高层素质的提高能有效改善企业环境行为。而在企业规模、财务状况和企业所有制形式对企业环境行为的影响方面出现分歧。1994 年，Wally 和 Whitehead 等传统学派学者认为企业的规模、财务状况与企业环境行为之间存在冲突，尤其是像采掘业及资源型企业等处于产业链上游的企业。他们认为环境成本会大大降低企业的边际利润，最终导致企业的竞争劣势，这会导致企业没有动力去改善环境行为，如此循环往复。而以 Porter 为代表的修正学派认为，环境行为是一个企业竞争优势的潜在因素，企业成长的同时能改善其环境行为，企业规模的扩大和良好的财务状况都会改善企业环境行为。修正学派认为具有大规模且财务良好的企业更有能力提升环境行为，同时环境管理会引起生产力改善，降低相关成本，开拓新的市场机会等。目前，修正学派的观点正在被广泛接受。图 5-2（a）为传统学派观点，图 5-2（b）为修正学派观点。

第 5 章 矿产资源开采企业的环境行为研究

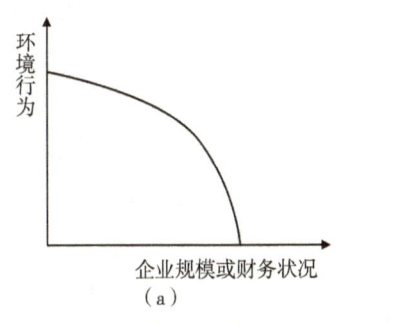
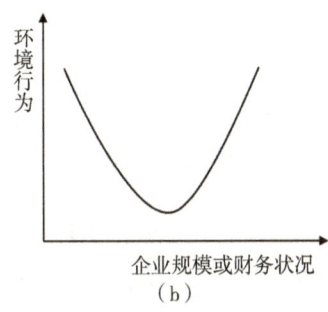

图 5-2 传统学派和修正学派观点

企业环境行为的早期研究认为政府应该是负责环境保护的主体，政府应出台相应的环境规制，对污染环境的行为做出处罚，以此来保护环境。因此，在相当长的一段时间里企业被当作回应外界压力的反馈者。近几年来，企业环境行为已成为企业社会责任的一个重要组成部分，企业在环境保护中的作用日益加大，不再是环境压力的反馈者，而是转变为主动应对者。因此，煤炭开采企业内部微观因素对环境行为的影响日渐加大，企业规模、高层的环境意识和经济绩效等的差异都会对企业环境行为造成影响。

宏观因素和微观因素的不同组合可以对企业环境行为产生不同影响。煤炭采选企业微观因素与宏观因素的相互作用，会刺激产生新的环境规制和商业行为，促使企业走向绿色的、可持续发展的道路。

5.1.2 安徽段煤炭采选企业环境行为的现状

（1）安徽段总体状况。近年来，该区域加强了环境监管力度，"十一五"期间，累计关闭小型煤炭开采企业 151 家，淘汰落后产能 544 万吨，年产原煤 30 万吨以下小煤矿减少至 111 家，煤泥煤矸石综合利用率提高到 95% 以上。同时，少数煤炭采选企业开始进行探索性的绿色清洁生产，注重加强与科研机构的合作，通过提高机采率、洗选率和研发先进实用煤炭开采、加工、转化技术，提升科技创新力，促进煤炭清洁开采低碳转化，实现煤泥、中煤和矸石就近综合燃烧发电，建成一批煤泥煤矸石和煤矿瓦斯综合利用电厂，新增装机 125 万千瓦。不仅如此，企业对固体废弃物的回收利用率也不断提高，将可粉煤灰和炉渣提取氧化铝后生产绿色建材，实现煤炭的绿色开采、清洁输送。

虽然企业环境保护工作略有成效，但区域生态安全仍经受着严峻的考验。

淮河流域矿产资源开发、生态环境演变与新型工业化道路研究

该区域大多数煤炭资源型城市是在20世纪五六十年代国家大规模推进矿区建设时形成的，煤炭采选企业一般资源消耗大，在采掘过程中会致使矿区地表沉陷，矿业废弃物不断增加，岩石山林立，水源破坏严重，森林、植被面积减少，对生态环境造成严重破坏。出于对成本的考虑和对经济利润的追求，大部分企业对环境保护缺乏积极性，导致该区域生态环境质量不断恶化，区域生态环境改善仍是该区域工业化进程中所面临的较大难题。

（2）安徽段典型区域状况。淮南市是该区域最大的产煤基地。"十一五"期间，淮南煤炭采选企业共节能12.92万吨标准煤，二氧化硫排放量减少1448吨；利用矿井水6631万吨，主要水污染物COD排放量减少4642吨，环保工作取得了一定进展，但形势依然严峻。近年来，伴随着淮南煤炭经济的快速发展，淮南市1/2的矿区面临资源枯竭。2010年，淮南市工业固体废弃物产生总量达2393万吨，比2009年增加18.5%，主要原因是煤炭采选企业产量提高，煤矸石产生量大大增加。截至2010年，淮南市由于采煤企业采掘活动造成的地表沉陷面积已经达到137平方千米，占全市土地面积的5.3%。目前，露天储煤矿和矿井瓦斯导致的大气污染已从以往的谢区逐步扩大到八公山、凤台等地。面对严峻的生态环境状况，淮南煤炭采选企业在追求产量的同时也开始关注煤炭开采中的环保技术，不断加强环保科研能力，并得到了当地政府和国家的支持，尤其是随着淮南矿业集团的煤矿瓦斯治理国家工程研究中心、煤矿生态环境保护国家工程实验室和深部煤炭开采与环境保护国家重点实验室的相继建成运行，显著提升了这一地区的煤矿安全生产和生态保护能力。

淮北市是该区域第二大煤炭基地，也是我国第二批资源枯竭型城市之一。淮北煤炭采选业用水量在所有工业行业中位居第二位，全部煤炭采选企业水资源重复利用率不足50%，但也有少数企业通过投资进行技术改造，如临涣采选厂，使洗煤水重复利用率达到95%以上，基本实现零排放。该市企业采煤活动引发的地质灾害以地面塌陷、地面沉降为主，主要集中在各大中小型煤矿和采矿活动较强的山区和采矿区。针对这一情况，淮北市煤炭采选企业在政府部门的监督和支持下积极实施矿山地质环境治理项目，于2010年完成该项目6个，治理恢复面积168.29公顷，总投资4018.319万元。多年来对塌陷区的综合治理和复垦，使淮北目前土地复垦率达到54%以上，位于全国前列。在政府的积极促进下，淮北市煤炭采选企业环境行为改善显著，在2010年淮北市环保局开展的"淮北市重点企业环境行为等级评价"中，列为绿色最高等级的企业仅3家，其中有2家是煤炭采选企业。

第5章 矿产资源开采企业的环境行为研究

5.2 煤炭采选企业环境行为的综合评价

5.2.1 企业环境行为评价原则

企业环境行为评价体系应当因地制宜，针对地区和行业实际选择不同的指标体系和评价方法，应该兼具科学性、全面性、可行性的特点。因此，在企业环境行为评价体系的设计中应遵守以下原则：

(1) 可持续发展原则。可持续发展原则是企业环境行为评价的基本原则，指标体系设计应该秉持协调性和可持续发展性。

(2) 因地制宜原则。要针对不同地区和行业的具体情况，尽可能地综合考虑当地的经济发展状况，把对当地生态环境影响较大、社会普遍关注的指标作为环境行为评价的重点，确保企业环境行为评价可以突出重点。

(3) 定性与定量相结合原则。企业环境行为的评价指标涵盖与环境有关的各种生产经营行为，必然会涉及多方面的指标，包括定性指标和定量指标。只有把两者有机地结合起来，才能够更准确、更全面地评价企业环境行为。

(4) 数据可得性原则。在设计企业环境行为的评价体系时要综合考虑到评价指标的可得性和可操作性，以免给后续评价带来困难，影响评价的准确性。

(5) 持续改进原则。企业环境行为的评价要与时俱进，针对不同时期设计有针对性的指标，应用更先进、更科学的评价方法，不断改进工作，使企业环境行为评价更具科学性，引导企业不断改善环境行为。

(6) 政策相关性原则。企业环境行为评价的指标体系应能反映社会和政府对环境的要求和相关法规要求，使企业环境行为评价可以为政府制定环境保护政策提供参考。

5.2.2 煤炭采选企业环境行为评价的指标体系

选择评价指标是企业环境行为评价中最基础、最关键的一个环节，只有构建出较为全面和可行的评价指标才能确保评价结果的科学合理性。目前，企业环境行为的评价体系没有国际上统一的标准，各地针对当地环境特征和行业特性确定了不同的评价指标和评价方法，但仍有很多相似之处可以借鉴。各机构、学者从各自研究的角度构建了企业环境行为的评价指标，最具普遍性的是国际标准化组织（ISO）的《ISO 14031 环境表现评价指南》。

国际标准化组织于 1999 年 10 月正式公布《ISO 14031 环境表现评估指南》，为企业改善其环境行为提供了重要指导。ISO 14031 环境行为评价体系将环境行为指标分为三类：环境状况指标（ECIs）、管理绩效指标（MPIs）和经营绩效指标（OPIs），如表 5-1 所示。

表 5-1 ISO 14031 环境表现评价指标

环境状况指标（ECIs）		管理绩效指标（MPIs）		经营绩效指标（OPIs）	
当地指标	土地占用面积 附近土壤污染浓度 空气中污染浓度 附近植物数量	投入	污染防治投入金额 改善工艺成本 环境管理培训成本 废弃物处理费用	资源	回收资源比例 污染防治用电量 生产中使用污染资源
区域指标	水中鱼类数量 水中各类污染浓度 年用水量	符合性	紧急环境事件反应时间 达标排放率 罚单次数与金额	能源	用水量 用电量 节约的能源量
全球指标	资源耗费量 氟氯碳化合物耗费 二氧化碳排放量	利益相关者	被投诉及负面报道次数 对环保事业赞助金额	污染物	空气污染物 水污染物 噪声污染 固体废弃物
		环境管理系统的实施	企业环保机构人数 会议中环保议题次数	其他	环境事件发生次数 供应商与承包商管理

环境状况指标包括当地指标、区域指标和全球指标，涵盖范围包括水、空气、动植物乃至人体健康。环境状况指标评估范围较大，一般适用于地区性环境行为评价。

管理绩效指标和经营绩效指标适合于地区和单个经济体的环境绩效的评价。管理绩效指标包括投入、符合性、利益相关者、环境管理系统的实施。投入、符合性以环保罚单次数及金额、环保目标达成度、应急事件反应时间等来评价；利益相关者以社区投诉次数、媒体报道次数等来评价；环境管理系统以员工参与环保人数、环保专家人数、高层会议中环保议题频次等评价。

经营绩效指标包括资源、能源、污染物及其他。能源指标以节能方案节省的能源为评价基础;污染物指标以污水、废气、噪声、固体废弃物排放为标准来衡量。

国际标准化组织构建的指标体系具有普遍性,虽然可以全面地衡量企业环境行为,但一方面因为其包含的信息量太大,数据信息难以收集,另一方面因为 ISO 14031 的环境行为评价体系中包含许多定性维度,不容易以数据方式计量,因此具体应用上较为困难。

本节依据企业环境行为评价原则,结合 ISO 14031 的评价框架,充分考虑数据的可得性和安徽省煤炭采选业的实际情况,选取了企业环境管理、资源耗费、环境污染、环境治理投入和社会反响五大类 14 个指标,构建了安徽省煤炭采选企业环境行为评价指标体系,如表 5-2 所示。

表 5-2 安徽省煤炭采选企业环境行为评价指标体系

一级指标	二级指标		
环境管理指标	X_1	环境处罚次数	次
	X_2	是否按期交纳排污费	是/否
	X_3	是否拥有专门环保机构	是/否
	X_4	环境统计信息的及时性和真实性	是/否
资源耗费指标	X_5	耗电量	千瓦时
	X_6	耗水量	吨
环境污染指标	X_7	石油类排放	吨
	X_8	COD 排放	吨
	X_9	SO_2 排放	吨
	X_{10}	烟尘排放	吨
环境治理投入指标	X_{11}	废水治理设施投入	万元
	X_{12}	废气治理设施投入	万元
社会反响指标	X_{13}	群众投诉次数	次
	X_{14}	是否通过 ISO 14000 认证	是/否

(1) 环境管理指标主要反映企业对环境系统的管理程度和对环境保护所持的态度。本节反映环境管理的指标具体有:环境处罚次数、是否按期交纳排污费、是否拥有专门环保机构以及环境统计信息的及时性和真实性。本部分大

多数为定性指标，若为"是"，则指标为1；若为"否"，则指标为0。

（2）环境耗费指标主要反映企业在煤炭生产中消耗的能源和资源对环境产生的影响。本节反映环境耗费的指标具体为耗电量和耗水量。耗电量包括生产消耗和环保设备运行消耗，单位为千瓦时；耗水量单位为吨。

（3）环境污染指标反映企业的生产经营活动对环境造成的污染，这也是大众在环境中能直接体验到的。在煤炭生产中会产生废水、废气和废渣，由于煤炭固体废弃物回收利用的经济效益较高，安徽煤炭采选企业对废弃物的综合利用率均较高，企业与企业间区分度不高，因此在环境污染指标中没有涉及固体废弃物。本节反映环境污染的具体指标有石油类排放、COD 排放、SO_2 排放和烟尘排放四个指标。石油类和COD是废水中的主要污染物；SO_2和烟尘是废气中的主要污染物，这四个指标的单位均为吨。

（4）环境治理投入指标主要用企业环保投入来衡量企业对环境治理的态度。本节反映环境治理投入的具体指标有废水治理设施投入和废气治理设施投入。投入指标以货币计量，单位为万元。

（5）社会反响指标主要反映外界环境对企业环境行为的反应。本节反映社会反响的具体指标有群众投诉次数和是否通过 ISO 14000 认证。对于其中的定性指标，若为"是"，则指标为1；若为"否"，则指标为0。

5.2.3 煤炭采选企业环境行为的评价方法

（1）评价方法的选择。系统评价方法有十余种，如主成分分析法、因子分析法、组合评价法、层次分析法、模糊层次分析法、熵值法等。有的系统评价方法尽管在评价结果上很理想，但因为其过于复杂而在实践中很难实现，如组合评价法。组合评价法至少要利用两种其他系统评价方法来确定权数以建立最优化模型，通过调整和修正来确定权重。层次分析法使用起来较为方便，但由于其权重的确定是由专家打分，因此在评分中会受到主观因素的影响，可能会导致偏误。熵值法认为数据波动较大的项对评分影响较大，因此权重较高，这种方法相对客观，主要适用于指标重要性差别不明显的系统。主成分分析法利用降维的数学思想，从众多指标中把能够反映相似问题的指标提取出来划分权重，这一方式适合多指标体系的评价。

由于本节指标个数较多，考虑到计算的便捷性和客观性，选择主成分分析法作为企业环境行为的评价方法。

（2）主成分分析法的原理。主成分分析法主要是利用数学变换把单独的指标变量转化为变量的线性组合，从而达到降维的目的。其主要思想是将随机变量的协方差阵变换成对角形阵，然后对多维变量系统进行降维处理。变量进行线性组合后形成的新变量能包含大部分信息。主成分分析的数学模型为：

$$z_1 = u_{11}X_1 + u_{12}X_2 + \cdots + u_{1p}X_p \tag{5-1}$$

$$z_2 = u_{21}X_1 + u_{22}X_2 + \cdots + u_{2p}X_p \tag{5-2}$$

$$\vdots$$

$$z_p = u_{p1}X_1 + u_{p2}X_2 + \cdots + u_{pp}X_p \tag{5-3}$$

其中，z_1, z_2, $\cdots$, z_p 为 p 个主成分。

进行坐标变换，得：

$$z_1 = u_{11}X_1 + u_{21}X_2 + \cdots + u_{p1}X_p \tag{5-4}$$

$$z_2 = u_{12}X_1 + u_{22}X_2 + \cdots + u_{p2}X_p \tag{5-5}$$

$$\vdots$$

$$z_p = u_{1p}X_1 + u_{2p}X_2 + \cdots + u_{pp}X_p \tag{5-6}$$

其中，$u_{1k}^2 + u_{2k}^2 + \cdots + u_{pk}^2 = 1$，$\text{var}(z_i) = U_i^2 D(x) = U_i' D(x) U_i$，$\text{cov}(z_i + z_j) = U_i' D(x) U_j$。

z_1 为第一个主成分，满足条件：u_1', $u_1 = 1$，$\text{var}(z_1) = \max \text{var}(u'x)$。

z_2 为第二个主成分，满足条件：$\text{cov}(z_1, z_2) = 0$，$u_2'u_2 = 1$，$\text{var}(z_2) = \max \text{var}(U'X)$。

其余主成分所满足的条件依次类推。

5.2.4 数据来源与数据分析

（1）数据来源。所用数据来源于实地调查和环保部门提供的相关统计资料。本次调研共调查 62 家位于淮河流域安徽段煤炭采选企业，调查企业分布于淮南、淮北、阜阳、宿州四市，基本涵盖了该流域安徽段重要的产煤区域，根据在各市抽取的企业数量与该市原煤产量成正比及随机抽样的原则，本次调研选取的煤炭企业淮南 31 家，淮北 17 家，阜阳 8 家，宿州 6 家。为了使研究更为精准，在统计过程中，剔除了重要数据缺失或异常的企业，最终选择有效样本 52 家。

（2）数据分析。调查的企业中极少数企业具有 ISO 14000 环境体系认证，获得认证企业不足总数的 10%，绝大部分企业网站环保信息披露较少或不及时，约 12% 的被调查企业在 2009 年有被群众和其他组织机构投诉的情况，约

15%的企业没有按时交纳排污费和罚金，62家企业在2009年中没有发生环境重大违法事件。实地调研所得到的部分综合统计数据如表5-3所示。

表5-3 调查数据统计分析

统计项	观察值数量（个）	最大值	最小值	平均值	标准差
生产用水量（吨）	60	16210000.00	1500.00	1860329.3	3998083
污水排放量（吨）	55	5600000.00	1260.00	664549.7	1489231
石油类排放量（吨）	56	30.70	0.10	2.947772	6.004376
COD排放量（吨）	56	679.21	0.17	86.08078	155.1815
废气排放量（万立方米）	56	20086.90	92.61	2337.373	4212.636
烟尘排放量（吨）	53	93.69	0.28	17.97253	22.06009
SO_2（吨）	53	84.91	0.51	11.20094	18.48474
治理污水投资（万元）	60	2277.00	2.50	288.4811	588.6207
治理废气投资（万元）	60	420.00	0.56	25.40514	76.56304
固废综合利用率（%）	62	100.00	67.89	98.20310	0.066421

注：表中样本量小于62的数据项表示此数据项中某些企业的数据缺失或异常，故剔除。

在环境污染物排放方面，62家被调查企业中7家企业污水排放数据缺失或与现实极度不符，其余55家被调查企业提供的污水排放量（包括生产污水和职工生活污水排放）数据有效。从数据的标准差来看，数据的波动性很大，平均每家企业的污水排放量在664549吨左右。从表5-3中还可以看出，各企业在石油类和废气中有害物质（烟尘、SO_2）排放量方面水平较为接近，平均排放量分别约为2.9吨、17.9吨、11.2吨。调查中还发现企业固体废物排放行为要远优于废水排放行为和废气排放行为，固体废物的综合利用率平均能达到98%以上。

在环境污染治理方面，30家企业建有污水处理设备或使用沉淀分离等生产工艺来减少污水排放，22家企业对废气处理设备进行了投入，绝大部分企业的固体废物综合利用率能够达到100%。煤矿企业不仅对生产用水污染严重，还伴随着矿区生活污水对环境造成的伤害，但是调查中仅有4家企业专门投入资金建造了生活污水处理站。企业在污水治理上平均投入为288万元，投入最高的企业为一家大型国有企业，投入额高达2277万元。调查中仅有不到

50%的企业建造了污水处理站、沉淀池、净化池等，其中国有企业约占50%。由于治污设施初始投入较高，在使用中还需要支付一定的运行费用，因此小型企业很难承受。34家小型企业中仅9家拥有污水处理设施，这9家企业中7家建厂年限均达17年以上，另外2家则是在过去5年内成立的新厂。通过污水处理设备处理后的污水中COD含量平均减少约70%，石油类含量平均减少约60%。在治理废气排放中，平均投入为25万元，投入最高企业是一家大型混合所有制企业，投入高达420万元。仅22家企业拥有废气处理设备，其中仅5家小型企业，国有企业占到拥有废气处理设备企业的45%。这22家企业中17家建厂均在17年以上，另外5家企业均新建于最近8年内。通过废气处理设备的处理，烟尘含量平均减少70%左右，SO_2含量约减少20%，废气处理设备几乎没有减少氮氧化物的排放量。治污投入（治理污水投入和治理废气投入）数据上较大的方差表明不同企业在治污投入上下的力度是大不相同的。

5.2.5 主成分分析及结果评价

（1）主成分分析。我们利用统计软件SPSS进行主成分分析。主成分分析方法要求数据指标标准化和正向化，由于SPSS软件在主成分分析过程中会自动对指标进行标准化处理，因此本节仅对指标进行简单的正向化处理。需要进行正向化指标的逆向指标有X_2、X_3、X_4、X_{11}、X_{12}、X_{14}。正向化处理一般有两种形式，第一种是进行倒数处理，第二种是指标数据前加负号。因为多项指标数据为0，所以选择第二种正向化处理方法。数据处理后，分析过程和结果如下：

①KMO和Bartlett的检验。首先进行KMO和Bartlett检验来判断指标是否适合因子分析，检验结果如表5-4所示。得到的KMO为0.711，比较适合做因子分析。Bartlett球形度检验的Sig.值小于显著水平0.05，意味着变量之间存在相关关系，可以做因子分析。

表5-4　KMO和Bartlett的检验

取样足够度的Kaiser-Meyer-Olkin度量		0.711
Bartlett的球形度检验	近似卡方	1204.124
	df	91
	Sig.	0.000

②主成分贡献率及累计贡献率。由表 5-5 可以看出，3 个主成分的累计贡献率可以达到 74% 以上，第一个主成分贡献率为 31.67%，第二个主成分贡献率为 28.95%，第三个主成分贡献率为 13.7%。

表 5-5　特征值及贡献率

成分	初始特征值			提取平方和载入			旋转平方和载入		
	合计	方差的百分比	累积百分比	合计	方差的百分比	累积百分比	合计	方差的百分比	累积百分比
1	5.249	37.493	37.493	5.249	37.493	37.493	4.433	31.666	31.666
2	3.459	24.709	62.202	3.459	24.709	62.202	4.053	28.953	60.619
3	1.702	12.156	74.358	1.702	12.156	74.358	1.923	13.739	74.358
4	0.891	6.368	80.725						
5	0.872	6.227	86.952						
6	0.632	4.518	91.470						
7	0.481	3.435	94.905						
8	0.342	2.442	97.347						
9	0.237	1.692	99.039						
10	0.083	0.591	99.630						
11	0.049	0.353	99.983						
12	0.002	0.015	99.997						
13	0.000	0.003	100.00						
14	1.328E-8	9.485E-8	100.000						

③主成分得分系数矩阵。在确定 3 个主成分的基础上，利用回归法可得主成分得分系数矩阵，如表 5-6 所示。

表 5-6　主成分得分系数矩阵

	成　分		
	1	2	3
环境处罚次数	0.062	-0.951	-0.093
是否按期交纳排污费	-0.132	0.845	0.036
是否拥有专门环保机构	-0.055	0.754	0.031
环境统计信息的及时性和真实性	0.044	0.887	0.116

续表

	成分		
	1	2	3
耗电量	0.895	-0.037	-0.102
耗水量	0.446	0.283	-0.319
石油类排放	0.928	-0.161	-0.045
COD 排放	0.926	-0.186	-0.049
SO_2 排放	0.926	-0.186	-0.049
烟尘排放	0.846	0.008	-0.105
废水治理设施投入	-0.226	-0.044	0.884
废气治理设施投入	-0.091	0.088	0.896
群众投诉次数	0.232	-0.916	-0.081
通过 ISO 14000 认证	0.025	0.229	0.424

从表 5-6 可以看出，第一个主成分与企业环境污染有关，第二个主成分与企业对环境系统的管理有关，第三个主成分与企业环保投入有关。根据成分得分系数矩阵，可以得到下面的主成分得分函数。

$$F_1 = 0.062X_1 - 0.132X_2 - 0.055X_3 + 0.044X_4 + 0.895X_5 + 0.446X_6 + 0.928X_7 + 0.926X_8 + 0.926X_9 + 0.846X_{10} - 0.226X_{11} - 0.091X_{12} + 0.232X_{13} + 0.025X_{14} \tag{5-7}$$

$$F_2 = -0.951X_1 + 0.845X_2 + 0.754X_3 + 0.887X_4 - 0.037X_5 + 0.283X_6 - 0.161X_7 - 0.186X_8 - 0.186X_9 + 0.008X_{10} - 0.044X_{11} + 0.088X_{12} - 0.916X_{13} + 0.229X_{14} \tag{5-8}$$

$$F_3 = -0.093X_1 + 0.036X_2 + 0.031X_3 + 0.116X_4 - 0.102X_5 - 0.319X_6 - 0.045X_7 - 0.049X_8 - 0.049X_9 - 0.105X_{10} + 0.884X_{11} + 0.896X_{12} - 0.081X_{13} + 0.424X_{14} \tag{5-9}$$

④综合得分。综合得分可由主成分贡献率为权重来计算。由于第一组主成分代表意义为企业污染行为，企业污染行为以企业污染物排放量为指标，那么污染排放越高，得分应该越低，因此在综合评分公式上要有一些变动，表达式如下：

$$F = -0.3167F_1 + 0.2895F_2 + 0.1374F_3 \tag{5-10}$$

根据公式计算出企业综合得分并排序，结果如表 5-7 所示。

表 5-7 安徽省 52 家煤炭采选企业环境行为综合得分及排名

排名	企业	F_1	F_2	F_3	综合得分
1	44 号企业	-0.43518	0.07622	4.47418	0.774638
2	41 号企业	-0.58681	0.20215	3.77371	0.762871
3	40 号企业	-0.97650	0.24713	0.76856	0.486404
4	1 号企业	-0.97536	0.28920	0.39009	0.446219
5	25 号企业	-0.98732	0.26521	0.34636	0.437054
6	6 号企业	-0.84144	0.34398	0.03474	0.370839
7	39 号企业	-0.80683	0.38717	-0.40891	0.311423
8	22 号企业	-0.79536	0.60350	-0.86345	0.307966
9	45 号企业	0.60549	0.67982	2.20004	0.307336
10	46 号企业	-0.46262	0.31361	0.41030	0.293677
11	11 号企业	-0.70888	0.59025	-0.81612	0.283243
12	47 号企业	-0.53106	0.40056	-0.05911	0.276025
13	29 号企业	-0.08907	0.67144	0.19153	0.248906
14	20 号企业	-0.61741	0.33212	-0.37072	0.240745
15	4 号企业	-0.52408	0.59118	-0.77150	0.231120
16	14 号企业	-0.50108	0.59125	-0.76533	0.224700
17	30 号企业	-1.23487	-0.73917	0.30861	0.219495
18	19 号企业	-0.40237	0.59535	-0.73553	0.198721
19	12 号企业	-0.38793	0.60869	-0.75344	0.195553
20	26 号企业	0.11691	0.61942	0.36683	0.192701
21	32 号企业	0.07560	0.56403	0.32552	0.184070
22	31 号企业	0.06499	0.55872	0.30007	0.182398
23	34 号企业	0.25139	0.72119	0.29615	0.169861
24	23 号企业	-0.03914	0.63826	-0.70824	0.099860
25	36 号企业	-0.03296	0.63726	-0.69593	0.099304
26	35 号企业	-0.02634	0.64116	-0.70966	0.096450
27	21 号企业	-0.00190	0.51709	-0.45180	0.088222
28	2 号企业	0.00939	0.63153	-0.67585	0.086992
29	13 号企业	-0.00690	0.51999	-0.50344	0.083550

续表

排名	企业	F_1	F_2	F_3	综合得分
30	50号企业	0.11685	0.65897	-0.58167	0.073842
31	48号企业	0.14842	0.54361	-0.26812	0.073530
32	51号企业	0.48391	0.53786	-0.12651	-0.01492
33	33号企业	0.17022	-0.17187	0.59225	-0.02229
34	18号企业	0.42396	0.38822	-0.03032	-0.02605
35	7号企业	0.44026	0.60819	-0.53736	-0.03719
36	49号企业	0.79566	0.81014	-0.20224	-0.04524
37	38号企业	-0.57099	-0.58658	-0.54943	-0.06447
38	37号企业	-1.21148	-1.51129	-0.42515	-0.11226
39	16号企业	0.41673	0.16684	-0.57920	-0.16326
40	27号企业	-0.42739	-0.76669	-0.75448	-0.19027
41	24号企业	-0.71351	-1.68500	0.05540	-0.25423
42	17号企业	1.38763	0.39887	0.13703	-0.30516
43	10号企业	1.50535	0.71751	-0.38371	-0.32175
44	28号企业	-0.43493	-1.50371	-0.29338	-0.33789
45	3号企业	1.57497	0.72151	-0.37011	-0.34077
46	42号企业	-0.36082	-1.47029	-0.33073	-0.35682
47	5号企业	-0.09540	-1.96721	0.53287	-0.46608
48	52号企业	-0.84610	-2.85239	-0.41363	-0.61464
49	43号企业	-0.28983	-2.35681	-0.34160	-0.63744
50	8号企业	0.71209	-1.65503	-0.47400	-0.76978
51	9号企业	3.62735	0.71750	0.14441	-0.92122
52	15号企业	3.99470	-2.84064	0.30201	-2.04599

（2）评价结果分析。从综合评分来看，企业环境行为最好的企业是第44号企业，该企业是一家大型股份制企业。企业环境行为最差的是第15号企业，该企业为小型私营企业。环境行为评分排名前10位的企业中，从所有制形式来看，有4家是国有企业；从企业规模来看，仅有1家是小型企业，其余均为大中型企业，排名前5位的均为大型企业。

从第一主成分企业环境污染行为来看，仅18家企业评分为正（F_1得分越高意味着污染越严重),这说明这 18 家企业的平均污染排放量比另外 44 家企业的平均污染物排放要大得多。虽然 44 家煤炭采选企业污染行为得分为负,但是并不代表企业污染物排放达标,只是相对较好。

从第二主成分企业环境管理行为来看,综合评价排名靠后的企业一般环境管理水平较低。环境管理行为最差企业在 2009 年被环保部门罚款 2 次且没有及时交纳排污费,这严重拉低了该企业环境管理行为的得分。总的来说,除少数企业外,大部分企业环境管理行为差距不大。

第三主成分是企业环保投入行为,可以表现企业对环境保护的态度。第 40 号和第 41 号企业分列第一和第二位,它们的综合得分远高于第三名,主要是它们在环境治理方面较大的投资力度拉动的。

5.3 煤炭采选企业环境行为的微观影响因素分析

5.3.1 经验模型的假定与设立

(1) 模型假定。由于一般是使用时间序列数据来验证环境库兹涅茨曲线(EKC),而本书使用的是横截面数据,参照 Earnhart 等(2005)验证企业内部微观属性与企业环境行为关系的研究成果,本书做出如下假设:企业每个内在微观属性的进步是连续的,不同企业的成长可以视为同一企业的不同阶段。

另外,企业污染行为与多种因素有关,大致而言与技术特性、企业内在性质和外部环境等有关。而本书主要研究企业内部微观因素对企业环境行为的影响,因此排除外部环境因素的影响。为合理地解决这一问题,进一步做出如下假设:淮河流域安徽段所有煤炭采选企业,其技术(行业)特性和外部环境尤其政策环境是相同的。

(2) 模型设立。基于以上两个假设,利用验证环境库兹涅茨曲线(EKC)的分析框架,建立如下模型:

$$E_i = \alpha_i + \beta_{11}x_{1i} + \beta_{12}x_{1i}^2 + \beta_{13}x_{1i}^3 + \beta_{21}x_{2i} + \beta_{22}x_{2i}^2 + \beta_{23}x_{2i}^3 + \ldots + \beta_{j3}x_{ji}^3 + \beta_{j+1}z_i + \varepsilon_i \tag{5-11}$$

①当 $\beta_{k1} = \beta_{k2} = \beta_{k3} = 0$ 时,x_{ki} 和 E_i 没有任何关系;

②当 $\beta_{k1} > 0$,$\beta_{k2} = \beta_{k3} = 0$ 时,x_{ki} 和 E_i 呈单调上升线性关系;

③当 $\beta_{k1}<0$，$\beta_{k2}=\beta_{k3}=0$ 时，x_{ki} 和 E_i 呈单调下降的线性关系；
④当 $\beta_{k1}>0$，$\beta_{k2}<0$，$\beta_{k3}=0$ 时，x_{ki} 与 E_i 呈倒"U"形关系；
⑤当 $\beta_{k1}<0$，$\beta_{k2}>0$，$\beta_{k3}=0$ 时，x_{ki} 与 E_i 呈正"U"形关系；
⑥当 $\beta_{k1}>0$，$\beta_{k2}<0$，$\beta_{k3}>0$ 时，x_{ki} 与 E_i 呈"N"形关系；
⑦当 $\beta_{k1}<0$，$\beta_{k2}>0$，$\beta_{k3}<0$ 时，x_{ki} 与 E_i 呈与"N"形相反的关系。

其中，E 为企业环境行为，x_{ji} 代表第 i 个企业的第 j 个属性指标，z 是影响企业环境行为的其他因素，α 表示常量，β 是指变量的系数，ε 是随即误差项，k=1, 2, ⋯, j。

5.3.2 模型指标选取

影响企业环境行为的企业内在微观因素很多，如企业财务指标、企业年产值、企业规模、企业年龄、企业所有制形式等。为了分析影响淮河流域安徽段煤炭采选企业环境行为的主要企业内部微观因素，在充分考虑各方面因素之后，选择企业年产值、企业规模、企业年龄和企业所有制形式 4 个变量作为解释变量。

(1) 被解释变量的选取。被解释变量 F 代表淮河流域安徽段煤炭采选企业环境行为，用本章 5.2 节计算得到的安徽省煤炭采选企业环境行为综合得分表示。本节还另外选择企业环境行为的三个主成分（F_1、F_2、F_3）分别作为被解释变量，建立模型 5-2、模型 5-3、模型 5-4，研究解释变量对企业污染行为、企业环境管理行为和企业投入行为的影响。

由于环境污染行为指标（F_1）是污染越严重分数越高，因此在数据处理时，把 F_1 得分乘以-1，使其能呈现出正确的排序。另外，由于主成分分析法的打分中存在负值，为使模型更清晰，对数据进行简单的标准化处理及平移，使最后的企业得分分布在 1~4。

(2) 解释变量的选取。X_i 为解释变量，包括核心变量和控制变量。根据 Kemp 等（2000）和董广霞等（2008）研究经验，企业产值与所耗费的环境资源及产生的环境污染存在显著关系。因此，为了考察企业生产能力的变化对企业环境行为的影响，本书选择企业年产值作为核心变量。

其他控制变量为：

①企业年龄（Year）。我们在统计企业年龄时仅使用了年份数据，省略了月份数据。建厂年限较长的企业在成立之时无须环保审批，环保技术可能较为落后、环保意识比较单薄，有可能造成更多的污染环境；另外，建厂年限较长

的企业同样也意味着能更好地适应市场需求，更具备经济实力来引进先进设备降低污染，有能力完成环保指标，使之有更好的环境行为。这一控制变量将解释企业年龄对于环境行为的影响。

②企业规模（Scale）。企业规模指标是由企业固定资产总额、销售收入和企业员工数量综合评价而来。该指标数据直接来源于环保部门，指标数值分别为1、2、3，数值1代表企业规模小（即企业固定资产总额、销售收入和企业员工数量均较少）；反之，3代表企业规模大。这一变量用来考察不同规模的企业的环境行为。

③企业所有制形式（Dummy）。生态科技创新与企业组织结构、体制安排密切相关，企业生态科技创新行为是指有意或无意地改进生产流程、营销方式，进行节能降耗（OECD，2008）。由此可见，企业组织结构和体制安排对企业环境行为存在一定影响，因此本书使用企业所有制形式这一变量来代表企业组织结构和体制安排，以衡量企业所有制结构对企业环境行为的影响。企业所有制形式为虚拟变量，用以比较国有制和非国有制形式对企业环境行为的不同影响。设国有企业为1，非国有制企业为0。

(3) 数据分析。从表5-8的统计分析数据的标准差来看，各数据的波动性较大，这意味着不同的企业在生产能力上存在着较大差距，62家调研企业平均年产值为89589.79万元，其中仅有10家企业年产值超过100000万元，年产值最低的仅为105.56万元。在年产量这项数据中，62家中2家企业数据缺失，剩余的60家企业平均产量为881653吨，其中年产量最小的企业仅为1800吨，产量最高的企业达5560988吨，不足1/3的企业原煤产量达到30万吨/年以上。

表 5-8　指标数据的统计描述

统计项	观察值数量（个）	最大值	最小值	平均值	标准差
年产值（万元）	62	481622.00	105.56	89589.79	107750.2
企业年龄（年）	62	52	1	19.10811	13.17148
原煤产量（吨）	60	5560988.00	1800.00	881652.6	1506409

注：表中样本量小于62的数据项表示此数据项中某些企业的数据缺失或异常，故剔除。

从企业年龄来看，62家煤炭采选企业的平均年龄为19年，说明调查中的大部分企业处于青少年期，其中建厂时间最长的企业是一家于1957年建成的国有中型企业。依据企业年龄，对调研样本比较分析，发现近 10 年内的新建企业的年产值水平和排污程度之间存在较大差异。

企业规模由资产总额、销售收入和企业员工数量综合评价而来，评价标准如表 5-9 所示。在 62 家调查企业中，小企业共 34 家，约占全部调查企业的 55%，大中型企业 28 家。

表 5-9　企业规模划分标准

指标名称＼企业规模	大型企业	中型企业	小型企业
从业人员数（人）	2000 以上	300～2000	300 以下
销售收入（万元）	30000 以上	3000～30000	3000 以下
资产总额（万元）	40000 以上	4000～40000	4000 以下

在调查的 62 家煤炭采选企业中，国有企业 17 家，私营企业 20 家，混合所有制企业 25 家，分别占 28%、32%、40%。随着煤炭企业所有制改革，从 2010 年起私营和国有独资企业逐步减少，煤炭采选企业将呈现以股份制为主，国有、民营共存的局面，因此此次调研煤炭企业所有制形式比重基本符合当地实情，样本所有制形式比重分布如图 5-3 所示。

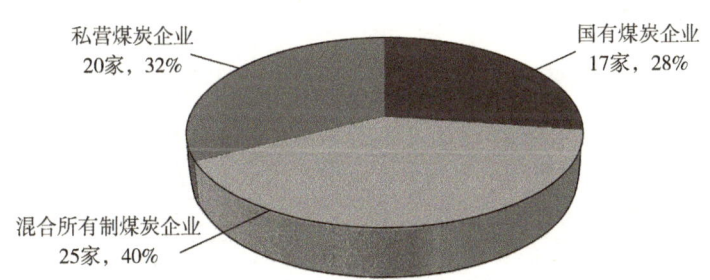

图 5-3　各所有制企业所占调查企业的比重

5.3.3　模型结果分析

模型估计结果如表 5-10 所示，研究结果表明：

表 5-10 模型估计结果

解释变量		模型 5-1 被解释变量 F	模型 5-2 被解释变量 F_1	模型 5-3 被解释变量 F_2	模型 5-4 被解释变量 F_3
常数项	c	97.70214 *** (2.804683)	7.843829 ** (2.008562)	8.178188 ** (2.11319)	80.0537 (1.01319)
核心变量	Pvalue	-4.47966 *** (-2.941381)	-2.231835 *** (-5.4724933)	0.393436 * (-1.78094)	-0.983258 * (-3.138405)
	$Pvalue^2$	0.374163 ** (1.804937)	0.154540 *** (3.853603)	—	0.063815 *** (3.614411)
其他控制变量	Year	-2.150834 (-0.890834)	0.97292 (1.125681)	1.092162 *** (2.798748)	0.282696 *** (2.798748)
	Scale	-4.38329 ** (-2.052364)	-0.612019 *** (-2.566606)	0.645805 (0.727462)	2.008215 * (2.027032)
	$Scale^2$	4.05390 (1.0494)	-0.20019 ** (-1.935512)	—	—
	Dummy	5.945153 (1.213876)	-1.101643 (1.024549)	1.482565 *** (3.23013)	1.591783 ** (2.474047)
	Ar (1)	—	—	-0.530181 (-2.404493)	0.999847 (5.519431)
	OBS	52	52	52	52
	R^2	0.464915	0.724193	0.579643	0.619539
	$\overline{R}^2$	0.365190	0.669031	0.479558	0.473107
	F	5.141981	13.12860	5.791502	4.233807
	Durbin-Watson Stat	1.998733	2.339272	2.743322	1.675522

注：***表示在1%水平上显著，**表示在5%水平上显著，*表示在10%水平上显著。

（1）由模型 5-1 的 F 检验来看，Prob（F-statistic）= 0.001506，通过 F 检验。模型 5-3 和模型 5-4 经过了剔除一阶自相关处理，最后模型 5-2、模型 5-3、模型 5-4 的模型拟合相对较好。

（2）在模型 5-1 中，企业年产值（Pvalue）这一变量系数为-4.47966，在1%的水平上显著负相关。企业年产值的平方项（$Pvalue^2$）系数较小，与企业环境行为呈正相关。这说明企业环境行为与企业年产值之间存在"U"形曲线关系，即随着企业年产值的增加，企业环境行为变差而后逐渐优化，由于平方项系数较小，企业产值需要达到一个非常大的产能水平才能使企业环境行为好转，因而企业环境行为优化的速度十分缓慢。

在模型 5-2 中，Pvalue 与环境污染行为呈显著的负相关，$Pvalue^2$ 与企业环境污染呈正相关关系。这种形式说明企业年产值与环境污染行为之间呈"U"形曲线关系，即企业污染行为随着年产值的增加先恶化后好转。

在模型 5-3 中，Pvalue 与环境管理行为在 10% 的显著水平上正相关，这意味着企业随着规模的扩大，企业的环境系统能够得到更好的管理。

在模型 5-4 中，Pvalue 与企业环保投入行为显著负相关，$Pvalue^2$ 与之显著负相关，这种系数形式说明，企业年产值与企业环保投入呈"U"形曲线关系，即产值较小时，随着产值的增加，环保投入减少；随着产值的继续增加，环保投入也逐步加大。

(3) 在模型 5-1 中，企业年龄（Year）对企业环境行为没有显著的影响，其系数为负，一定程度上意味着随着企业年龄的增加会使企业环境行为恶化，但并不具有明显效果。这可能是因为企业建厂时间越长，技术设备较新企业落后，管理层环保意识较为薄弱，致使其环境行为变差，但同时老企业也有更长的时间来更新设备，有资历引进先进人才，这两方面的原因使企业年龄与企业环境行为之间没有直接的影响关系。

在模型 5-2 中，企业年龄（Year）与企业污染行为呈正相关，显著水平较低。

在模型 5-3 中，企业年龄（Year）与企业环境管理行为显著正相关，这说明随着企业年龄的扩大，企业环境管理行为有所提升。

在模型 5-4 中，企业年龄（Year）与企业环保投入行为显著正相关，这意味着随着企业年龄的增长，环保投入会逐渐加大。但由于其系数较小，所以对环保投入行为的影响极其有限。

(4) 在模型 5-1 中，企业规模（Scale）与企业环境行为在 5% 的水平上显著负相关，变量系数较大，为-43.58329，这意味着企业规模对企业环境行为有较大影响。企业规模的平方项（$Scale^2$）系数为正，变量系数值较大。这说明在企业规模较小时，企业环境行为会随着企业规模的扩大而逐步恶化；当规模继续增大时，环境行为会好转，即企业环境行为与企业规模之间存在"U"形曲线关系。这是因为随着企业规模的扩大，企业更有能力达成政府规制的环境目标。

在模型 5-2 中,企业规模(Scale)及其平方项均与环境污染行为呈显著负相关,这说明企业规模的扩大会加重煤炭采选企业的环境污染。

在模型 5-3 中,企业规模(Scale)与企业环境管理行为之间线性关系不显著。

在模型 5-4 中,企业规模(Scale)与企业环保投入行为呈显著正相关,这说明随着企业规模的扩大,企业会增加其环保投入。

(5)在模型 5-1 中,所有制(Dummy)项的系数均为正,表明国有煤炭采选企业环境行为相对其他所有制形式的煤炭采选企业而言做得更好一些。再者是因为国有企业经济实力和环保意识较强,同时群众和企业也更关注国有企业的行为影响,这种外界压力,促使国有企业拥有良好的企业环境行为。

在模型 5-2 中,所有制(Dummy)与企业环境污染行为呈负相关,这说明国有企业的排污在一定程度上高于其他所有制企业。这一分析结果也与现实状况十分符合,部分国有企业污染现象严重,已然成为环境污染钉子户。国有企业虽然拥有更好的管理手段和先进的生产技术,但往往因为地方保护主义局限导致企业追逐经济效益的同时丢弃了环境效益。

在模型 5-3 和模型 5-4 中,所有制(Dummy)对企业环境管理行为和企业环保投入行为均有显著的正向影响,说明国有企业在环保投入和态度上优于其他所有制企业。

根据以上的研究,我们发现,随着企业年产值和规模的不断增加,煤炭采选企业环境行为先恶化而后逐渐好转,与产值之间呈"U"形曲线关系;随着企业规模的扩大,企业污染加重,而环境管理水平和环保投入水平有所提高;国有企业环境行为较好,特别是在环境管理和环保投入方面;企业年龄对企业环境行为没有显著影响。

第6章 生态环境质量差异的影响因素

淮河流域横跨河南、安徽、江苏和山东四省33个地市，由于各地市经济发展水平、工业化发展速度、自然资源禀赋、地理位置和生态环境基础条件等差异较大，生态环境质量的变化态势也不尽相同。另外，考虑到实证检验数据的可得性和选择样本的代表性，本书选择淮河流域所占面积最大、矿产资源最丰富的淮河流域安徽段作为研究区域，系统研究该区域生态环境质量的变化与差异，揭示影响区域生态环境安全的主要因素，为淮河流域生态环境的综合治理、促进区域经济社会和生态环境协调可持续发展提供决策参考。

6.1 淮河流域生态环境质量差异

生态环境质量是指在一定时空范围内，某区域生态系统的总体或部分生态环境因子形成的有机统一体支撑人类社会生存发展的适宜程度。区域生态环境质量常用的测算指标主要有废气排放量、废水排放量、人均固废生产量等。测算区域生态环境差异的方法有绝对差异和相对差异，绝对差异一般通过平均差、标准差和极差来衡量，相对差异一般通过极值差率、洛伦茨曲线、基尼系数、变异系数等来衡量。由于现阶段水环境污染严重制约了淮河流域的发展，本书以安徽淮河流域8个地级市废水排放量为研究对象，分析淮河流域区域环境质量的差异。

由表6-1和图6-1可知，安徽省淮河流域各市生态环境质量存在着明显的差异，以2011年为例，淮南市废水排放总量达到10625.93万吨，是淮北市废水排放量的4倍。其中蚌埠市、滁州市和六安市的废水排放量从2009~2011年呈逐年下降的趋势，而淮南市、宿州市和亳州市2011年废水排放量的增长幅度较大。从总体上看，淮河流域各市生态环境质量波动较大，2009年和 2010 年滁州市废水排放量居首，达到 9145.21 万吨和 7642.56 万吨，亳州市的排放量最低。2011 年，淮南市废水排放量位于第一的位置，淮北市废水排放量为 2654.37 万吨，位于最低水平。从区域角度来看，淮北、亳州和阜阳地区一直保持着低排放，而淮南地区、滁州地区和蚌埠地区近三年的废水排放量均处于较高的水平。

表 6-1 安徽省淮河流域各市近三年废水排放总量

单位：万吨

年份	淮北市	亳州市	宿州市	蚌埠市	阜阳市	淮南市	滁州市	六安市
2011	2654.37	3282.20	7229.13	4370.40	3045.19	10625.93	3972.20	3012.71
2010	1813.13	1527.16	3687.72	5741.81	2575.44	5607.41	7642.56	3435.86
2009	1749.45	1669.28	3146.92	5975.18	2947.25	5778.56	9145.21	5314.85

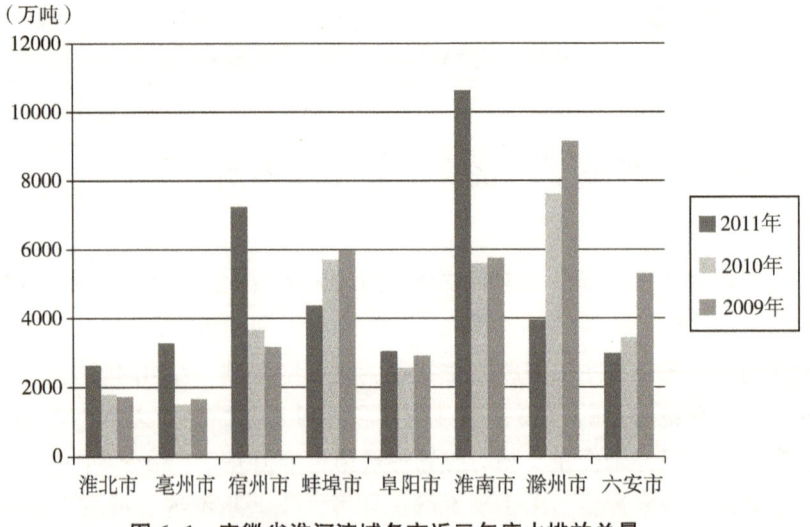

图 6-1 安徽省淮河流域各市近三年废水排放总量

6.2 生态环境差异影响因素的理论模型

选择适当的研究方法对评价区域生态环境质量优劣至关重要。目前，关于

第6章 生态环境质量差异的影响因素

生态环境质量影响因素多采用模糊评价分析法和统计计量分析法。模糊评价分析根据层次分析法进行因素分解，然后采用专家打分评判，受主观影响较大。统计计量分析法多根据经验数据信息，采用多元回归分析法、主成分分析等，本书选取回归分析法研究淮河流域生态环境质量的影响因素。

此外，为提高研究的科学性，本书回归分析法使用的是面板数据，这是因为面板数据同时使用时间维度和空间维度信息数据，使得样本容量更大，便于提供个体差异的多个信息，从而能够有效地解决遗漏变量问题通常面板数据的样本容量更大，进而能够提高分析结果的精确度。

考虑如下面板数据模型：

$$y_{it} = x_{it}'\beta + z_i'\delta + u_i + \varepsilon_{it} \quad (i=1,\cdots,n; t=1,\cdots,T) \tag{6-1}$$

其中，z_i 为不随时间而变的个体特征（即 $z_{it}=z_i$，$\forall t$），如性别；而 x_{it} 可以随个体及时间而变。扰动项由（$u_i + \varepsilon_{it}$）两部分构成。其中，不可观测的随机变量 u_i 是代表个体异质性的截距项，反映了不同个体之间的差别，ε_{it} 为随个体与时间而改变的扰动项。假设 $\{\varepsilon_{it}\}$ 为独立同分布的，且与 u_i 不相关。

u_i 的不同假设将导致最常见的两个面板数据模型。如果 u_i 与某个解释变量相关，此时模型被称为"固定效应模型"（Fixed Effects Model，FE）。如果 u_i 与所有解释变量均不相关，此时模型被称为"随机效应模型"（Random Effects Model，RE）。一般地，在实际回归分析过程中，大多遇到的是固定效应模型，很少遇到随机效应模型，不过必须通过数据检验来判断是应该采用随机效应还是固定效应模型。

6.2.1 固定效应模型

（1）固定效应模型的形式。如果 u_i 与某个解释变量相关，则得到固定效应模型为：

$$y_{it} = u_i + x_{it}'\beta + z_i'\delta + \varepsilon_{it} \tag{6-2}$$

如果在式中引入（n-1）个虚拟变量（如果没有截距项，则引入 n 个虚拟变量）来代表不同的个体，模型可以写成：

$$y_{it} = d_i u_i + x_{it}'\beta + z_i'\delta + \varepsilon_{it} \tag{6-3}$$

其中，d_i 是一个虚拟变量，因此固定效应模型也被称为最小二乘虚拟变量模型（LSDV）。以上固定效应模型没有考虑时间效应，被称为"单向固定效应"。如果将"时间"引入模型，则称为"双向固定效应"，引入一个时间趋势项得：

$$y_{it}=u_i+x_i'\beta+z_i'\delta+\gamma t+\varepsilon_{it} \tag{6-4}$$

其中，时间趋势项 γt 仅依时间而变化，而不依个体而变化。

（2）固定效应模型的估计。对于固定效应模型，给定 i 个个体，将式（6-2）两边对时间取平均可得：

$$\bar{y}_i=u_i+\bar{x}_i'\beta+z_i'\delta+\bar{\varepsilon}_i \tag{6-5}$$

将式（6-2）减去平均后的式（6-5）可得到原模型的离差形式：

$$(y_{it}-\bar{y}_i)=(x_{it}'-\bar{x}_i')\beta+(\varepsilon_{it}-\bar{\varepsilon}_i) \tag{6-6}$$

定义 $\tilde{y}_{it}=y_{it}-\bar{y}_i$，$\tilde{x}_{it}=x_{it}'-\bar{x}_i'$，$\tilde{\varepsilon}_{it}=\varepsilon_{it}-\bar{\varepsilon}_i$，则：

$$\tilde{y}_{it}=\tilde{x}_{it}\beta+\tilde{\varepsilon}_{it} \tag{6-7}$$

由于式（6-7）中已将 u_i 消去，故只要 $\tilde{\varepsilon}_{it}$ 与 $\tilde{x}_{it}$ 不相关，则可以用 OLS 一致地估计 β，称为"固定效应估计量"，记为 $\hat{\beta}_{FE}$。由于 $\hat{\beta}_{FE}$ 主要使用了每个个体的组内离差信息，故也称为"组内估计量"。

6.2.2 随机效应模型

（1）随机效应模型的形式。与固定效应不同的是，随机效应模型假定 u_i 与 ε_{it} 同为随机变量，故 OLS 估计是一致的。然而，由于扰动项由（$u_i+\varepsilon_{it}$）组成，同一个体不同时期的扰动项之间存在自相关，因此 OLS 估计不是最有效率的。

$$\text{cov}(u_i+\varepsilon_{it},u_i+\varepsilon_{is})=\begin{cases}\sigma_u^2, & \text{若 } t\neq s \\ \sigma_u^2+\sigma_\varepsilon^2, & \text{若 } t=s\end{cases} \tag{6-8}$$

其中，σ_u^2 为 u_i 的方差（不随 i 变化），而 σ_ε^2 为 ε_{it} 的方差（不随 i，t 变化）。

（2）随机效应模型的估计。随机效应模型可以使用可行广义最小二乘法（FGLS）来估计，得到"随机效应估计量"，记为 $\hat{\beta}_{RE}$。具体来说，用 OLS 来估计以下"广义离差"模型：

$$(y_{it}-\hat{\theta}\bar{y}_i)=(x_{it}'-\hat{\theta}\bar{x}_i')\beta+(1-\hat{\theta})z_i'\delta+[(1-\hat{\theta})u_i+(\varepsilon_{it}-\hat{\theta}\bar{\varepsilon}_i)] \tag{6-9}$$

其中，$\hat{\theta}$ 是 $\theta=1-\dfrac{\sigma_\varepsilon}{(T\sigma_u^2+\sigma_\varepsilon^2)^{1/2}}$ 的一致估计量。式（6-9）的扰动项不再有

第6章 生态环境质量差异的影响因素

自相关。显然，$0 \leq \theta \leq 1$，如果 $\hat{\theta}=0$，则为混合回归，如果 $\hat{\theta}=1$，则为组内估计量，如果进一步假设扰动项服从正态分布，则可以使用最大似然估计法进行估计。

6.2.3 Hausman 检验

由于存在两种模型——固定效应模型与随机效应模型，所以在检验模型的过程中，是使用固定效应模型还是使用随机效应模型，格林勒（Greene）在1979年介绍了常用的检验方法：豪斯曼（Hausman）在1978年提出的 Hausman 检验法（Hausman Test）。Hausman 检验法其实是一种 Wald 检验法（Wald Test）。

在处理面板数据时，究竟应该使用固定效应模型还是随机效应模型是一个根本问题。为此，希望检验原假设"H_0：u_i 与 x_{it}，z_i 不相关"（即随机效应模型为正确模型）。无论原假设成立与否，FE 都是一致的。然而，如果原假设成立，则 RE 比 FE 更有效。但如果原假设不成立，则 RE 不一致。因此，如果 H_0 成立，则 FE 与 RE 估计量将共同收敛于真实的参数值，故 $(\hat{\beta}_{FE}-\hat{\beta}_{RE}) \xrightarrow{P} 0$。反之，如果两者的差距过大，则倾向于拒绝原假设。Hausman 检验法的统计量为：

$$(\hat{\beta}_{FE} - \hat{\beta}_{RE})'[\widehat{Var(\hat{\beta}_{FE}) - Var(\hat{\beta}_{RE})}]^{-1}(\hat{\beta}_{FE} - \hat{\beta}_{RE}) \xrightarrow{d} X^2(K) \quad (6-10)$$

其中，K 为 $\hat{\beta}_{FE}$ 的维度，即 x_{it} 中所包含的随时间而变的解释变量个数，如果该统计量大于临界值，则拒绝原假设 H_0。

6.3 淮河流域生态环境差异影响因素的实证分析

6.3.1 指标的选取

实践证明，区域生态环境质量的变化是人类社会政治、经济、文化、科技，以及自然环境自身因素综合作用的结果，其过程影响因素繁杂，应坚持"突出重点，抓紧主要矛盾"的原则选择恰当的指标体系，具体地说：①要选择能够反映生态环境本质特征，且能够凸显淮河流域生态环境的特殊性和普遍性特征的指标。②所选择的指标要易于推广应用，便于量化，既要选择社会发展阶段性指标，又要选择纵向的连续性和可比性指标。③选择具有相对独立性的指标，避免指标信息的重叠和重复。④要力求全面客观性，尽量选择能全面、准确地反映各方面影响因素的指标。

6.3.2　数据来源

影响区域生态环境质量差异的因素很多，如自身生态环境质量的基础、GDP、产业结构、生产技术、资源优势、政策等。在模型建立过程中，忽视任何一个因素而强调其他因素的作用往往会导致估计和推断结果不准确。根据已有的参考文献及淮河流域生态环境的现状，在充分考虑各方面因素之后，本节选择了影响淮河流域区域生态环境质量差异的主要因素，包括社会经济发展指标（国民生产总值、第三产业比重、城镇化水平）和环境治理指标（废水排放达标率、林业用地面积）。另外，根据第3章的研究成果，选取安徽省淮河流域8个市生态环境质量综合得分并经过相应的数据处理作为被解释变量。

国民生产总值（GDP）是影响衡量经济增长的主要指标，而经济增长势必会影响到生态环境质量的变化，这也是符合本节主旨的。

第三产业比重（PI3）主要衡量的是产业结构的现状，通过这项指标可以发现产业结构的变化与生态环境质量的关系。

城镇化水平（CI）在生态环境质量变化中也具有重要作用，城市化过程中带来的生态环境的破坏以及修复都是需要考量的。本节以非农业人口占总人口的比重来表示城镇化水平。

废水排放达标率（DB）在此替代技术水平，废水排放达标的程度可以说明在环境保护技术水平的高低。

林业用地面积（LY）用于考量各市在政策导向、政府意愿上去改善生态环境质量的努力程度。

本节对淮河流域生态环境差异分析所需的以上变量的数据主要来自2006～2011年的安徽省统计年鉴、各市的环境质量状况公报和政府工作报告等，部分指标由于各年份统计口径不统一而略有差别。

6.3.3　实证结果与分析

在处理区域生态环境质量差异影响因素的面板数据时，究竟使用固定效应模型还是随机效应模型，这是一个基本问题。为此，我们首先进行Hausman检验，图6-2显示的是Hausman检验的结果。由图6-2可以看出，使用固定

第6章 生态环境质量差异的影响因素

效应模型对淮河流域各地的生态环境质量差异进行分析。

```
Note: the rank of the differenced variance matrix (5) does not equal the number
      of coefficients being tested (6); be sure this is what you expect, or
      there may be problems computing the test. Examine the output of your
      estimators for anything unexpected and possibly consider scaling your
      variables so that the coefficients are on a similar scale.

              ——— Coefficients ———
                (b)         (B)         (b-B)       sqrt(diag(V_b-V_B))
                FE          RE          Difference  S.E.

      lngdp   .1032689    .1018967    .0013722    .0473562
      lnpi3   .1730829    .3263461   -.1532632    .1481232
      lnci   -1.1042      .0960769   -1.200277    .4072146
      lndb    .3769089    .0916027    .2853062    .0813353
      lnly   -.0126759    .0088095   -.0214854    .0212924
      _cons   2.525611   -.4242642    2.949875    1.321906

                        b = consistent under Ho and Ha; obtained from xtreg
         B = inconsistent under Ha, efficient under Ho; obtained from xtreg

    Test:  Ho:  difference in coefficients not systematic

                 chi2(5) = (b-B)'[(V_b-V_B)^(-1)](b-B)
                         =    23.77
               Prob>chi2 =     0.0002
```

图6-2 Hausman检验结果

根据前文所选的指标数据，我们进一步对安徽省淮河流域8个市生态环境质量差异的影响因素进行分析，估计结果如图6-3所示。

根据固定效应模型的输出结果，可以看出各变量对生态环境质量的影响关系。由图6-3可以看到，社会经济发展和环境治理两项指标都在一定程度上导致生态环境质量的差异。

(1) 经济增长GDP的指标系数为0.1且显著，表明现阶段淮河流域地区生态环境质量与经济增长呈显著正相关。GDP高反映了区域经济发展水平的程度大，经济具有活力。只要保持好经济发展与自然环境协调的状态，经济的增长就会促进生态环境质量的提高。

(2) 第三产业比重的系数为0.17，生态环境质量与第三产业产值占总产值比例呈正相关，但是并不显著，表明现阶段第三产业比重并不是导致各地区生态环境质量差异的主要因素。

```
Fixed-effects (within) regression               Number of obs      =         56
Group variable: local                           Number of groups   =          8

R-sq:  within  = 0.2912                         Obs per group: min =          7
       between = 0.1482                                        avg =        7.0
       overall = 0.0556                                        max =          7

                                                F(5,43)            =       3.53
corr(u_i, Xb)  = -0.9967                        Prob > F           =     0.0092

-------------------------------------------------------------------------------
       lnzh |      Coef.   Std. Err.      t    P>|t|     [95% Conf. Interval]
-------------------------------------------------------------------------------
      lngdp |   .1032689   .0459546     2.25   0.030     .0105926    .1959452
      lnpi3 |   .1730829   .1460927     1.18   0.243    -.1215412     .467707
       lnci |   -1.1042    .3164945    -3.49   0.001    -1.742472   -.4659281
       lndb |   .3769089   .1734648     2.17   0.035     .0270838    .726734
       lnly |  -.0126759   .0196481    -0.65   0.522    -.0523001    .0269483
       _cons|   2.525611   1.337185     1.89   0.066     -.171079      5.2223
-------------------------------------------------------------------------------
    sigma_u |  .65990864
    sigma_e |  .04911206
        rho |  .9944918   (fraction of variance due to u_i)
-------------------------------------------------------------------------------
F test that all u_i=0:     F(7, 43) =      5.74              Prob > F = 0.0001
```

图 6-3　固定效应模型检验结果

（3）城镇化水平指标的系数为-1.1，影响系数较大，且通过显著性检验，表明生态环境质量与城镇化水平呈显著的负相关。这反映淮河流域城镇化虽然提高了人民生活水平、促进了产业结构升级优化，但是也增加了能源资源消耗、环境污染排放和生态环境承载力。因此，城镇化率及发展规模对生态环境质量具有重要影响。

（4）废水达标率的回归系数为 0.38，且在 5% 的水平上显著，表明废水处理能力越高的地区生态环境质量越好。工业废水达标率的提高是治理环境污染的根本，因此必须确保工业废水处理资金投入与经济增长同步增加，积极引导社会资本投向环保，大力提高废水的处理能力。

（5）林业用地面积的回归系数并不显著，理论上说，林地面积应对生态环境质量具有影响，但由于淮河流域林业规模相对于其他影响因素来说干扰性较小，因此从总体上它对生态环境质量的影响不显著。

综上分析，显著影响生态环境质量差异的社会经济因素中，城镇化水平高的地区生态环境质量的恶化程度越大，而 GDP 越高的地区生态环境质量越好。

第6章　生态环境质量差异的影响因素

在环境治理因素中，废水达标率的提高有助于提升地区生态环境质量。

淮河流域自然资源丰富，如矿产资源丰富，以煤炭资源最多，但主要集中在安徽的淮南、淮北等地区，这些地区的工业也因有丰富的矿产资源而偏重单一能源，容易破坏环境，从而导致淮河流域各地之间的生态环境质量水平差异较大，最终导致各地的经济发展产生差异。另外，淮河流域各地间的自然环境基础也存在较大差距，这导致了淮河流域的生态环境质量具有显著的区域性。

第7章 生态环境承载力的实证分析

7.1 生态环境承载力研究的理论基础

7.1.1 生态环境承载力内涵

(1) 承载力。承载力是一个起源于古希腊时代的古老概念，最初用于工程地质领域，指地基或房屋建筑所能承受建筑物荷载的最大能力。后来人们把工程地质领域的"承载力"概念引入经济社会领域，提出了诸如区域经济承载力、城市承载力和生态环境承载力等概念，主要是用来描述某些经济社会活动的承受能力。

(2) 生态环境承载力。生态承载力一词是随着可持续发展理论应运而生的生态经济学重要专业属语。生态环境承载力是一个包含资源、环境要素的综合承载力概念。资源系统、环境系统、经济系统三者相互作用，互为影响因素，如图7-1所示。经济系统的发展离不开各种资源的支撑，在资源的消耗过程中，又会给大气环境、土壤环境以及水环境造成一定的影响。经济社会的发展不免会给环境承载系统带来一定的压力，当环境遭到污染，那么环境将反作用于经济系统，限制其可持续发展。当社会经济要素中的环保投入增加、环保意识增强时，环境系统的承载力将有所改善；同样对于资源系统，资源的优化配置以及科技进步将有助于带动新资源的发现，进而有利于资源承载力的提高。

生态环境承载力概念的提出，和资源承载力、环境承载力这两个单要素承载力有着密切的内在联系。生态环境承载力是指某区域在一定的时期内，在确保资源合理开发利用和生态环境良性循环的条件下，资源环境能够承载的人口

第7章 生态环境承载力的实证分析

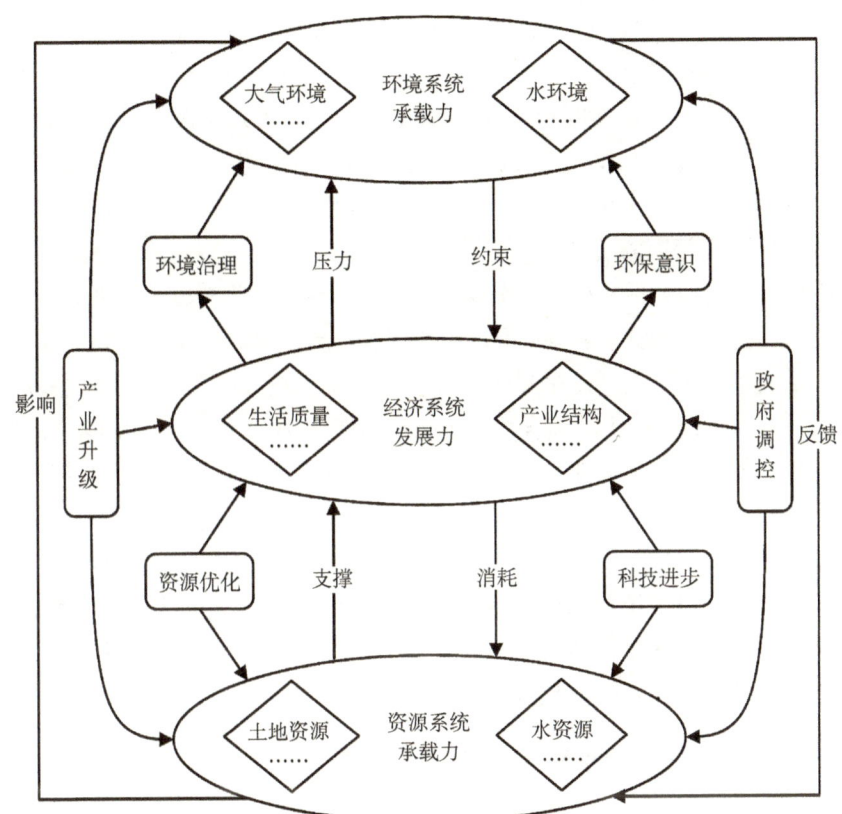

图 7-1 资源、环境系统与经济系统的相互关系

数量及相应的经济社会总量的能力①。从可持续发展战略和促进经济与资源环境协调发展的高度看，对某个区域的生态环境承载力进行分析，即指在某个特定的时空条件下通过定性和定量相结合的方法来衡量区域资源环境系统对社会经济的承受能力。生态环境承载力是经济社会与资源环境系统之间的纽带，其特点主要表现在以下四个方面：

①客观性与主观性并存。客观性指生态环境承载力的高低极易因人类活动的作用而发生变化，即其变化结果是客观的；主观性指促成这种变化的外力及方向是由人类社会的主观意志所控制的，包括采用何种标准和量化方法去衡量等。客观性还表现在生态环境承载力是可测度的，而主观性则是指由于影响生态环境承

---

① 郑少春. 论资源环境约束和福建区域创新体系建设 [J]. 中共福建省委党校学报, 2010 (10).

载力的因素多样，不可避免地使其量化评价标准和计算方法带有一定的主观色彩。

②确定性与变动性并存。确定性指生态环境承载力在某个特定的时期、特定的区域及特定的活动强度和科技水平条件下，承载力的强弱是相对确定的。而变动性指在上述条件发生变化时资源生态承载力也将随之改变。因此在研究生态环境承载力时，要求我们具体问题具体分析，充分考虑到地区特色、量化方法及指标体系等因素的结合。

③层次性与综合性并存。层次性指资源环境系统是具有多层次的有机系统，包括大气环境、水环境、土地资源、矿产资源、森林草场、交通环境等子系统，各个子系统相对独立，可以单独研究各个子系统。从另一个角度，生态环境承载力的最高层次也反映了其综合性。生态环境承载力的综合数值反映了高度浓缩的信息，便于人们从宏观层面上对社会经济活动的影响加以认识和指导。

④动态性与可控性并存。动态性指生态环境承载力会随着资源环境系统功能的变化而变化。这种变化主要来自两个方面：一是资源环境系统自身的运动演变；二是人类对资源的利用及环境的开发。可调控性主要指生态环境承载力的变化会通过指标体系数值的变化来体现，人类可以通过研究生态环境承载力指标体系数值的变化来研究地区生态环境承载状态。

7.1.2 生态环境承载力研究的理论依据

（1）资源稀缺理论。资源稀缺是伴随着人类对自然资源的掠夺性开采和无限制占用而提出来的，资源稀缺性表现为由于资源有限性使人们不能无限占有和使用资源，从而引起资源价值的存在。随着经济和人口的不断增长，特别是进入工业化社会对自然资源消费的不断增加，人们越来越感受到人口数量或早或迟将超过自然资源所能承受的水平。对此，马尔萨斯在《政治经济学原理》中作精辟论述，马尔萨斯认为，无论是资源数量的有限性还是经济上的稀缺性，都是必然存在的，而且是绝对的，如果人类不尽早控制对自然资源的无限制占用，自然生态环境将面临极大破坏，反过来会给人类带来巨大的灾难。

不过，新古典经济学的乐观派却持反对意见，认为市场机制价值规律的杠杆作用可以解决资源与可持续发展的矛盾，资源越稀缺则该种资源的价格就越高，从而增加了人们使用该种资源的成本，这将促使人们去改进技术发明以节约这种资源或是寻找替代品，从而避免马尔萨斯资源绝对稀缺悲剧的发生。

（2）增长极限理论。古典经济学家的资源稀缺理论是基于社会经济对资

第7章 生态环境承载力的实证分析

源的需求来考虑的，它含有对资源自然供给极限的认识，但它所强调的并不是自然极限本身，而是对经济的影响、对劳动力和资本投入的报酬和收益的影响。

1972年，受罗马俱乐部的委托，梅多斯等人出版了《增长的极限》，运用电子计算机技术，计算世界人口增长对经济所造成的影响，认为当前对世界经济影响最大的是人口增长、粮食供应短缺、资本投资、环境污染、资源枯竭五大因素；而且这五大因素都是指数增长，他们进而提出了"经济增长极限论"。根据增长极限观点，一定社会条件下人类能够开发利用的自然资源有一个量限，自然环境能够承受的人类经济活动排放的废弃物也有量限，如果超过这个量限，即超出了生态环境的承载能力，大自然将无法自动恢复，这就是说，经济增长具有极限。

（3）人与自然的和谐理论。美国学者乔治·马什在《人与自然》中首次提出了人与自然和谐相处的观念，其主要内容是：①自然界是一个整体，自然资源是由有机生命体和无机物质组成的一个整体的"物质王国"，它已形成一种牢靠的平衡状态。②自然界自身有着稳定性和抗逆性的特征。稳定性和抗逆性是生态系统的重要特征，尽管生态系统概念在20世纪30年代才出现，但其特征已为马什所揭示。正如马什指出的那样，只要排除人类的敌意活动，由稳定性和抗逆性所形成的自然界均衡，将会永远存在下去。③人类活动对自然带来极大的破坏，自然均衡状态的破坏，将会使地球降低其生产力，造成其表面破碎、凌乱，气候变得异常、极端，从而威胁人类的生存。因此，人类对自然资源的掠夺性开发利用将最终受到大自然的惩罚。④人类对于自然有着破坏性的力量，但人类是可以避免采用这一力量的。人类对自然不应抱有敌意，不能试图征服自然，而应当认识并顺从自然，寻求一种人与自然互相依存的和谐状态。

人与自然和谐的现实意义：①有利于促进可持续发展，实现经济发展与人口、资源、环境相互协调。在人与自然的关系方面，人类的发展有赖于自然的和谐发展，自然的发展也有赖于人类的科学发展，人类应自觉以自然界的生态平衡规律来规范人与自然的关系，把生产、消费方式置于生态系统所能承受的范围内，维护人与自然和谐，维护人—自然系统的平衡。②有利于构建社会主义和谐社会，人与自然和谐的规定性要求包括生产发展、生活富裕、生态良好。人的生存和发展受到自然条件的制约，由于资源和市场的双重限制，提高社会的经济发展水平要求用"资源—产品—消费—再生资源"物质反复流转的循环经济取代传统的线型经济，使资源在不断进行的经济循环中得到合理、高效、持久的利用，达到生态建设与经济发展的"双赢"局面。

（4）共有资源及外部性。共有资源是指任何人都可以自由得到的资源，它的特点是竞争性和非排他性。当一种共有资源，如水资源，每个企业在经济活动中都可以无限制地使用它，那么每个企业用水量的效益最大化点就是其用水的边际收益与边际成本相等时。由于水是共有资源，根据古典经济学理论，企业的排污并不构成生产成本。如此，企业的私人成本将会低估对社会的真实成本，因为企业污水的任意排放将给环境带来影响、使政府的环保投入增加等。如果企业在用水时考虑到了社会的真实成本，那么根据边际社会成本等于边际收益可以得到水资源利用的有效点 F^*，如图7-2所示。

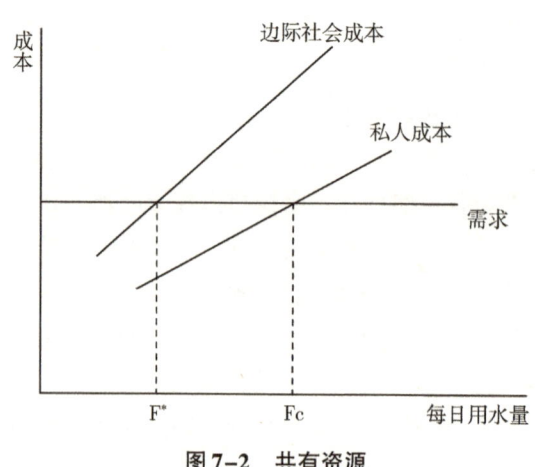

图 7-2　共有资源

边际社会成本由私人成本和边际外部成本组成，由于企业几乎不承担用水所带来的边际外部成本，那么企业就会一直利用到点 Fc，这时企业的私人成本等于所产生的额外收益，然而这一利用水平超过了有效水平 F^*。在 Fc 点边际社会成本远大于企业的私人成本。

由于企业经济活动产生的私人成本与社会成本的差异未反映在企业的生产成本中，因此形成了企业经济活动的外部成本，即我们通常所说的负外部性。负外部性造成了资源配置效率的下降。英国著名经济学家庇古在其代表作《福利经济学》中提出了庇古税方案，认为政府可以采取征税的方式将污染物成本加到产品价格中去，将外部成本通过征税形式使之企业内部化。科斯提出了解决上述外部性问题的新思路，即明确界定产权和交易产权。科斯定理认为,如果产权得到明确界定且协商或谈判等活动发生的交易成本为零或很小,那么在有外部性效应的市场上,无论所涉及资源的产权属于哪一方,交易双方总能够通过协商谈判达到资源配置的有效状态。政府无须对外部性经济影响进行直接的调节,所要做的就是明确施加和接受外部成本或利益当事人双方的产权。以庇古税和排污权交易为核心的污染治理政策在环境保护方面起到了积极的作用,但是庇古税和排污权交易只是末端治理模式的体现,不能完全适应人与自然和谐发展的环境污染治理要求。

(5)可持续发展理论。可持续发展是指既满足当代人的需要,又不损害后代人满足其需求能力的发展。可持续发展具有两层含义:一是经济增长必须满足当前全人类的需求,特别是穷人的基本需求;二是经济增长必须满足人类未来的需要,即当代人类不能吃光未来人类的饭。可持续发展强调三个主题:代内公平、代际公平、经济社会—生态环境和谐。可持续发展要求人类必须彻底改变对自然界的传统观念,建立新的道德标准和价值标准,不再把自然看作人类主宰和征服的对象,而将其视为人类生命的源泉和价值源泉。

1994年3月,我国政府发表的《中国21世纪议程——中国21世纪人口、环境与发展白皮书》提出了促进经济、社会、资源与环境相互协调和可持续发展的总体战略、对策以及行动方案。可持续发展战略要求摒弃片面追求经济增长的发展理念,强调自然资源高效利用,最大限度地降低污染排放,即大力发展绿色GDP。可持续发展的实质就是人与自然和谐相处,实现经济增长与生态环境统筹协调,走生产发展、生活富裕、生态良好的文明发展道路。因此,按照可持续发展理论,研究生态环境承载力是学术界需要解决的重要课题。

7.2 生态环境承载力评价方法

本节将在7.1节基础理论的指导下,展开对生态环境承载力评价方法的研究。生态环境承载力评价指标体系及评价方法是准确度量和分析地区生态环境承载状况的重要工具。生态环境承载力的评价是一个系统工程,它涉及经济系统、资源系统、环境系统等方面。影响区域生态环境承载力的因素多样复杂,且要素之间相互作用,因此选取合适的指标体系、采用合理的评价方法至关重要。

7.2.1 生态环境承载力评价指标体系设计

(1) 指标体系构建原则。一是科学性原则。科学性要求所选取的各项评价指标应能够充分反映生态环境承载力的内在机制，能够如实反映被研究区域资源环境系统的基本情况。科学性要求指标概念明确，测算方法标准，统计方法规范。指标体系的构建过程中应将科学性原则作为选取指标的首要原则。如果选取的指标缺乏科学性，那么后续工作将无法得到保障，最终结果的正确性也将受到较大的影响。

二是完备性原则。为了较为全面地说明区域生态环境承载力的大小，必须选取足量的评价指标。完备性要求指标体系应能全面地反映和测度生态环境承载力的各个方面，既要包含能够表现该区域资源环境要素基本情况的主要指标，又要能反映该区域居民生活和经济社会活动对资源环境系统的需求和压力。本节要求的完备性并非绝对意义上的完备性，而是指能够在较高的可靠度下保证评价的有效性即可，并非要求指标体系涉及所有项目。

三是区域性原则。区域性原则要求指标体系的设计要考虑到生态环境承载力的区域差异性，考虑到研究区域经济系统与资源环境系统相互作用的个性特征，区分相关指标的区域特殊性，将带有该区域特色的评价指标纳入该区域的生态环境承载力评价指标体系中。

四是代表性原则。代表性原则是完备性原则的补充，要求所选取的评价指标要能恰如其分地反映淮河流域生态环境承载力情况，能真实代表生态环境承载力各个影响因素。

(2) 指标体系构建说明。生态环境承载力指资源环境能够承载的人口数量及相应的经济社会总量的能力，因此区域生态环境承载力高低与区域经济的发展有着密切联系，经济的发展水平是影响生态环境承载力高低的主要因素。本节从经济发展力、生态环境承载力两个方向分别构建指标体系，两个指标体系既相互独立又相互联系，为区域生态环境承载状况这一研究目标下的两个不同的系统，称为系统层。其中经济发展力系统包括经济实力、产业结构、人民生活 3 个指数层；生态环境承载力包括资源支撑、资源消耗、人口增长、环境污染和环境治理 5 个指数层。由此得到如图 7-3 所示的由 8 个指数层包括 23 个具体的指标层组成的资源环境承载状况评价指标体系。

第7章 生态环境承载力的实证分析

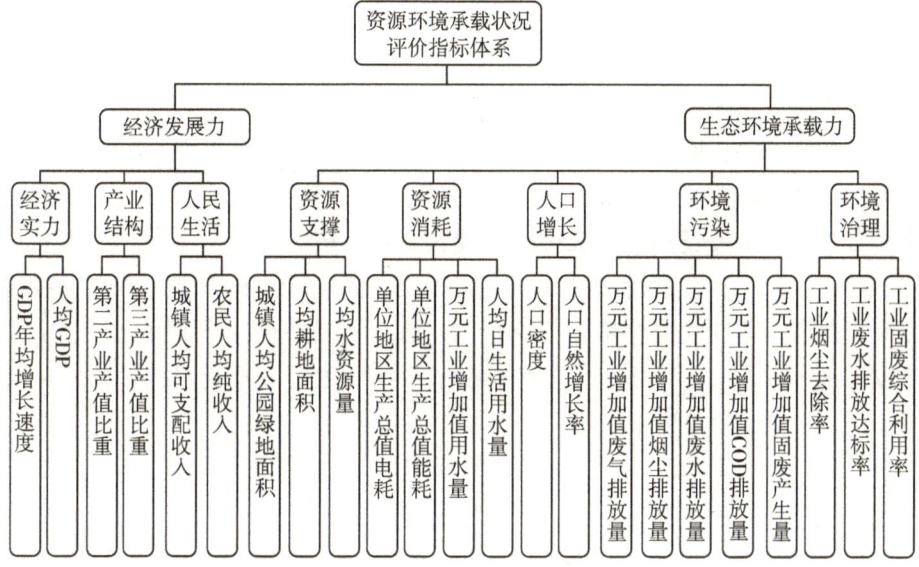

图7-3 资源环境承载状况评价指标体系

一是经济发展力。主要包括经济实力指数、产业结构指数、人民生活指数三个方面。

经济实力指数指标包括GDP年均增长速度和人均GDP两项指标。①GDP年均增长速度：按可比价计算的GDP速度，剔除了价格变化的因素，可以较好地反映社会最终产品的实际增长变化。经济增长是促进经济发展和社会进步、提高国家或地区竞争力的核心，经济增长速度是各国或地区分析评价经济形势的首选指标。因此本节选取GDP年均增长速度来衡量地区的经济发展状况。②人均GDP：为GDP除以人口基数。比起GDP，人均GDP更能体现地区的发展水平。人均GDP的变化反映了地区经济的发展状况，因此本节将其作为衡量经济发展力的重要指标。

产业结构指数指标包括第二产业产值比重和第三产业产值比重两项指标。①第二产业产值比重：指第二产业的产值占国内生产总值的比例。第二产业指工业（包括采掘业，制造业，电力、煤气及水的生产和供应业）和建筑业。该指标用以反映经济发展中的产业结构问题，特别是地区的工业化程度。②第三产业产值比重：指第三产业的产值占国内生产总值的比例。第三产业包括流通部门、为生产和生活服务的部门、为提高科学文化水平和居民素质服务的部门及为社会公共需要服务的部门。该指标反映了经济发展中的产业结构问题，是衡量经济结构是否优化的重要指标。

人民生活指数指标包括城镇人均可支配收入和农民人均纯收入两项指标。①城镇人均可支配收入：指镇居民可用于最终消费支出和其他非义务性支出以及储蓄的总和，即居民可用来自由支配的收入。该指标是反映居民实际收入的指标，该指标值越高意味着城镇市民的购买力及生活水平越高，也意味着城镇的经济发展水平越高。②农民人均纯收入：指按农村人口平均的"农村居民家庭纯收入"，纯收入指农村住户当年从各个来源得到的总收入相应地扣除所发生的费用后的收入总和，主要用于再生产投入和当年生活消费支出，也用于储蓄和各种非义务性支出。该指标反映了一个地区农村居民的平均收入水平，反映了农村经济发展状况。

二是生态环境承载力。主要包括资源支撑指数、资源消耗指数、人口增长指数、环境污染指数和环境治理指数五个方面。

资源支撑指数指标包括城镇人均公园绿地面积、人均耕地面积、人均水资源量三项指标①。①城镇人均公园绿地面积：指城镇公园绿地面积总和的人均占有量。随着城镇化和工业化的不断推进，城市的建设用地不断攀升，占用了原有的绿地面积，因此将该指标纳入生态环境承载力的研究中很有必要，该指标是衡量一个城市绿化水平的重要指标。②人均耕地面积：土地总量的多少并不能反映其稀缺程度和利用潜力，为反映一个地区土地资源的真实充裕程度，本节以人均耕地面积衡量地区土地资源的充裕程度，人均耕地面积指一个国家或行政区内所有人口平均每人占有的耕地面积。③人均水资源量：水资源是指在一定时期的经济技术条件下，人类可以用有经济意义的方式利用的、当年可更新的地表和浅层地下淡水资源。水资源具有广泛的用途，各个部门的生产活动离不开水，人类维持生存和提高生活质量更是离不开水。人均水资源量是水资源总量比上人口总数。人均水资源量越大，说明地区水资源越充足，越能够支撑社会经济的发展。

资源消耗指数指标包括单位地区生产总值电耗、单位地区生产总值能耗、万元工业增加值用水量、人均日生活用水量四项指标。①单位地区生产总值电耗：指在一定时期内，一个国家或地区每生产一个单位的国内生产总值所消耗的电力，该指标反映了地区社会经济发展的能源消耗强度。②单位地区生产总

---

① 王欢. 哈尔滨市环境承载力评估与研究 [D]. 东北林业大学硕士学位论文, 2009.

第7章 生态环境承载力的实证分析

值能耗：指一定时期内一个国家或地区每生产一个单位的国内生产总值所消耗的能源，该指标能直接综合反映能源消费所获得的经济成果，反映了经济发展对能源的依赖程度。③万元工业增加值用水量：该指标中用水量包括工业新鲜用水量及重复用水量，该指标指每创造1万元工业增加值所消耗的用水量，反映了工业生产对水资源的利用强度。④人均日生活用水量：指人均每天为满足生活需要的用水量，人均日生活用水量主要受居民生活方式和社会经济地位的影响。该指标反映了居民生活对水资源的利用程度。

人口增长指数指标包括人口密度和人口自然增长率两项指标。①人口密度：指单位面积土地上居住的人口数，它是表示一个国家或地区人口疏密程度的指标。②人口自然增长率：指在一定时期内一定地区的人口自然增加数（出生人数减死亡人数）与同期平均人数之比，一般用千分率表示。

环境污染指数指标包括万元工业增加值废气排放量、万元工业增加值烟尘排放量、万元工业增加值废水排放量、万元工业增加值COD排放量、万元工业增加值固废产生量五项指标。①万元工业增加值废气排放量：工业废气排放量指企业厂区内燃料燃烧和生产工艺过程中产生的各种排入空气的含有污染物的气体总量。该指标是指每创造1万元工业增加值所排放的废气量，反映了企业经济活动对大气环境的影响。②万元工业增加值烟尘排放量：指每创造1万元工业增加值所排放的烟尘量，空气中的烟尘量会直接影响到我们的生态环境，尽管环境可以自行化解掉一定量的烟尘，但超过一定量势必给环境带来威胁。因此本节将其纳入衡量生态环境承载力的指标体系中。③万元工业增加值废水排放量：指每创造1万元工业增加值排放的废水量，而工业废水排放量指经过企业厂区所有排放口排到企业外部的工业废水量。该指标值越大，说明社会经济活动对环境造成的压力越大。④万元工业增加值COD排放量：指每创造1万元工业增加值所产生的工业废水COD排放量，COD即化学需氧量，是指在一定条件下，采用一定的强氧化剂处理水样时所消耗的氧化剂，它是表示水中还原性物质多少的一个指标。⑤万元工业增加值固废产生量：工业固体废弃物产生量为企业在生产过程中产生的固体、半固体和高浓度液体状废弃物的总量。该指标指每创造1万元工业增加值所产生的固体废弃物，反映了经济发展过程中特别是工业化过程中固体废弃物的产生量对环境的影响。

环境治理指数指标包括工业烟尘去除率、工业废水排放达标率、工业固废综合利用率三项指标。①工业烟尘去除率：工业烟尘去除量是指报告期内企业利用各种废气治理设施去除的烟尘量。工业烟尘去除率=工业烟尘去除量÷工业烟尘产生量×100%。工业烟尘去除率是反映大气环境及环境治理的一个重要指标,该指标越高,说明污染物的治理率越高。②工业废水排放达标率:工业废水排放达标量指报告期内废水中各项污染物指标都达到国家或地方排放标准的外排工业废水量。工业废水排放达标率指工业废水排放达标量占工业废水排放量的百分率。③工业固废综合利用率:指工业固体废物综合利用量占工业固体废物产生量(包括综合利用往年储存量)的百分率,计算公式为:工业固体废物综合利用率=工业固体废物综合利用量÷(工业固体废物产生量+综合利用往年储存量)×100%。各指标的评价单位如表7-1所示。

表7-1 生态环境承载状况评价指标单位

系统层	指数层	指标层	单位
资源环境承载状况	经济发展力	GDP年均增长速度	%
		人均GDP	元/人
	经济实力		
	产业结构	第二产业产值比重	%
		第三产业产值比重	%
	人民生活	城镇居民人均可支配收入	元/人
		农村居民人均纯收入	元/人
	资源支撑	城镇人均公园绿地面积	平方米/人
		人均耕地面积	平方米/人
		人均水资源量	立方米/人
	资源消耗	单位地区生产总值电耗	千瓦小时/万元
		单位地区生产总值能耗	吨标准煤/万元
		万元工业增加值用水量	立方米/万元
		人均日生活用水量	升/人
	生态环境承载力		
	人口增长	人口密度	人/平方千米
		人口自然增长率	‰
	环境污染	万元工业增加值废气排放量	万标立方米/万元
		万元工业增加值烟尘排放量	吨/万元
		万元工业增加值废水排放量	吨/万元
		万元工业增加值COD排放量	吨/万元
		万元工业增加值固废产生量	吨/万元
	环境治理	工业烟尘去除率	%
		工业废水排放达标率	%
		工业固废综合利用率	%

7.2.2 基于加权改进的 Topsis 评价方法

影响地区生态环境承载力的因素众多，因此在研究过程中选择合适的评价方法至关重要。本节采用加权改进的 Topsis 法（逼近理想解排序法），该方法由 Hwang 和 Yoon 于 1981 年首次提出，是有限方案多目标决策分析的一种常用方法，主要用于管理和经济领域内的效益评价、决策等问题。

（1）基本思想。Topsis 法是根据有限个评价对象与理想化目标的接近程度进行相对优劣评价的一种方法。Topsis 的基本原理：根据评价指标的标准化值与其权重构成的规范化矩阵确定评价指标的正负理想解，然后计算评价指标综合向量与正、负理想解之间的欧几里得距离。在此基础上计算获得各评价方案与最优方案及最劣方案的接近程度，进而根据贴近度，对各评价方案进行评价。将 Topsis 法应用于区域生态环境承载力的评价研究，可以把不同年份的资源环境承载状况或是各个地市的资源环境承载状况作为承载力评价的多个备选方案，从而多角度分析地区资源环境承载状况。

Topsis 方法的优点表现在对数据分布、样本量、指标数量无严格限制，可以将不同指标结合起来进行多指标综合评价，应用范围广。然而传统的 Topsis 法在运用时其属性权重是确定的，主观性较强，致使研究结果不能完全反映事物间的真实关系。因此本节在应用 Topsis 法对区域生态环境承载力进行评价时将改进指标权重设定方法，力求指标权重的设定更客观。

（2）权重设定。为了提高评价的客观性，本节将对 Topsis 法加以改进，以使指标权重的设定更客观。目前国内关于多指标综合评价的权重设定方法主要集中在德尔菲法、层次分析法、主成分分析法、因子分析法、熵值法等。熵值法是进行多指标评价的一种重要方法。它的优点在于根据数据提供的信息量对指标进行客观赋权，减少主观因素的影响，运用熵值法计算出的各指标权重值相比德尔菲法和层次分析法具有更高的可信度。

熵值法基本原理：设有 m 个待评方案，n 项评价指标，这样就得到了需要评价的原始矩阵 $A = \{a_{ij}\}_{m \times n}$，对于某项指标，指标数值之间的差距越大，则该指标在综合评价中所起的作用就越大；反之如果某项指标的指标值都相等，则该指标在综合评价中不起作用。

在信息论中，信息熵 $H(a) = -\sum_{j=1}^{n} g(a_j) \ln g(a_j)$ 是系统无序程度的度量。某项指标的指标值离散程度越大，则信息熵越小，该指标提供的信息量越大，该指标的权重也越大①。

运用熵值法设定指标权重的步骤如下：假设现在评价某地区 m 年或者某年度 m 个地区的生态环境承载力，评价指标体系包括 n 个指标，可以建立如下数学模型：

$$A = \{a_1, a_2, \cdots, a_m\} \quad (i=1, 2, \cdots, m) \tag{7-1}$$

a_i 代表某个年份或者某个地区的数据集合，如下式所示：

$$a_i = \{a_{i1}, a_{i2}, \cdots, a_{ij}, \cdots, a_{in}\} \quad (j=1, 2, \cdots, n) \tag{7-2}$$

由此得到评价系统的初始数据矩阵 $A = \begin{Bmatrix} a_{11} & a_{12} & \cdots & a_{1n} \\ a_{21} & a_{22} & \cdots & a_{2n} \\ \cdots & \cdots & \cdots & \cdots \\ a_{m1} & a_{m2} & \cdots & a_{mn} \end{Bmatrix}_{m \times n}$，在 $A = \{a_{ij}\}_{m \times n}$ 中，a_{ij} 表示第 i 个样本第 j 项指标的数值。

①数据标准化处理。由于上述生态环境承载力指标数据的量纲、数量级、变化方向均有差异，因此在进行加权求和之前要通过数学变换来对指标数据进行标准化处理。标准化主要包括两个方面：指标的同趋势化及无量纲化处理，这一过程其实就是将指标实测值转化为指标评价值，以便于将评价对象多项指标的信息加以汇总，从而从整体上对评价对象的优劣状况作出评价。本节采用 Min-max 标准化法对指标数据进行归一化处理，即对原始数据进行线性变换使得标准化后的值都介于 0~1。

上文设定的指标中属于正向指标的有：GDP 年均增长速度、人均 GDP、第二产业产值比重、第三产业产值比重、城镇居民人均可支配收入、农村居民人均纯收入、城镇人均公园绿地面积、人均耕地面积、人均水资源量、工业烟尘去除率、工业废水排放达标率、工业固废综合利用率。对于正向指标，指标值越大越好，采用如下公式：

$$a'_{ij} = \frac{a_{ij} - a_j\min}{a_j\max - a_j\min} \tag{7-3}$$

对于逆向指标，指标值则越小越好。本节的逆向指标包括：单位地区生产总值电耗、单位地区生产总值能耗、万元工业增加值用水量、人均日生活用水量、人口密度、人口自然增长率、万元工业增加值废气排放量、万元工业增加

---

① 张永凯. 熵值法在干旱地区资源型城市可持续发展评价中的应用 [J]. 资源与产业, 2006 (8).

第7章 生态环境承载力的实证分析

值烟尘排放量、万元工业增加值废水排放量、万元工业增加值 COD 排放量、万元工业增加值固废产生量。标准化逆向指标采用如下公式：

$$a'_{ij} = \frac{a_j\max - a_{ij}}{a_j\max - a_j\min} \tag{7-4}$$

在上述公式中，a'_{ij} 为同方向量化后的指标值，取值范围介于 0～1。其中 $a_j\max$ 为第 j 项指标的最大值，$a_j\min$ 则为第 j 项指标的最小值。

为了消除上述标准化可能带来的影响，对标准化后的指标进行坐标平移，所有指标值均向右平移一个单位，指标值 a'_{ij} 经过坐标平移后为 a''_{ij}，即 $a''_{ij} = 1 + a'_{ij}$。

计算指标 a''_{ij} 的比重 b_{ij}，其中：$b_{ij} = \dfrac{a''_{ij}}{\sum\limits_{i=1}^{m} a''_{ij}}$。 $\tag{7-5}$

② 计算指标信息熵值 e 和信息效用值 d。

第 j 项指标的信息熵值为：$e_j = -K \sum\limits_{i=1}^{m} b_{ij} \ln b_{ij}$ $\tag{7-6}$

在式 (7-6) 中，常数 K 与研究对象的样本数 m 有关，对于一个信息完全无序的系统，有序度为零，其熵值最大，e=1。m 个样本处于完全无序分布状态时，得到式 (7-7)：

$$e = -K \sum_{i=1}^{m} \frac{1}{m} \ln \frac{1}{m} = K \sum_{i=1}^{m} \frac{1}{m} \ln \frac{1}{m} = K \ln m = 1 \tag{7-7}$$

于是得到：$K = \dfrac{1}{\ln m}$，$0 \leq e \leq 1$。某项指标的信息效用价值取决于该指标的信息熵 e_j 与 1 之间的差值：$d_j = 1 - e_j$。

③ 确定评价指标权重。运用熵值法计算各指标的权重，其本质是运用该指标信息的价值系数，其价值系数越高对评价的重要性就越高，最后得到第 j 项指标的权重 w_j：

$$w_j = \frac{d_j}{\sum\limits_{j=1}^{n} d_j} \tag{7-8}$$

由熵值法求得的指标权重可以直接用来评价生态环境承载力。权重值越大，说明该项指标对评价的重要性就越高。在生态环境承载力评价研究中，某项指标的权重值越大，说明它对生态环境承载力的影响越大。

(3) 理想解。按照上述熵值法对各项指标进行标准化处理后，形成新的矩阵 X = $\{x_{ij}\}_{m\times n}$，其中 x_{ij} 表示第 i 个样本第 j 项指标标准化后的数值。取各列最大值 $x_j^+ = \max(x_{1j}, x_{2j}, \cdots, x_{mj})$ 和最小值 $x_j^- = \min(x_{1j}, x_{2j}, \cdots, x_{mj})$ 分别构成正理想解 X^+ 和负理想解 X^-，其中 $X^+ = (x_1^+, x_2^+, \cdots, x_n^+)$，$X^- = (x_1^-, x_2^-, \cdots, x_n^-)$。将其应用到生态环境承载力的评价中，正理想解即各指标最优值的集合，是评价方案中的最优方案；负理想解即各个指标值最劣值的集合，是评价方案中的最劣方案。

分别计算不同年份评价指标或地区评价指标向量到正理想解 X^+ 的欧几里得距离 S^+ 及到负理想解 X^- 的欧几里得距离 S^-。公式如下：

$$S_i^+ = \sqrt{\sum_{j=1}^{m} w_j^2 (x_j^+ - x_{ij})^2} \qquad (7-9)$$

$$S_i^- = \sqrt{\sum_{j=1}^{m} w_j^2 (x_j^- - x_{ij})^2} \qquad (7-10)$$

然后运用公式 $C_i = \dfrac{S^-}{S^+ + S^-}$ 计算各评价对象与最优方案的贴近度 C_i。计算得到结果为 $0 \leq C_i \leq 1$。C_i 越接近 1，表明评价对象越优。在本节的应用中，以 C_i 的值作为各区域或者年份的相对生态环境承载力指数，C_i 越高，表明该区域或者该年份的生态环境承载力越高。最后按 C_i 大小对评价对象进行排序，给出评价结果。

此外，前文将区域资源环境承载状况评价指标体系设定为 1 个目标层、2 个系统层以及 8 个指数组成的指数层，依据上述方法可以单独对子系统或某个指数进行对比分析，有助于更全面地评价区域资源环境系统的承载状况。

7.3 安徽省淮河流域生态环境承载力的实证研究

本章 7.2 节构建了评价区域生态环境承载状况的指标体系，并介绍了加权改进的 Topsis 法。本节基于安徽省淮河流域各市的数据，采用本章 7.2 节所构建的指标体系及介绍的评价方法对安徽省淮河流域生态环境承载力进行实证分析，从空间和时间两个层面研究其相对承载力、主要影响因子及动态变化趋势。

7.3.1 安徽省淮河流域经济资源环境系统概况

（1）经济发展现状。安徽省淮河流域面积达 6.7 万平方千米，其中淮河以北 3.74 万平方千米，淮河以南 2.95 万平方千米，涉及淮北、亳州、宿州、蚌埠、阜阳、淮南、滁州、六安 8 市。从整体来看，安徽省淮河流域的经济指标仍处于全省较低水平。该区域人口密度大，2011 年为 4274.05 万人，占全省总人口的 62.16%。流域内工业发展较粗放，集聚度不高，经济基础较差，工业化和城市化水平都比较低，经济总量较小，2011 年 GDP 总和为 5998.55 亿元，占全省总额的 39.2%。2011 年流域内各市人均 GDP 均低于全国平均水平，仅淮南和淮北两市高于全省平均水平，如图 7-4 所示。

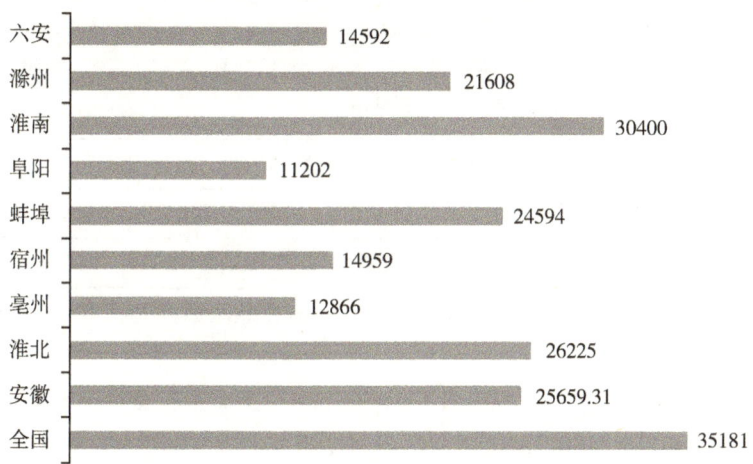

图 7-4　2011 年安徽省淮河流域各市人均 GDP 比较（单位：元）

安徽省淮河流域紧邻我国的东部沿江、沿海经济发达地区，具有承东启西的优势，属于沿江、沿海经济发达地区的辐射区域。流域内工业以煤炭、电力、食品、轻纺、医药等为主。近年来，安徽省各级政府采取相应的措施，充分把握合芜蚌自主创新试验区、皖江城市带承接产业转移示范区的战略机遇，充分利用淮河流域的交通、资源和区位优势促进沿淮各市的经济发展。各市充分运用各自的区位优势、资源优势，大力发展符合自身特色的主导产业，化工、化纤、电子、建材、机械制造等轻、重工业及乡村工业近年来也都有了较大的发展，各市经济发展潜力较大。2011 年各市的经济增长速度均超过全国平均水平，各市 GDP 增速及主导产业如表 7-2 所示。

表 7-2 2011 年安徽省沿淮各市 GDP 增速及工业主导产业现状

城市	GDP 增速（%）	工业主导产业
淮北	12.2	煤电、煤化工、机械制造、食品加工、纺织服装、陶瓷建材业
亳州	12.9	汽车零部件、现代中药、文化旅游、农副产品加工、能源化工
宿州	13.7	纺织服装加工、化工、机械电子、农产品深加工、商贸物流
蚌埠	14.0	装备制造及汽车零部件、电子信息、生物医药、新材料和新能源、纺织服装、专用设备、新型建材、农副产品深加工、精细化工
阜阳	12.0	煤电、农副产品加工、化工、机械电子、纺织服装业、生物医药、林产品、再生资源综合利用
淮南	12.1	煤化工、电子信息、生物医药、新材料、轻工、纺织
滁州	14.0	家电信息、硅玻璃、盐化工、农副产品深加工、装备制造、新能源
六安	12.3	汽车零部件、机电和家电、纺织服装、能源、建材、特色高新技术

资料来源：依据《安徽省统计年鉴》(2001) 及各市政府门户网站资料整理得到。

(2) 资源环境现状。流域内虽有淮河流经，但却是水资源较缺乏的地区。流域内水资源总量为 184.28 亿立方米，占全省水资源总量的 30.6%。资料显示，2011 年淮北水资源总量为 5.16 亿立方米，人均水资源量为 243.4 立方米，远低于全省平均水平的 1008.8 立方米。淮北是皖北地区工业化和城镇化水平最高的城市之一，然而其水资源严重缺乏，水资源匮乏已成为制约淮北发展的重要因素。淮河虽穿蚌埠城区而过，但蚌埠却是个缺水城市。由于淮河每年的径流量相对稳定，除了要供给沿岸百姓的基本用水，还要维持沿岸生态环境和完成自我净化，因此蚌埠每年从淮河抽取的水量有限，造成了其水资源的短缺。安徽省淮河流域各市的水资源拥有量与全省及全国平均值的比较如图 7-5 所示，除六安市和滁州市外各市的人均水资源量均低于全省平均水平，其中淮北、阜阳两市的人均水资源量只有全省平均水平的 1/5。

安徽省淮河流域各市拥有丰富的矿产资源，是我国重要的火电能源中心和华东地区主要的煤炭供应基地。各市的主要矿产资源如表 7-3 所示。

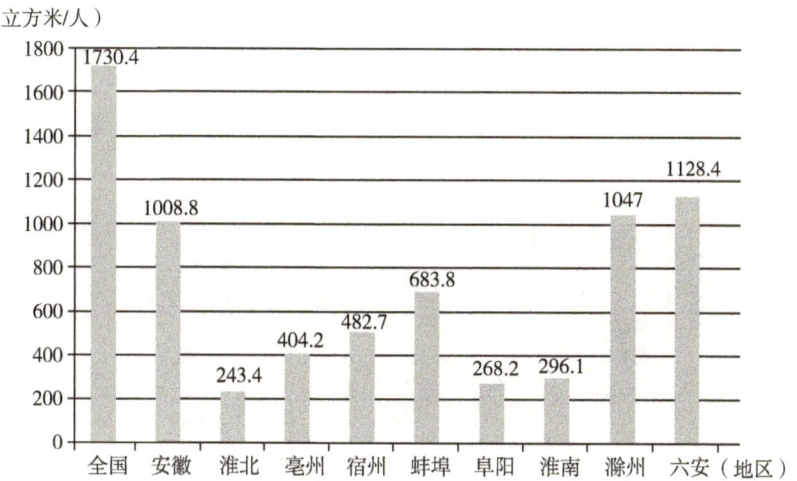

图 7-5 2011 年安徽省淮河流域各市人均水资源拥有量与全国平均水平的比较

表 7-3 安徽省淮河流域各市的主要矿产资源

地区	主要矿产资源	地区	主要矿产资源
淮北	煤炭、金属矿	六安	钼矿、铁矿
亳州	煤炭	宿州	煤炭、石油、煤气层
淮南	煤炭	蚌埠	煤炭、铁矿、金矿
滁州	非金属矿	阜阳	煤炭、地热、铁矿

资料来源：依据各市政府门户网站资料整理得到。

然而迅速发展起来的矿产资源型产业在创造丰富的物质文明、推动区域经济增长的同时，也造成了日益严峻的环境问题。由图 7-6 可知，矿产资源开发对于环境系统的直接影响表现在土地及植被等被毁坏、地面塌陷时有发生、地表及地下水资源污染、空气污染和噪声污染等；间接影响表现为影响生态平衡，对矿区人们的健康造成影响，限制矿区工业以及经济社会的发展等。

综上所述，安徽省淮河流域的经济发展水平在省内处于弱势地位，且其资源短缺、环境污染现象严重，这无疑将给该区域经济社会的可持续发展带来极大的威胁。因此本节将以安徽省淮河流域的资源环境承载状况为研究对象，研究其生态环境承载力的相对值、主要影响因子以及其动态变化趋势。

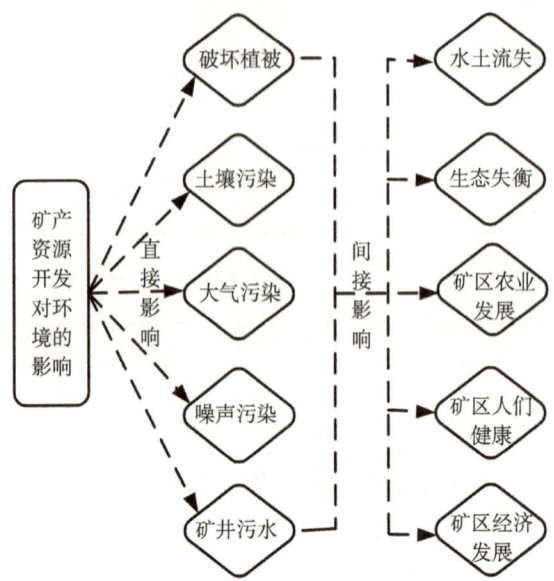

图 7-6 矿产资源开发对环境的影响

7.3.2 安徽省淮河流域生态环境承载力综合评价

(1) 数据来源及标准化处理。依据前文构建的区域资源环境承载状况评价指标体系,本节研究安徽省淮河流域生态环境承载力所需的原始数据主要来自《安徽统计年鉴》(2002~2012)、《蚌埠统计年鉴》(2002~2012)、《淮南统计年鉴》(2002~2012),部分来自安徽省环境统计年报(2002~2012)以及各市的国民经济与社会发展统计公报等。

由于上述安徽省淮河流域指标数据的量纲及趋势性不同,为了将指标实测值转化为指标评价值,本节在应用 Topsis 法进行评价前需要通过数学变换来消除原始变量量纲和趋势性的影响,即数据的标准化。本节使用上述介绍的 Min-max 标准化法对原始数据进行线性变换,使得标准化后的值都介于 0~1。

在生态环境承载力评价中,对于正向指标,指标值越大,说明该指标对于资源环境系统的正向作用越大;反之则相反。

(2) 基于空间层面的生态环境承载力评价分析。基于空间层面运用改进的 Topsis 法对安徽省淮河流域生态环境承载力进行评价,本节以流域内 8 个城市的资源环境承载状况为待评方案,评价指标体系包括经济发展力和生态环境承载力两个系统共 23 项指标,得到评价的初始数据矩阵:$A = \{a_{ij}\}_{m \times n}$,其中样本数 m=8,指标数 n=23,$a_{ij}$ 表示第 i 个城市第 j 项指标的数值。

第7章 生态环境承载力的实证分析

①指标权重分析。按照上文中介绍的方法对正向指标和逆向指标分别进行标准化处理，得到标准化后的矩阵：$A' = \{a'_{ij}\}_{8\times 23}$，对指标值进行坐标平移得到 $a''_{ij} = 1 + a'_{ij}$，以消除标准化所带来的影响，求得各指标的信息熵值 e_j 和信息效用 d_j。本节在设计指标体系过程中设定了两个系统，因此在下一步求解权重的过程中分别求解两个系统的指标权重。在经济发展力系统中，$w_j = \dfrac{d_j}{\sum_{j=1}^{n} d_j}$（$j = 1, 2, \cdots, 6$）；在资源环境承载力系统中，$j = 7, 8, \cdots, 23$。按照上述步骤在 Excel 中计算得到各项指标的权重如表 7-4 所示。

表 7-4 2011 年安徽省淮河流域资源环境承载状况评价指标权重值

系统层	指数层	指标层	权重
安徽省淮河流域资源环境承载状况	经济发展力	经济实力（0.1227）	GDP 年均增长速度	0.0708
			人均 GDP	0.0519
		产业结构（0.1081）	第二产业产值比重	0.0646
			第三产业产值比重	0.0435
		人民生活（0.0786）	城镇居民人均可支配收入	0.0358
			农村居民人均纯收入	0.0428
	资源环境承载力	资源支撑（0.1474）	城镇人均公园绿地面积	0.0429
			人均耕地面积	0.0413
			人均水资源量	0.0632
		资源消耗（0.1598）	单位地区生产总值电耗	0.0474
			单位地区生产总值能耗	0.0486
			万元工业增加值用水量	0.0295
			人均日生活用水量	0.0343
		人口增长（0.0877）	人口密度	0.0478
			人口自然增长率	0.0399
		环境污染（0.1834）	万元工业增加值废气排放量	0.0318
			万元工业增加值烟尘排放量	0.0410
			万元工业增加值废水排放量	0.0462
			万元工业增加值 COD 排放量	0.0325
			万元工业增加值固废产生量	0.0318
		环境治理（0.1113）	工业烟尘去除率	0.0471
			工业废水排放达标率	0.0309
			工业固废综合利用率	0.0333

由表7-4可知，在经济发展力（以下简称EDA）各指标中，GDP年均增长速度、第二产业产值比重、人均GDP、农村居民人均纯收入的指标权重值较大，GDP年均增长速度的权重值达到了0.0708，说明在2011年GDP增长对该区域的经济拉动作用非常大。近年来，安徽省淮河流域的工业化进程明显加快，工业已成为拉动区域经济发展的主导力量。而农民人均纯收入的权重值为0.0428，说明农业的发展也是该区域经济发展的一个主要驱动力。改革开放以后，安徽省大力发展现代农业，农业生产的科技化促进了粮食的优质高产，增加了农民收入。现代农业的不断发展，加快了安徽省从农业大省向农业强省跨越的进程。

从生态环境承载力（以下简称RECC）的角度，资源支撑指数下的人均水资源量的权重值达到了0.0632，资源消耗指数下的单位地区生产总值能耗的权重值为0.0486，人口增长指数下的人口密度的指标权重值为0.0478，说明这三项指标与生态环境承载力有着较强的关联性，对生态环境承载力的高低有着重要影响。水的重要性不言而喻，人们的生活离不开水，经济社会的发展也离不开水。安徽省淮河流域各市水资源人均占有量低于全省平均水平，水资源供求矛盾，资源型缺水形势严峻，水资源的短缺问题若无法得到有效的解决，将会限制该区域经济社会的可持续发展。安徽省淮河流域各市正处在工业化、城镇化的加速发展阶段，高耗能产业占有较大比重。而同时淮河流域是我国各水系中人口密度最大的地区，其人口的增长也加大了对资源的需求，特别是不可再生资源需求加大，造成人均资源占有量的减少，从而影响了该区域的生态环境承载力。

由表7-4可知，环境污染指数下万元工业增加值烟尘排放量、万元工业增加值废水排放量和环境治理指数下的工业烟尘去除率这三项指标的权重值较大，可见工业的发展对环境带来的影响。过去的年份安徽省淮河流域各市主要以粗放型经济为主，高能耗、高污染、低效益，小火电厂、水泥厂、造纸厂、炼钢厂、炼焦厂较多，对当地的生态环境质量造成了严重影响。各市粗放型的经济增长模式对该流域的水资源保护造成了严重影响，也对各市的水污染防治提出了更高的要求。历史上，淮河是我国洪涝灾害最频繁的河流；现如今，污染问题已成为淮河治理的重要内容。

②生态环境承载力分析。设归一化后的各指标值组成的矩阵为 $X = \{x_{ij}\}_{m \times n}$，取各列最大值 $x_j^+ = \max(x_{1j}, x_{2j}, \cdots, x_{8j})$ 和最小值 $x_j^- = \min(x_{1j}, x_{2j}, \cdots, x_{8j})$ 分别构成正理想解 X^+ 和负理想解 X^-，在经济发展力系统中 $X^+ = (x_1^+, x_2^+, \cdots, x_6^+)$，$X^- = (x_1^-, x_2^-, \cdots, x_6^-)$；在资源环境系统中 $X^+ = (x_7^+,$

x_8^+, …, x_{23}^+), $X^- = (x_7^-, x_8^-, …, x_{23}^-)$。由于归一化处理后的指标值介于 0~1，因此各列的最大值均为 1，最小值均为 0。运用前文介绍的公式计算各个样本与最优样本的加权欧几里得距离 S^+ 及与最劣样本的加权欧几里得距离 S^-，得到 S^+ 和 S^- 后，再运用 $C_i = \dfrac{S^-}{S^+ + S^-}$ 计算各评价对象与最优方案贴近度 C_i。最后得到安徽省淮河流域各市经济发展力系统和生态环境承载力系统的正负理想距离及生态环境承载力指数（C_i），如表 7-5 所示。

表 7-5　2011 年安徽省淮河流域各市 EDA 与 RECC 指数值及排名

城市	经济发展力（EDA）				生态环境承载力（RECC）			
	S^+	S^-	C_i	名次	S^+	S^-	C_i	名次
淮北	0.0800	0.0859	0.5177	4	0.1069	0.1145	0.5171	5
亳州	0.0943	0.0645	0.4063	6	0.0944	0.1167	0.5528	4
宿州	0.0830	0.0743	0.4726	5	0.1039	0.0946	0.4765	7
蚌埠	0.0460	0.1017	0.6884	1	0.0760	0.1251	0.6220	2
阜阳	0.1221	0.0358	0.2268	8	0.1085	0.1055	0.4929	6
淮南	0.0758	0.0964	0.5597	3	0.1195	0.0905	0.4310	8
滁州	0.0528	0.0975	0.6485	2	0.0864	0.1312	0.6027	3
六安	0.0976	0.0447	0.3143	7	0.0718	0.1283	0.6409	1

由表 7-5 可知，2011 年安徽省淮河流域各市生态环境承载力指数（C_i）排名第一者为六安，其当年的经济发展力指数（C_i）居各市第七；淮南市的经济发展力指数（C_i）在各市中排名第三，而其生态环境承载力指数（C_i）排名第八。由生态环境承载力指数排名和经济发展力指数排名，本节发现在安徽省淮河流域 8 市中，经济发展水平较高的城市，其生态环境承载力相对较低，说明这些城市相对于其他城市在经济发展、资源的合理开发利用及环境保护方面存在着不协调因素，需要加以改进。

根据指数值，绘制如图 7-7 所示的 2011 年安徽省淮河流域各市经济发展力指数与生态环境承载力指数的对比曲线。由图 7-7 可知，除滁州、六安和蚌埠生态环境承载力指数（C_i）较悬殊外，其余城市的生态环境承载力指数（C_i）都在 0.5 左右，差异不大。总体来说，这些城市的生态环境承载力水平接近，处于同一个层次。然而由图 7-7 可知，安徽省淮河流域各市经济发展力指数（C_i）之间存在较大差异，说明淮河流域内各市的经济发展水平存在较大的差异，经济发展不平衡。经济发展力指数（C_i）最高的蚌埠为 0.6884，而最低的阜阳只有 0.2268，两市的经济发展水平悬殊。

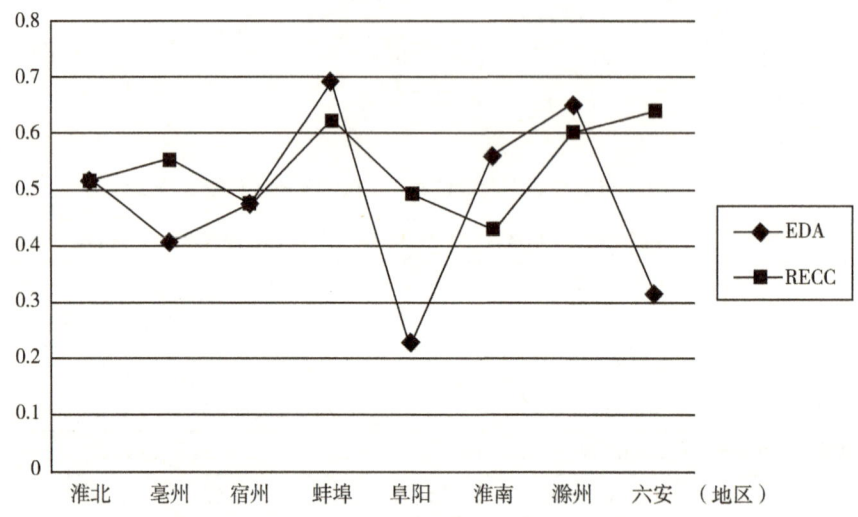

图 7-7　安徽省淮河流域各市 EDA 指数值与 RECC 指数值比较

③二级指标指数分析。为了进一步探究安徽省淮河流域各市生态环境承载力的现状，本节按照前述的方法对各二级指标也进行理想值与贴近度计算，得到如表 7-6 所示的各二级指标指数（C_i）。

表 7-6　2011 年安徽省淮河流域各市生态环境承载力二级指标指数

地区	资源支撑	资源消耗	人口增长	环境污染	环境治理
淮北	0.3029	0.3498	0.0628	0.9563	0.9800
亳州	0.3308	0.9679	0.3420	0.6270	0.6048
宿州	0.3377	0.7839	0.2232	0.2154	0.7179
蚌埠	0.4123	0.7372	0.3211	0.9588	0.9991
阜阳	0.0180	0.3042	0.3282	0.9424	0.9985
淮南	0.1197	0.1748	0.7168	0.2861	0.9757
滁州	0.9818	0.6364	1.0000	0.4486	0.3619
六安	0.8761	0.8601	0.3150	0.8922	0.6228

第7章 生态环境承载力的实证分析

由表7-6可知，造成淮南市生态环境承载力低的主要原因是其资源支撑、资源消耗较低，可见提高淮南市的生态环境承载力必须从降低社会经济活动的资源消耗以及提高生态环境承载力两方面着手。资源支撑指数（C_i）低是造成阜阳市生态环境承载力低下的主要原因，而限制淮北市生态环境承载力的主要因子则为资源支撑指数和人口增长指数。导致宿州市生态环境承载力不高的主要原因为人口的增长以及环境污染程度。

（3）基于时间层面的生态环境承载力评价分析。上述分析主要是从空间层面来分析安徽省淮河流域各市的资源环境承载现状。为了更全面地分析该区域的生态环境承载力，下文将以安徽省淮河流域典型城市淮南市和蚌埠市为例，从时间层面加以重点分析。

①淮南市生态环境承载力评价分析。淮南市是一座因煤炭资源的开发而兴起的城市，是中国能源之都、华东工业粮仓、安徽省重要工业城市。根据前文建立的指标体系，运用 Topsis 法对淮南 2002～2011 年的生态环境承载力进行评价。以淮南市 10 个年度的资源环境承载状态为待评方案，得到评价的初始数据矩阵：$A = \{a_{ij}\}_{m \times n}$，其中样本数 $m=10$，指标数 $n=23$，与上述方法一样，对指标进行标准化处理，求各指标的信息熵值 e_j 和信息效用 d_j，并据此求解指标权重。

在此基础上求解正负理想解、加权距离及贴近度（C_i），计算得到的结果如表7-7所示。根据指数值，绘制 2002～2011 年淮南市经济发展力指数值与生态环境承载力指数值的动态变化曲线，如图7-8所示。

表7-7　2002～2011 年淮南市 EDA 与 RECC 指数值

年份	经济发展力 C_i	生态环境承载力 C_i
2002	0.3356	0.3814
2003	0.3348	0.4906
2004	0.4460	0.5145
2005	0.4589	0.5154
2006	0.5529	0.4145
2007	0.5522	0.4885
2008	0.6129	0.5295
2009	0.6323	0.5495
2010	0.6417	0.5533
2011	0.5597	0.4310

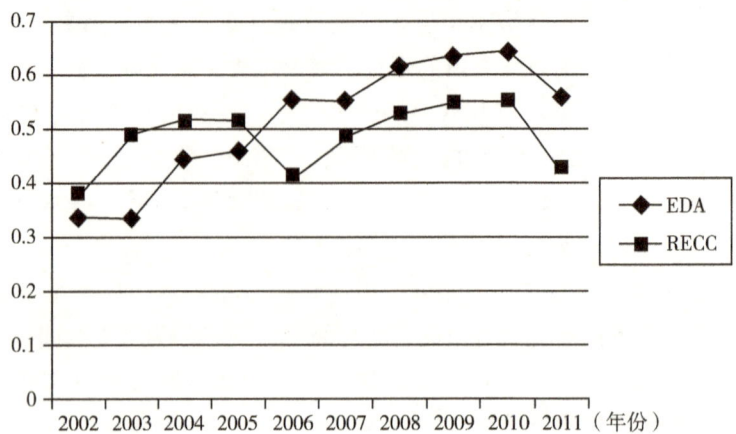

图 7-8　2002~2011 年淮南市 EDA 指数值与 RECC 指数值变化趋势

由表 7-7 可知，淮南市的经济发展力指数值（C_i）自 2002 年以来呈逐年上升的趋势，2010 年达到顶峰后开始下降。从生态环境承载力指数值（C_i）的变动趋势来看，自 2006 年以后，淮南市的生态环境承载力呈现缓慢上升的趋势，2010 年达到顶峰后开始下降。比较表中各年份的生态环境承载力指数值可得，生态环境承载力指数最高的 2010 年得分为 0.5533，与指数为 1 的最优方案尚存在一定的距离。早年中国科学院自然资源综合考察委员会就曾预测：未来我国资源供需矛盾的态势将会愈加严峻，人均农业资源占有量将进一步下降，人均资源消费需求将迅速上升。因而，安徽省淮河流域各市的资源供需可能会对经济发展造成一定的影响。

由图 7-8 可知，2002~2011 年这 10 年间淮南市经济发展力指数值（C_i）呈逐年上升的趋势，2010 年达到顶峰后开始下降。2006 年以后淮南市经济发展力指数值（C_i）和生态环境承载力指数值（C_i）趋于同向变动，该市在 2006 年生态环境承载力指数值相比 2005 年有较大幅度的下降，此后开始缓慢回升，并表现为同经济发展协调上升。本节认为出现这种现象的原因之一可能是 2005 年是"十五"规划的收尾之年，各地市为了完成节能减排的任务，加大了在节能减排方面的投入；而 2006 年又是"十一五"规划的开局之年，政府及企业节能减排的积极性和紧迫性还不够，因此造成生态环境承载力在"十一五"开局之年较"十五"收尾之年呈大幅下降的现象。

②蚌埠市生态环境承载力评价分析。蚌埠市为皖北地区的商贸中心与加工制造业基地，是安徽省三大中心城市之一。根据前文建立的指标体系，采用与

评价淮南市生态环境承载力同样的步骤，计算得到如表7-8所示的指数值及排名，并绘制如图7-9所示的2002～2011年蚌埠市经济发展力指数值与生态环境承载力指数值的动态变化曲线。

表7-8　2002～2011年蚌埠市EDA与RECC指数值

年份	经济发展力 C_i	生态环境承载力 C_i
2002	0.2500	0.4619
2003	0.2587	0.4749
2004	0.3026	0.5779
2005	0.3391	0.5219
2006	0.5099	0.4420
2007	0.6213	0.5073
2008	0.6614	0.5053
2009	0.6428	0.5228
2010	0.6330	0.5461
2011	0.6884	0.6220

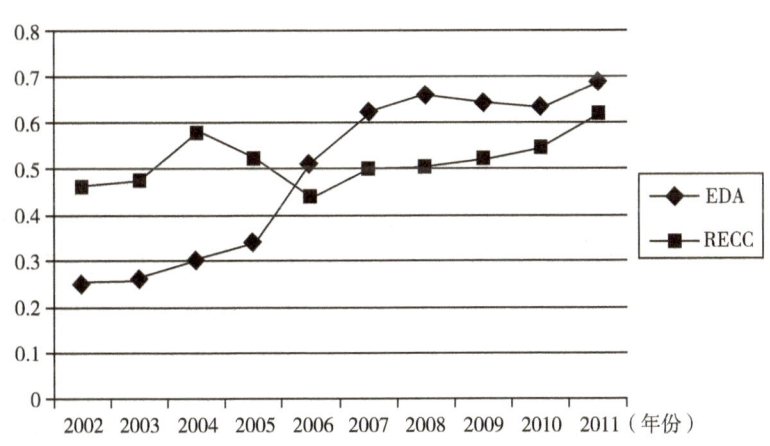

图7-9　2002～2011年蚌埠市EDA指数值与RECC指数值变化趋势

由表7-8和图7-9可知，蚌埠市的经济发展力指数（C_i）在2008年以前呈现缓慢上升的趋势。从生态环境承载力指数的变动趋势来看，2002～2011

年这10年间蚌埠市生态环境承载力的变动趋势呈现上升—下降—缓慢上升的趋势，2006年生态环境承载力指数值（C_i）达到最低，此后呈现缓慢上升趋势，说明生态环境承载力有所提高，资源环境承载状况有所改善。本节认为2006年资源环境承载指数值最低点的出现，与其处于两个五年规划之际及和"十五"期间节能减排目标任务的完成存在一定的联系。

③淮南、蚌埠两市指标权重分析。将淮南、蚌埠两市生态环境承载力评价指标权重值进行汇总得到表7-9。

表7-9 2002~2011年淮南、蚌埠两市生态环境承载力评价指标权重值

评价指标	权重	
	淮南	蚌埠
城镇人均公园绿地面积	0.1048	0.0581
人均耕地面积	0.0520	0.0668
人均水资源量	0.0430	0.0521
单位地区生产总值电耗	0.0783	0.0651
单位地区生产总值能耗	0.0638	0.0511
万元工业增加值用水量	0.0459	0.0439
人均日生活用水量	0.0623	0.0731
人口密度	0.0884	0.0634
人口自然增长率	0.0574	0.0653
万元工业增加值废气排放量	0.0437	0.0625
万元工业增加值烟尘排放量	0.0464	0.0458
万元工业增加值废水排放量	0.0539	0.0525
万元工业增加值COD排放量	0.0501	0.0442
万元工业增加值固废产生量	0.0415	0.0609
工业烟尘去除率	0.0638	0.0864
工业废水排放达标率	0.0386	0.0450
工业固废综合利用率	0.0661	0.0638

从资源、人口的角度，对2002~2011年淮南市生态环境承载力影响较大的评价指标有城镇人均公园绿地面积、单位地区生产总值电耗、单位地区生产

第7章 生态环境承载力的实证分析

总值能耗、人均日生活用水量、人口密度,说明土地资源、能源、水资源、人口量是影响淮南市生态环境承载力高低的主要因子。水资源对于农耕生产和现代工业极其重要,淮南市人均水资源量不足 300 立方米,水资源总量在沿淮各市中处于较低的位置,水资源的保障力度欠缺将限制该区域的可持续发展。该地区应加大开源节流的宣传力度,积极推进工业节水和城镇生活节水,提高水资源的使用效率,加强水资源保护意识。近几年,淮南市单位地区总值电耗呈下降趋势,然而与安徽省淮河流域其他城市相比,其电耗仍处于各市的首位。煤化工是淮南市的第一主导产业,能源消耗量大,节能减排的任务也最重,下一步应加大能源消费的调控力度,做好淘汰落后产能的核查,加大对重点用电、高能耗企业的监控及调控力度。

由表 7-9 可知,从环境的角度,万元工业增加值废水排放量、工业烟尘去除率、工业固废综合利用率这三项指标权重值较大,说明工业废水排放量、工业烟尘的处理率以及工业固废的综合利用对淮南市的生态环境承载力存在显著影响。淮南是安徽省重要的工业城市,据资料显示其煤炭、电力、化工三大产业的排污量占全市工业排污量的 90% 以上。因此有关部门应加强对排污企业的监管,加大对于排污量大、工艺落后的产能的淘汰力度。煤炭开采对淮南市城市景观和环境造成了非常严重的影响,有必要探索非煤产业的发展路径,以保护当地的环境,实现经济"又好又快"发展。

由表 7-9 可知,从资源、人口的角度,蚌埠市 2002~2011 年这 10 年间,人均耕地面积、单位地区生产总值电耗、人均日生活用水量、人口自然增长率这四个指标对生态环境承载力的影响较大。说明土地资源、电能、水资源、人口自然增长率等是影响蚌埠市生态环境承载力的主要因素。同时,从环境的角度,万元工业增加值废气排放量、万元工业增加值固废产生量、工业烟尘去除率、工业固废综合利用率的权重值较高,说明影响蚌埠市生态环境承载力的主要因素为工业废气排放量及烟尘的处理率、工业固废产生量及综合利用率。蚌埠已经步入了缺水城市的行列,2011 年蚌埠市工业用水重复利用率仅为 65.4%,离 80% 的生态市建设标准还有一定的距离。为改善当前的现状,蚌埠市应提高工业用水的重复利用率,在生活用水方面应加大生活污水的处理率。2011 年蚌埠市工业固废产生量为 177.65 万吨,是 2002 年的 4.16 倍,工业固废产生量的增长速度远高于 GDP 的增长速度。"十二五"期间,精细化工、装备制造、生物医药仍将是蚌埠市的支柱产业,因此提高固体废物的综合利用率是未来蚌埠市提高生态环境承载力的主要举措。

综上所述，安徽省淮河流域内经济发展水平较高城市的生态环境承载力相对较低。影响该地区生态环境承载力高低的主要影响因子包括：水资源的丰沛程度、人口的增长速度、电能的消耗强度、工业废水的排放强度、工业废气的治理率等。

第8章 工业化的发展历史与现状

8.1 工业化进程的历史回顾

1949~2011年，淮河流域工业化在波动中发展，大致经历了以下3个阶段：改革开放前（1949~1978年）重工业工业化阶段、改革开放初期（1979~1992年）消费导向型工业化阶段、改革开放中后期（1993年至今）经济转型升级工业化阶段[①]。本书将根据学术界的有关研究文献，对这3个阶段的工业化历程进行简要回顾。

8.1.1 改革开放前（1949~1978年）

这一阶段是淮河流域重工业型工业化时期，也是该流域工业化的成长期。从"一五"时期到改革开放前夕，淮河流域的工业化没有突破苏联的计划经济模式，这种模式与发达资本主义国家曾经采取的工业化模式不同，与后起的一些新兴工业化国家的模式也有所差异。以淮河流经的江苏省为例，到1952年，江苏省的社会总产值达65.64亿元，其中工业产值达到25.53亿元，占社会总产值的38.89%，较新中国成立初期有了较大幅度的增长。1953~1957年，江苏省的社会总产值由1952年的65.64亿元增加到1957年的93.13亿元，增长了41.88%。其中，工农业总产值由57.40亿元增加到77.82亿元，增长了35.57%；农业产值仅由31.87亿元增加到36.81亿元，仅增长了15.5%；而工业总产值则由25.53亿元增加到41.01亿元，增长了60.63%，

---

① 过文俊. 我国传统工业化的历史回顾与总结[J]. 文史博览, 2006（14）.

是同期农业增长速度的4倍。

1958年进入第二个五年计划后,淮河流域不仅没有对重工业过快增长进行相应的调整,而且响应"以钢为纲"、"赶英超美"的口号,使得淮河流域国民经济重大比例关系出现严重失衡。1965~1975年"文化大革命"时期,也是我国第三和第四个五年计划时期,由于当时全国片面强调为备战服务,淮河流域受中央"三线建设"、"大办五小"和"完整的工业省"等指导思想的影响,加深步入了重工业型工业化的轨道。1976~1978年"四人帮"倒台后,全国经济发展的指导思想上仍未克服"急于求成"的错误倾向,淮河流域受此思想的影响,通过大规模引进国外成套设备,发起了对工业化的新一轮强攻。这次"洋跃进"不仅导致淮河流域产业结构的第二次超前转换,而且进一步加剧了其各产业间、轻重工业间、重工业内部的结构性矛盾和比例关系的失调。

8.1.2 改革开放初期(1979~1992年)

1978年中共十一届三中全会,我国对过去近30年片面追求重工业型工业化战略进行了深刻反思和检讨,掀起了经济体制全面改革的浪潮,确定了消费导向型工业化战略,通过优先发展轻工业,着力解决人民群众日益增长的物质生活需要,纠正偏重工业型的产业结构。淮河流域同全国各地一样,也顺势转向消费导向型工业化发展的轨道,坚持以市场机制作为调节资源配置的基础,实现由"重积累、轻消费"向以需求为导向,逐步形成以消费带动生产、以消费结构的升级带动产业结构升级的新格局。

1979~1992年,沿淮各级政府积极调整积累与消费、生产与生活、轻工业与重工业、生产结构与资源结构、生产结构与需求结构等多种比例关系,使得产业结构的失衡状况逐步得到扭转,表现出轻工业加快发展、高加工度化的特点。这一阶段是淮河流域工业化迅速成长的初期,在以邓小平为首的第二代领导人发动和推进了改革开放的背景下,淮河流域在15年左右的时间里,使其经济总量、人民生活水平和工业化水平都上了一个大台阶。以江苏省为例,1992年其社会总产值由1978年的521.15亿元增加到1992年的6069.7亿元,增长了10.65倍。其中,工农业总产值由443.52亿元增加到5347.39亿元,增长了11.06倍;农业产值由105.87亿元增长到673.82亿元,仅增长了5.36倍;工业总产值由337.65亿元增加到4673.57亿元,增长了12.84倍,1978~1992年的工农业总产值如表8-2所示。值得注意的是,在这一时期的工业化过程中，也出现了新的结构性矛盾，基础工业和基础设施一度成为制约淮河流域经济发展的巨大"瓶颈"。

8.1.3 改革开放中后期（1993年至今）

这一阶段是淮河流域推进经济增长方式转型，努力摆脱矿产资源型经济困境，推动产业结构调升级的工业化发展阶段。经过十多年的改革开放，淮河流域初步建立了社会主义市场经济体制，确立了以市场作为资源配置基本方式的机制，民间资本对工业化和产业结构调整的作用越来越大，工业化得到了快速推进，城镇化浪潮一浪高过一浪。但随着工业化进程的深入推进，部分地方政府片面地强调经济增长速度，导致淮河流域环境污染严重、区域差距拉大、城乡差距加大等问题逐步加重，这使得淮河流域面临的环境保护、区域协调发展、城市化等压力不断加大。

8.2 工业经济发展现状分析

8.2.1 淮河流域工业化的成就

长期以来，人口众多、经济落后、人均收入水平低是淮河流域的实际情况。经过新中国成立以来60余年的工业化进程，尤其是改革开放以来30余年的快速发展，淮河流域工业化取得了显著的成就，经济发展水平得到了极大的提升，具体而言，淮河流域工业化的成就主要表现在以下方面。

（1）经济高速增长，整体经济实力显著增强。伴随着连续多年的经济高速增长，淮河流域的整体经济实力显著增强，在中国的经济中占据了重要的地位。淮河流域的全年GDP从2000年的10737.33亿元增长到2011年的57380.44亿元。人均GDP从2000年的5574.16元上升到2011年的30599.88元，GDP增长了5.34倍，人均GDP增长了5.49倍。图8-1为2001~2011年淮河流域生产总值增长率，从中可以看出，步入21世纪以来，除少数年份流域经济增长率低于12%以外（11年中有2年），绝大多数年份的经济增长率都高于12%，2000~2011年的经济平均增长率更是高达16.51%。这符合大多数工业化国家的工业化进程都经历一段经济高速增长时期的经验。国际经验表明，在长期的工业化进程中，会出现相当长的一段时间的经济高速增长，这段时间大多数国家一般持续20多年。

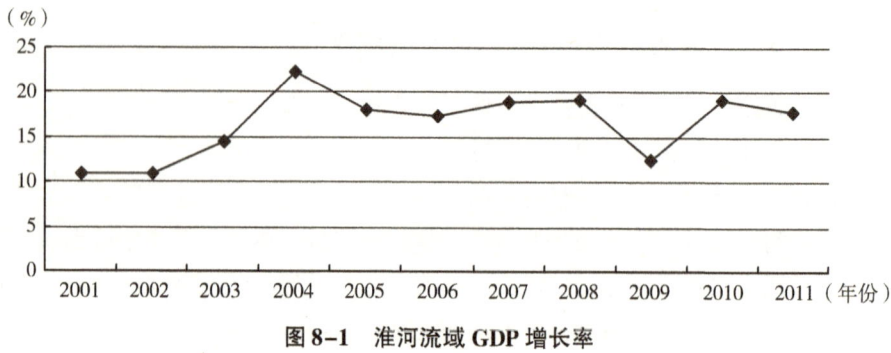

图8-1 淮河流域GDP增长率

(2) 经济结构持续优化，产业结构不断升级。一个国家的经济发展过程不仅表现为经济总量的增加，还表现为经济结构的优化。进入21世纪以来，淮河流域第一产业增加值占GDP的比重从2000年的23.36%下降到2011年的12.60%，第二产业产值占GDP的比重从2000年的43.59%上升到2011年的52.56%。三次产业结构高级化的表现：2000~2011年，第一产业比重呈现下降和第二产业比重呈现上升的总体趋势，第三产业比重虽然有波动，但变化不大，一直在32%~35%。2000年和2011年淮河流域产业结构分别如图8-2和图8-3所示。

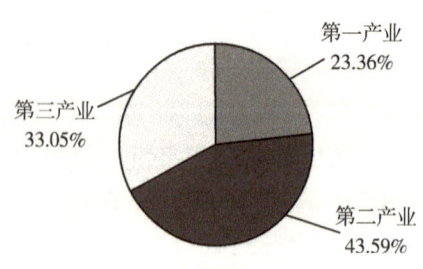

图8-2 2000年淮河流域产业结构

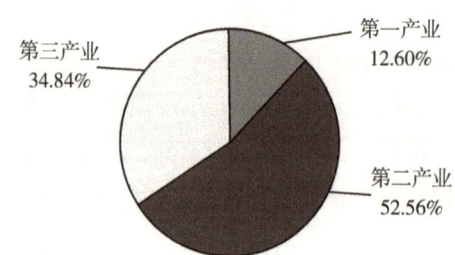

图8-3 2011年淮河流域产业结构

(3) 工业发展迅速，具备了庞大的工业生产能力。如果以2000年为基年，淮河流域国内生产总值指数为100，按照可比价格计算，到2011年淮河流域的国内生产总值指数为534，而同期工业、第一产业和第三产业指数从

2000 年的 100 分别变为 2011 年的 667、285 和 558，工业增长速度遥遥领先。淮河流域 2000～2011 年 GDP、工业增加值、工业对国民经济贡献率，如表 8-1 和图 8-4、图 8-5 所示，从表 8-1 和图 8-5 可以看出，近 10 年来，工业对国民经济的贡献率（工业增加值增量与 GDP 增量之比）很大，其贡献率基本上（除去 2008 年、2009 年）在 35%～55%。

表 8-1　2001～2011 年淮河流域工业对国民经济贡献率

年份\指标	GDP（亿元）	工业增加值（亿元）	贡献率（%）
2000	10737.33	4009.89	—
2001	11907.10	4468.18	39.18
2002	13216.79	5059.19	45.13
2003	15122.14	6127.16	56.07
2004	18481.34	7779.30	49.17
2005	21805.28	9591.04	54.51
2006	25613.52	11581.50	52.27
2007	30501.20	14104.03	51.61
2008	36367.98	17451.50	57.06
2009	40878.33	18943.12	33.07
2010	48701.62	22612.44	46.90
2011	57380.44	26745.88	47.63

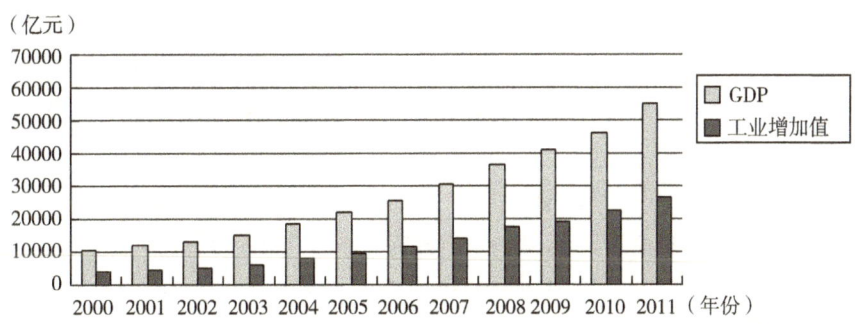

图 8-4　2000～2011 年淮河流域 GDP 和工业增加值

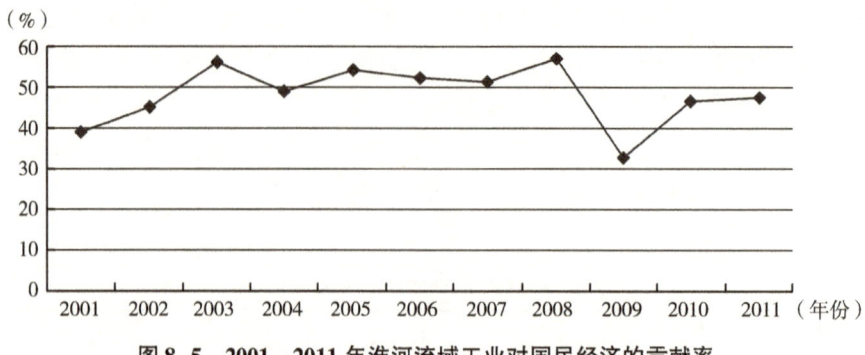

图8-5 2001~2011年淮河流域工业对国民经济的贡献率

（4）科技创新能力进一步增强。近些年，淮河流域专利申请及授权量有了大幅度增长，科技创新能力进一步增强。如信阳市在2011年研究与试验发展经费支出28584万元；申请专利488件，比2008年增加了269件；授权专利390件，比2008年增加了246件；从事科技活动人员4125人；省级工程研究中心15家，市级工程研究中心61家；国家级企业技术中心1个，省级企业技术中心5个。徐州市在2011年研究与发展经费支出占GDP比重为1.6%；受理专利申请6821件，其中发明专利299件；专利申请授权量2259件，比2010年增长141.4%；通过鉴定科技成果179项，其中达到国际水平的有39项、国内领先的有51项、国内先进的有55项。

（5）实际利用外资金额持续增长。吸纳和利用外国资金可以给淮河流域带来大量的资金，以解决淮河流域工业化进程中一些企业资金不足的问题。近些年，沿淮各地级市实际利用外资金额持续增长，如淮南市2004年实际利用外资1880万美元，2008年为6346万美元，增加了4466万美元；淮北市2004年实际利用外资909万美元，2008年为8938万美元，是2004年的9.83倍；平顶山市、徐州市实际利用外资在4年内分别增长了9064万美元、27900万美元。

（6）固定资产投资额不断增加。固定资产投资的多少对一个地区的经济发展及工业化进程有直接的影响，而且固定资产投资越多对经济发展及工业化进程越有利。近些年，淮河流域的固定资产投资额不断增加。如淮南市2004年固定资产投资额为64.59亿元，2008年为171.23亿元，增加了106.64亿元；淮北市2004年固定资产投资额为49.64亿元，2008年为174.38亿元，增加了124.74亿元；平顶山市、徐州市固定资产投资额在4年内分别增长了

307.57亿元、696.29亿元。

（7）基础设施建设不断完善。基础设施是社会赖以生存发展的一般物质条件，工业化的快速发展离不开基础设施的建设和完善，可以说它是工业化进程中必不可少的条件之一。许多国家经济发展的实践表明，完善的基础设施是一个国家或地区实现经济长期稳定发展的基石。淮河流域各城市之间的基础设施虽然存在着差距，但总体来说，发展还是很迅速的，各市的基础设施得到了不断完善。如驻马店市的公路通车里程由2004年的4790千米增加到2009年的18825千米，其中等级公路由2004年的4766千米增加到2009年的12104千米。徐州市的公路通车里程由2004年的9770千米增加到2009年的15761千米，其中等级公路由2004年的8958千米增加到2009年的14380千米。

（8）人民生活水平不断改善。城市化水平不断提升伴随着工业化的推进，人民生活水平不断提高。如淮河流域安徽段城镇居民家庭人均可支配收入上升到2011年的12452.19元，恩格尔系数下降到40.63%；农村居民家庭人均纯收入上升到3453.74元，恩格尔系数下降到38.2%，2011年淮河流域安徽段各市城镇和农村居民家庭人均可支配收入和恩格尔系数如表8-2所示。随着生活水平的提高和医疗条件的改善，人口平均预期寿命明显提高，如江苏省2000年的平均寿命为74.13岁，到2009年，则提高到75.32岁。工业化和城市化是紧密相关的，随着人均收入水平的上升，工业化的演进导致产业结构的转变，非农就业人口的不断增加，与之相适应的非农就业人口和依托非农就业人口生存的相关人口向城市集聚，采用城市的生活方式，促进了城市的发展。如工业化进程的推动下，淮河流域安徽段人口城市化率从2000年的17.23%上升到2009年的18.61%，提高了1.38%，平均每年增加0.138个百分点，非农业人口增加了130.57万人，平均每年增加13.057万人。

表8-2 淮河流域安徽段各市城镇和农村居民家庭人均可支配收入和恩格尔系数

城市 指标	城镇居民人均可支配收入（元）	城镇居民恩格尔系数（%）	农村居民人均可支配收入（元）	农村居民恩格尔系数（%）
淮南市	12781.58	40.63	4077.83	40.18
淮北市	12802.93	43.48	4125.86	35.27
蚌埠市	12565.88	42.08	3270.32	42.05
宿州市	10681.60	42.03	3633.49	36.48

续表

城市 \ 指标	城镇居民人均可支配收入（元）	城镇居民恩格尔系数（%）	农村居民人均可支配收入（元）	农村居民恩格尔系数（%）
阜阳市	12884.62	39.37	2716.61	38.21
滁州市	13343.92	39.57	4291.43	38.33
亳州市	11349.50	37.98	3394.35	35.22
六安市	12993.10	41.18	3620.74	41.20

8.2.2 淮河流域工业化过程中面临的问题与挑战

尽管淮河流域工业经济的整体效益在不断提高，工业企业规模不断扩大，技术水平日益提升，但与其他区域尤其是珠三角、长三角相比差距较大，且在工业化过程中也面临着许多问题与挑战。主要表现在：

（1）工业经济差距不断拉大。淮河流域自然资源丰富，如矿产资源丰富，以煤炭资源最多，但主要集中在安徽省的淮南、淮北和豫西、鲁西南、苏西北等地区，且煤种全、煤质好、埋藏浅、分布集中，易于大规模开采，这些地区的工业也因有丰富的矿产资源较其他地区发达，从而导致淮河流域各地之间的工业化水平差异较大。另外，淮河流域各地间的经济基础也存在较大差距，这导致了淮河流域各地的经济发展水平有不小的差距。如山东省和江苏省淮河流域就因为所属省份经济发展较快，经济基础较好，而河南省和安徽省淮河流域由于资源禀赋和历史基础原因，农业发展相对较好，但整体经济水平相对落后且基础薄弱，长期结果就是淮河流域经济基础好与经济基础薄弱的地区之间的工业化差距不断扩大，如图 8-6 所示。此外，改革开放以来，伴随我国经济持续快速增长和结构调整，淮河流域区域经济发展格局和空间结构也发生了重大变化，由于淮河流域地跨四省，各省经济发展基础和水平存在差异，各地的经济政策也明显不同，导致各地工业化发展速度存在明显差异，如郑州市作为河南省省会因受到当地政府的各种优惠政策而发展较快，而淮南部分地区因承担泄洪任务而导致其发展十分缓慢。区域经济政策的差异导致淮河流域区域经济差异不断扩大，同时随着城市改革步伐的加快，一些大型城市如郑州市的工业化发展速度明显加快，这又进一步扩大了淮河流域的工业化差距。

第8章 工业化的发展历史与现状

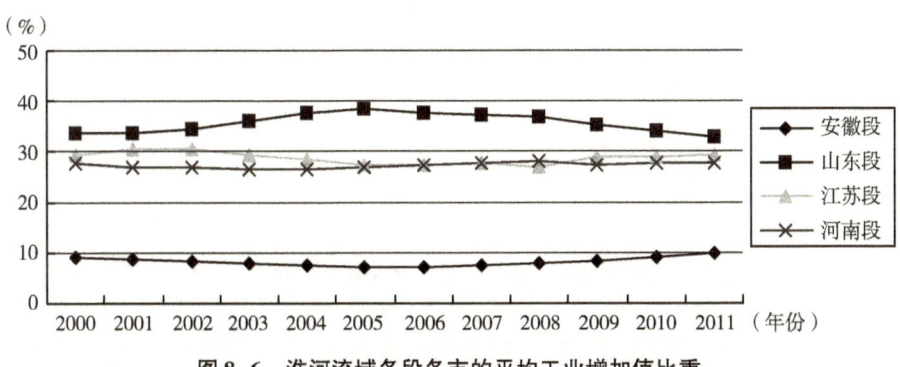

图 8-6 淮河流域各段各市的平均工业增加值比重

（2）区域内部协调机制缺乏。淮河流域区域内部市场分割、各自为政的现象严重，区域利益共享机制和产业分工协调机制缺乏，区域的发展条件和发展水平具有显著的不均衡，对该区域工业化的发展产生了不利影响，致使淮河流域区域内经济发展速度和工业化水平差距进一步拉大。淮河流域各市的平均GDP和淮河流域各段所占GDP的比重分别如表8-3和表8-4所示。从表8-3和表8-4可以发现，安徽段和河南段的工业化落后于山东段和江苏段，且低于淮河流域的平均水平。安徽段在淮河流域GDP中所占比重有逐步降低的趋势，其与河南段、山东段、江苏段的经济差距逐步拉大。

表8-3 淮河流域各市的平均GDP

单位：亿元

年份	淮河流域	安徽段	山东段	江苏段	河南段
2000	325.37	168.73	405.51	543.43	249.53
2001	360.82	177.21	451.44	598.14	285.67
2002	400.51	190.89	509.42	660.47	318.22
2003	458.25	204.95	615.67	747.11	358.46
2004	560.04	252.88	728.51	949.32	428.49
2005	660.77	285.83	896.48	1126.90	486.82
2006	776.17	332.13	1047.10	1326.94	576.19
2007	924.28	393.05	1258.40	1579.73	680.90
2008	1102.06	464.31	1501.86	1891.62	809.01
2009	1238.74	516.76	1640.88	2077.70	974.02

续表

年份	淮河流域	安徽段	山东段	江苏段	河南段
2010	1475.81	620.06	1925.06	2438.16	1199.87
2011	1738.80	749.82	2226.28	2857.24	1436.11

表 8-4 淮河流域各段 GDP 比重

单位:%

年份	安徽段	山东段	江苏段	河南段
2000	12.57	26.44	35.43	25.56
2001	11.91	26.54	35.16	26.39
2002	11.55	26.98	34.98	26.48
2003	10.84	28.50	34.58	26.07
2004	10.95	27.59	35.96	25.50
2005	10.49	28.78	36.18	24.56
2006	10.37	28.62	36.26	24.75
2007	10.31	28.88	36.25	24.56
2008	10.21	28.91	36.41	24.47
2009	10.11	28.10	35.58	26.21
2010	10.19	27.67	35.04	27.10
2011	10.45	27.16	34.86	27.53

（3）矿产资源型工业比重偏高。据有关部门统计分析，淮河流域矿产资源型工业仍然比重偏高，尤其是煤炭工业、矿山开采加工业在整个工业经济中占比偏高，其中安徽淮南、淮北的煤炭和煤电工业占全市工业经济比重高达50%以上；河南省平顶山、商丘等地的矿山开采加工业占据地方工业经济近半壁江山；江苏省徐州、宿迁的煤炭工业和矿山开采加工业也占相当高的比重。虽然近年来加大了对传统矿产资源工业转型升级的力度，但是现代高新技术工业，尤其是信息、生物医药、新材料等新型工业总体水平偏低，严重阻碍了区域经济增长的速度。

（4）企业信息化水平偏低。由于矿产资源型工业企业员工文化素质普遍不高，加上大多企业管理者对企业信息化认识不到位，淮河流域工业企业普遍

第8章 工业化的发展历史与现状

缺乏 MRP、ERP 或 IRP 等现代信息化系统以及信息采集和处理系统，这极大地制约该流域工业化前进的步伐。

（5）企业生产设备技术老化。淮河流域工业企业技术装备老化，一些企业仍沿用过去的机械设备，甚至还在使用东部经济发达地区早已淘汰使用的20世纪七八十年代的生产技术设备，因而产品科技附加值较低，生产过程高能耗、高污染、高排放现象严重，生产产品缺乏市场竞争力。

（6）工业企业集聚度不高。淮河流域工业化是以矿区布局为基础，哪里有矿产，工业企业就建在哪里，城市化就发展到何处，工业企业分散不集中，一矿一企、一企一局一街现象普遍，这不仅造成城市公共基础设施建设面大，而且整个工业集群化发展不够，工业化整体效益不高。

（7）生态环境污染严重。淮河流域工业以煤炭、电力工业以及农副产品为原料的食品、轻纺工业为主，这些工业企业大都是资源消耗大、环境污染严重。另外，各个矿区土地沉陷，矿业废弃物不断增加，岩石山林立，水源破坏严重，森林、植被面积减少。因此，该区域工业经济投资硬环境不好，软环境也不佳，极大地影响了该区域经济的可持续发展。

（8）农业工业化步伐缓慢。淮河流域以农副产品为原料的食品加工业多以粗加工为主，深加工业发展滞后，产品的附加值较低，对淮河流域农业工业化产业的竞争力产生不利影响，不利于该区域工业化的发展。

8.3 淮河流域安徽段工业化综合评价

8.3.1 工业化评价基本理论

著名经济学家 H. 钱纳里等把经济增长理解为经济结构的全面转变，借助多国模型提出了标准模式，将工业经济整个变化过程分为三个阶段六个时期：第一阶段是农业经济阶段（或称初级产品生产阶段）；第二阶段是工业化阶段，其中2、3、4分别为工业化阶段的初期、中期和后期；第三阶段为发达经济阶段，具体如表8-5所示。

表 8-5 钱纳里的工业化发展阶段

时期	人均国内生产总值变动范围 （1964 年美元）	发展阶段
1	100~200	初级产品生产阶段
2	200~400	工业化阶段
3	400~800	工业化阶段
4	800~1500	
5	1500~2400	发达经济阶段
6	2400~3600	

资料来源：钱纳里等. 工业化和经济增长的比较研究. 吴奇译. 三联书店上海分店, 上海人民出版社, 1995.

美国经济学家 W. W. 罗斯托将工业化划分为六个阶段：传统社会阶段、为起飞创造前提阶段、起飞阶段、向成熟推进阶段、高额群众消费阶段和追求生活质量阶段。其中，起飞阶段是关键，是社会发展过程中的重大突破。主导产业的更替和科学技术的进步是决定区域经济发展处于哪个阶段的主要因素。不过，罗斯托的六个阶段工业化论忽略了生产关系变革对社会经济发展所起的重要作用。

综合钱纳里、罗斯托等学者的研究成果不难发现，随着工业化进程的推进，人均 GDP、国民经济产值构成中第二产业产值、第三产业产值的比重及劳动力构成中第二产业、第三产业的比重都有不断上升的趋势；随着工业化程度的提高，加工程度的产业份额比例将增长；而且工业化和城市化是互相促进的。所以综合人均 GDP 水平、产业结构、就业结构、工业内部结构和人口城市化水平这五个指标来判断工业化的发展阶段，就能比较全面地反映一个地区的工业化水平。

8.3.2 工业化评价指标体系与处理方法

工业化指标体系是判断工业化阶段和发展水平的基本标准，而工业化指标的选取是建立在对工业化含义不同认识的基础之上的。目前，我国学术界尚无衡量工业化进程比较权威、能被普遍认可和接受的标准，也还没有既能反映省域工业化总体阶段又能反映其内部结构与层次的指标体系。参阅已有的多数对各行政区域工业化或省域工业化水平的研究文献可知，学者们的研究大多建立在对区域工业化发展阶段判断的基础上，而判断的标准主要依据西方经济学家

第8章 工业化的发展历史与现状

提出的工业化标准或对其稍加修改。本书考虑到实际指标的代表性与可比性、经验数据的可操作性,并参考陈佳贵、黄群慧和钟宏武等学者的研究成果(陈佳贵,2006),本节选定以下五个指标来构造地区工业化水平评价体系以及综合评价指标,进而对淮河流域工业化水平进行综合评价,具体为:X_1经济发展水平——以人均GDP为基本指标;X_2产业结构——以第一产业产值比为基本指标;X_3工业结构——以工业增加值占总GDP的比重为基本指标;X_4空间结构——以人口城市化率为基本指标;X_5就业结构——以第一产业就业比为基本指标。指标的具体内容如表8-6所示。

表8-6 工业化评价指标及其测度方法

工业化本质表现	工业化评价指标	测度方法
经济不断发展,人民收入不断提高	经济发展水平(X_1)	人均GDP
在国民经济中工业所占比重不断提高,乃至占主导地位	产业结构(X_2)	第一产业产值比
工业结构不断优化升级,技术水平不断提高	工业结构(X_3)	工业增加值占GDP的比重
城市规模不断扩大,城市化水平不断提高	空间结构(X_4)	人口城市化率
劳动人口由农业部门向第二、第三产业转移,第二、第三产业就业人数不断增加	就业结构(X_5)	第一产业就业比

8.3.3 综合评价结果

根据8.2节所建立的工业化评价的指标体系,本书统计整理得出2000~2011年淮河流域安徽段各市的工业化原始数据资料,限于文章篇幅,正文里只列出2011年以上8个城市工业化指标体系的原始数据,如表8-7所示。

表8-7 淮河流域各城市工业化原始数据(2011年)

指标 地区	人均GDP(元/人)	一、二、三产业产值比(%)			工业增加值占GDP比重(%)	人口城镇化率(%)	一、二、三产业就业比(%)		
		第一产业	第二产业	第三产业			第一产业	第二产业	第三产业
淮北	26225	8.5	66.3	25.2	61.03	43.28	35.0	34.2	30.8
亳州	12866	26.2	39.6	34.2	32.63	11.04	45.8	21.4	32.7
宿州	14959	27.1	40.6	32.3	35.60	13.52	46.4	25.9	27.7
蚌埠	24594	18.5	49.3	32.2	43.27	28.19	43.0	21.5	35.5
阜阳	11202	27.3	40.1	32.6	34.55	12.86	43.0	33.7	23.3

续表

指标\地区	人均GDP（元／人）	一、二、三产业产值比（%）			工业增加值占GDP比重（%）	人口城镇化率（%）	一、二、三产业就业比（%）		
		第一产业	第二产业	第三产业			第一产业	第二产业	第三产业
淮南	30400	7.9	65.0	27.1	57.63	46.29	20.8	41.7	37.6
滁州	21608	20.4	51.7	27.9	45.32	22.12	39.8	32.4	27.8
六安	14592	22.1	45.3	32.6	37.59	14.03	54.7	19.9	25.4

资料来源：《安徽统计年鉴》（2012）及各市统计年鉴和统计公报。

指标体系确定之后，采用时序全局主成分分析法以获得反映地区工业化水平的综合指标。

首先，组建全局数据表，将淮河流域安徽段各市的原始数据按时间顺序依次排列组建成全局表 $X = (x_{ij})_{nT \times p}$，然后对全局数据表实施经典主成分分析。

其次，利用 SPSS 统计软件，对全局数据表中的数据进行标准化。

$$x_{ij}' = (x_{ij} - \overline{x_j})/s_j, \quad i = 1, 2, \cdots, nT; \quad j = 1, 2, \cdots, p \tag{8-1}$$

标准化后的指标数据，记为 X_1、X_2、X_3、X_4、X_5，如表 8-8 所示，用于计算主成分。

表 8-8 标准化后的指标

年份	城市	X_1	X_2	X_3	X_4	X_5
2000	淮北	-0.67254	0.51617	1.10926	-0.92507	-0.22637
	亳州	-1.01096	-1.08547	-0.91685	1.51033	1.35176
	宿州	-1.00408	-1.55898	-0.87994	1.90679	2.01943
	蚌埠	-0.72807	-0.15009	0.07042	0.00000	0.97890
	阜阳	-1.13546	-1.17107	-0.99136	1.55753	1.01359
	淮南	-0.50267	-0.04991	1.67625	-1.09498	-1.18019
	滁州	-0.51938	0.11550	-0.06482	0.23599	1.11764
	六安	-1.08713	-0.52508	-0.67318	1.13275	0.59738
2001	淮北	-0.62159	0.68759	1.14671	-0.85900	-0.33910
	亳州	-1.00277	-1.29150	-0.91400	1.49145	1.23037
	宿州	-0.96657	-1.55493	-0.86960	1.97287	1.91538
	蚌埠	-0.68204	-0.13062	0.08305	-0.16991	0.97023
	阜阳	-1.14037	-1.26371	-0.96326	1.52921	0.94422
	淮南	-0.44534	0.09819	1.75434	-1.19882	-1.22355
	滁州	-0.49300	0.13198	-0.04600	-0.09439	1.01359
	六安	-1.06617	-0.56611	-0.65695	0.99115	0.49332

续表

年份	城市	X_1	X_2	X_3	X_4	X_5
2002	淮北	-0.54477	1.02853	1.18086	-0.94206	-0.63391
	亳州	-0.98148	-1.39304	-0.91024	1.47351	1.14365
	宿州	-0.93152	-1.56901	-0.85734	1.86997	1.79398
	蚌埠	-0.60063	-0.08874	0.09879	-0.19445	0.87485
	阜阳	-1.12743	-1.27891	-0.93230	1.46502	0.90086
	淮南	-0.32035	0.26630	1.77582	-1.23469	-1.11949
	滁州	-0.44075	0.05992	-0.02837	-0.00472	0.71010
	六安	-1.02996	-0.60905	-0.64911	0.98455	0.48465
2003	淮北	-0.44059	1.19704	1.20459	-1.17994	-0.56271
	亳州	-0.93250	-1.33029	-0.90009	1.17051	0.38060
	宿州	-0.90187	-1.55261	-0.84696	1.58584	1.41300
	蚌埠	-0.48514	0.08257	0.12666	-0.51917	0.53872
	阜阳	-1.08435	-1.12888	-0.91129	0.91564	1.15963
	淮南	-0.18832	0.47548	1.86244	-1.41593	-1.60398
	滁州	-0.37605	0.19741	-0.03993	-0.42478	0.48623
	六安	-0.99982	-0.48246	-0.64888	0.52862	0.95177
2004	淮北	-0.14409	1.37189	1.20123	-1.03646	-0.56363
	亳州	-0.80784	-1.39222	-1.01750	1.34851	0.42453
	宿州	-0.71971	-1.41160	-0.85048	1.83006	1.18973
	蚌埠	-0.21699	-0.09590	0.23186	-0.04688	0.27098
	阜阳	-1.00605	-1.28269	-0.92379	1.40421	0.75094
	淮南	0.01889	0.57912	1.71317	-1.23228	-1.52394
	滁州	-0.11674	-0.06011	-0.14577	0.00281	0.45769
	六安	-0.83454	-0.49712	-0.65485	0.58713	0.90885
2005	淮北	0.16727	1.50351	1.26496	-1.38572	-0.64258
	亳州	-0.67784	-1.39755	-1.01417	0.85994	0.38927
	宿州	-0.62494	-1.14297	-0.84130	1.42820	1.00492
	蚌埠	0.03833	-0.17140	0.25323	-0.34360	0.23319
	阜阳	-0.89590	-0.96677	-0.89801	0.64661	0.49332
	淮南	0.38016	1.02663	1.71120	-1.34136	-1.70045
	滁州	-0.21113	-0.08832	-0.12236	0.19540	0.40661
	六安	-0.68057	-0.83038	-0.65632	0.11328	0.85751

续表

年份	城市	X_1	X_2	X_3	X_4	X_5
2006	淮北	0.29229	1.28641	1.49076	-1.32248	-0.70328
	亳州	-0.55820	-1.17984	-0.94300	0.66738	0.36326
	宿州	-0.48580	-0.84292	-0.81210	1.20354	0.77080
	蚌埠	0.31145	-0.06739	0.27661	-0.41722	0.10313
	阜阳	-0.77770	-0.69651	-0.85598	0.59469	0.33725
	淮南	0.65774	1.05064	1.73862	-1.36873	-1.88255
	滁州	-0.02648	0.03893	-0.13980	0.08779	0.34592
	六安	-0.55804	-0.64365	-0.66922	0.07080	0.82283
2007	淮北	0.56404	1.33600	1.54003	-1.33758	-0.98076
	亳州	-0.41159	-0.99265	-0.93499	0.58053	0.31990
	宿州	-0.29201	-0.64161	-0.79275	0.95906	0.44130
	蚌埠	0.58763	-0.01770	0.32111	-0.41817	0.00775
	阜阳	-0.60865	-0.44671	-0.83862	0.47859	0.12047
	淮南	1.05956	1.28230	1.78831	-1.39988	-2.22072
	滁州	0.25936	0.19137	-0.11051	0.04814	0.12914
	六安	-0.33002	-0.38148	-0.70748	0.00661	0.63206
2008	淮北	1.27742	1.90799	1.55431	-1.46313	-0.98943
	亳州	-0.22010	-0.80059	-0.92902	0.38702	-0.00093
	宿州	-0.04073	-0.28400	-0.76761	0.43422	0.29389
	蚌埠	0.72097	0.07059	0.37857	-0.45310	-0.07897
	阜阳	-0.45140	-0.45270	-0.83010	0.49086	-0.26973
	淮南	1.58129	1.86913	1.83982	-1.57640	-2.28142
	滁州	0.55569	0.41729	-0.09752	-0.16047	0.03376
	六安	-0.07579	-0.14609	-0.69595	-0.11327	0.51067
2009	淮北	1.45221	1.97595	1.56363	-1.49144	-1.25823
	亳州	-0.12345	-0.48837	-0.93199	0.28319	-0.00093
	宿州	0.05149	-0.30638	-0.74987	0.39646	0.07711
	蚌埠	0.91263	0.43983	0.39010	-0.54749	-0.18302
	阜阳	-0.31822	-0.22337	-0.81590	0.30207	-0.47783
	淮南	2.11939	1.98377	1.82667	-1.62360	-2.34211
	滁州	0.78158	0.56751	-0.08553	-0.19823	-0.19169
	六安	0.00825	-0.20875	-0.69560	-0.08495	0.40661

续表

年份	城市	X_1	X_2	X_3	X_4	X_5
2010	淮北	2.14233	2.28515	1.56858	-1.56696	-1.31893
	亳州	0.22677	-0.23657	-0.92367	0.12272	-0.18302
	宿州	0.48558	-0.00029	-0.73909	0.23599	-0.22637
	蚌埠	1.80063	0.68891	0.39930	-0.60413	-0.55587
	阜阳	0.04871	0.05756	-0.80474	0.17935	-0.65126
	淮南	2.79395	2.10765	1.81340	-1.65192	-2.35946
	滁州	1.38619	0.86369	-0.07567	-0.38702	-0.41714
	六安	0.46576	0.13085	-0.69970	-0.16991	0.34592
2011	淮北	2.78380	2.43663	1.56009	-1.59528	-1.40564
	亳州	0.59550	-0.02933	-0.92985	0.07552	-0.46916
	宿州	0.93834	0.22910	-0.73832	0.16047	-0.41714
	蚌埠	2.51663	0.89453	0.39466	-0.65133	-0.71195
	阜阳	0.32292	0.13803	-0.78929	0.17935	-0.71195
	淮南	3.46769	2.14209	1.79255	-1.65192	-2.63693
	滁州	2.02750	1.07294	-0.07413	-0.47197	-0.98943
	六安	0.87823	0.40175	-0.69893	-0.31150	0.30256

再次，运用 SPSS 软件，对选择的指标和数据进行检验，看它们能否适用于全局主成分分析，本书选择运用 KMO（Kaiser-Meyer-Olkin）取样适当性度量与 Bartlett 球形检验方法，得到统计值如表 8-9 所示。从表 8-9 可以看出，KMO 检验值为 0.837，大于 0.5，表明各指标之间有较多的共同因素。Bartlett 球形检验的近似卡方分布值为 580.310，自由度为 10，显著性小于 0.01，表明拒绝单位相关原假设，数据适合主成分分析。

表 8-9　KMO and Bartlett's Test

KMO 取样适当性度量值		0.837
Bartlett 球形检验的统计参数值	近似卡方分布	580.310
	自由度	10
	显著性	0.000

最后，利用 SPSS 统计软件，运用时序全局主成分分析法，对淮河流域安徽段 8 个城市 2000～2011 年的工业化指标原始数据进行分析处理，我们得到一个主成分的特征值及累计贡献率（见表 8-10）。从表 8-10 可以看出，第一主成分（记为 Z_1）的贡献率高达 83.581%，未超过 85%，我们还需要选择另外的主成分。考虑第二主成分（记为 Z_2）后，前两个主成分的累计贡献率达到 93.272% >85%，因此我们选择前两个主成分来构造综合得分完全可行。第一主成分和第二主成分的系数矩阵见表 8-11，因子得分见表 8-12。

表 8-10　全局主成分分析的特征值和累计贡献率

主成分	特征值	贡献率（%）	累计贡献率（%）
第一主成分	4.179	83.581	83.581
第二主成分	0.485	9.691	93.272
第三主成分	0.189	3.777	97.049
第四主成分	0.096	1.929	98.978
第五主成分	0.051	1.022	100.000

表 8-11　主成分因子系数矩阵

变量	名称	主成分	
		Z_1	Z_2
X_1	人均 GDP	0.824	0.550
X_2	第一产业产值比	-0.955	0.179
X_3	工业增加值占 GDP 比重	0.964	0.040
X_4	人口城市化率	0.896	-0.385
X_5	第一产业就业比	-0.925	-0.025

表 8-12　主成分因子得分系数矩阵

	X_1	X_2	X_3	X_4	X_5
Z_1	0.197	-0.229	0.231	0.214	-0.221
Z_2	0.550	0.179	0.040	-0.385	-0.025

由表 8-13 可以得到主成分 Z_1、Z_2 的表达式：

$$Z_1 = 0.197X_1 - 0.229X_2 + 0.231X_3 + 0.214X_4 - 0.221X_5 \tag{8-2}$$

$$Z_2 = 0.550X_1 + 0.179X_2 + 0.040X_3 - 0.385X_4 - 0.025X_5 \tag{8-3}$$

由此可以得到淮河流域安徽段8个地级市在过去10年间各年份的因子得分。在此基础上,以各个主成分的方差贡献率为权重,加权求和,构造一个衡量各经济区域工业化水平的综合评价指标(Synthetic Industrialization Index, SII):

$$SII = 0.83581Z_1 + 0.09691Z_2 \tag{8-4}$$

得到各地区2000~2011年工业化综合得分,如表8-13所示。

表8-13　淮河流域安徽段8地市2000~2011年工业化水平综合得分

年份	区域	Z_1	Z_2	综合得分	排名
2000	淮北	0.4860	-1.9303	0.2191	2
	亳州	-1.2907	-0.0236	-1.0811	6
	宿州	-1.6292	0.0267	-1.3591	8
	蚌埠	-0.3794	-0.9458	-0.4087	4
	阜阳	-1.2870	-0.0780	-1.0833	7
	淮南	0.7597	-2.2483	0.4171	1
	滁州	-0.3905	-0.4994	-0.3748	3
	六安	-0.8709	-0.3566	-0.7625	5
2001	淮北	0.5534	-1.8576	0.2825	2
	亳州	-1.3049	-0.0345	-1.0940	7
	宿州	-1.6108	0.0912	-1.3375	8
	蚌埠	-0.3223	-0.9642	-0.3628	4
	阜阳	-1.2816	-0.1205	-1.0828	6
	淮南	0.8553	-2.2689	0.4950	1
	滁州	-0.2789	-0.5995	-0.2912	3
	六安	-0.8174	-0.3960	-0.7216	5
2002	淮北	0.7388	-1.7842	0.4446	2
	亳州	-1.3001	-0.0240	-1.0890	7
	宿州	-1.5541	0.0884	-1.2904	8
	蚌埠	-0.2665	-0.8849	-0.3085	4
	阜阳	-1.2516	-0.1531	-1.0610	6
	淮南	0.9086	-2.1486	0.5512	1
	滁州	-0.2349	-0.5114	-0.2459	3
	六安	-0.8151	-0.3667	-0.7168	5

续表

年份	区域	Z_1	Z_2	综合得分	排名
2003	淮北	0.8421	-1.7621	0.5330	2
	亳州	-1.0358	-0.0433	-0.8699	6
	宿州	-1.3930	0.0301	-1.1614	8
	蚌埠	-0.0496	-0.8639	-0.1251	4
	阜阳	-1.1354	-0.3244	-0.9804	7
	淮南	1.1500	-2.0917	0.7585	1
	滁州	-0.0472	-0.5606	-0.0938	3
	六安	-0.7787	-0.5145	-0.7007	5
2004	淮北	0.9075	-1.3552	0.6272	2
	亳州	-1.1011	0.2496	-0.8961	6
	宿州	-1.3319	0.3533	-1.0790	8
	蚌埠	-0.0644	-0.4698	-0.0994	3
	阜阳	-1.1797	-0.0370	-0.9896	7
	淮南	1.1231	-1.6656	0.7773	1
	滁州	-0.1699	-0.0446	-0.1463	4
	六安	-0.7547	-0.2996	-0.6598	5
2005	淮北	1.1103	-1.1661	0.8150	2
	亳州	-0.9564	0.2156	-0.7784	6
	宿州	-1.1163	0.3374	-0.9003	8
	蚌埠	0.0493	-0.3109	0.0111	3
	阜阳	-0.8491	-0.1721	-0.7264	7
	淮南	1.3612	-1.2475	1.0168	1
	滁州	-0.2228	-0.0989	-0.1958	4
	六安	-0.6818	-0.3239	-0.6012	5
2006	淮北	1.1320	-1.1953	0.8303	2
	亳州	-0.8174	0.2435	-0.6596	7
	宿州	-0.9102	0.4266	-0.7194	8
	蚌埠	0.1777	-0.0311	0.1455	3
	阜阳	-0.7080	-0.0596	-0.5975	6
	淮南	1.4738	-0.9528	1.1395	1
	滁州	-0.1227	0.0986	-0.0930	4
	六安	-0.5999	-0.1727	-0.5181	5

续表

年份	区域	Z_1	Z_2	综合得分	排名
2007	淮北	1.2724	-0.9129	0.9750	2
	亳州	-0.7141	0.3894	-0.5591	8
	宿州	-0.6925	0.5751	-0.5231	7
	蚌埠	0.2744	0.2558	0.2542	3
	阜阳	-0.5388	0.1079	-0.4399	6
	淮南	1.6990	-0.5107	1.3705	1
	滁州	0.0321	0.4092	0.0665	4
	六安	-0.4457	0.1247	-0.3605	5
2008	淮北	1.5787	-0.1124	1.3086	2
	亳州	-0.5155	0.5634	-0.3763	8
	宿州	-0.4023	0.6843	-0.2699	6
	蚌埠	0.3606	0.3606	0.3363	3
	阜阳	-0.4239	0.3039	-0.3249	7
	淮南	2.0022	0.0279	1.6762	1
	滁州	0.2143	0.6822	0.2452	4
	六安	-0.2845	0.3859	-0.2004	5
2009	淮北	1.6968	0.0878	1.4267	2
	亳州	-0.4012	0.6634	-0.2711	8
	宿州	-0.3289	0.7704	-0.2003	7
	蚌埠	0.5307	0.5705	0.4988	3
	阜阳	-0.2525	0.4042	-0.1718	5
	淮南	2.1561	0.6444	1.8645	1
	滁州	0.3545	0.9395	0.3874	4
	六安	-0.2659	0.4916	-0.1746	6
2010	淮北	1.9359	0.8684	1.7022	2
	亳州	-0.1953	1.0257	-0.0638	8
	宿州	-0.0666	1.2368	0.0642	5
	蚌埠	0.8605	1.5905	0.8734	3
	阜阳	-0.0465	0.7991	0.0386	7
	淮南	2.3251	1.4215	2.0811	1
	滁州	0.6372	1.5848	0.6862	4
	六安	-0.0653	1.0145	0.0437	6

续表

年份	区域	Z_1	Z_2	综合得分	排名
2011	淮北	2.1211	1.6100	1.9289	2
	亳州	-0.0021	1.4640	0.1402	8
	宿州	0.1352	1.7514	0.2827	5
	蚌埠	1.0934	2.4148	1.1479	3
	阜阳	0.0429	1.1080	0.1432	7
	淮南	2.5226	2.2200	2.3236	1
	滁州	0.9581	2.3275	1.0264	4
	六安	0.1207	1.4548	0.2419	6

8.3.4 工业化水平特征分析

综上所述，我们得到了反映地区工业化水平的综合得分，该表中，综合得分越高，代表该地区工业化水平越高；排名按得分从高到低排列，所以排名越靠前，相对工业化水平越高。由表8-13可以看出：

（1）在2000~2011年中，8城市（按表8-13中顺序）工业化水平综合得分的排名情况比较稳定，基本上呈2、7、8、4、6、1、3、5的格局（个别年份稍有出入，但变化不大）。这一格局直到2006年被打破，8城市工业化水平综合得分的排名基本上为2、8、7、3、5、1、4、6。从综合得分情况来看，宿州地区一直保持着良好的发展势头，尽管起步水平较低，2000~2006年，其综合得分一直低于淮河流域安徽段其他7个市的综合得分，排名第8位，但其分别在2007年、2008年和2010年赶超亳州市、阜阳市和六安市，跃至第5位。这表明，宿州市的工业化发展速度保持了快速和稳步的特点。通过分析可以发现，宿州市工业化的快速发展，主要得益于人均GDP的快速增长。从2010年流域原始工业化数据得知，宿州市2010年人均GDP达到12195元，而亳州市、阜阳市分别只有10615元、9528元，在此项指标上差距显著。

（2）如果将淮南、淮北地区作为第一集团，蚌埠、滁州地区作为第二集团，六安、阜阳、宿州、亳州地区作为第三集团。图8-7给出的是各地市工业化水平综合得分的年度变化情况。通过图8-7可以看出，第二、第三集团的工业化水平整体上要落后于第一集团。其中第三集团中的各地区在整个流域的排名情况一直处在倒数第1、第2、第3、第4的位置，经过10年的快速发展,尽管第三集团的综合得分有所增加,表明当地的工业化水平在不断提高,但较流域内其他地区来说,还处在相对比较落后的位置。蚌埠、滁州地区的排名基本维持在第3、第4位,在2004年蚌埠地区的综合得分赶超滁州地区,表明蚌埠地区的工业化水平在2004年赶超了滁州地区。淮南、淮北地区综合得分一直分别处于第1、第2的位置,表明淮南、淮北地区的工业化水平远远领先于淮河流域安徽段其他地区。从发展速度来看,淮河流域安徽段第一集团中淮南、淮北地区从2005年之后,发展速度差距有所增加,工业化差距进一步拉大。而第二集团中的蚌埠、滁州地区,从2007年之后,滁州市的发展速度高于蚌埠市的发展速度,其工业化差距逐步缩小。第三集团的亳州、宿州、阜阳、六安地区的工业化差距逐步缩小。

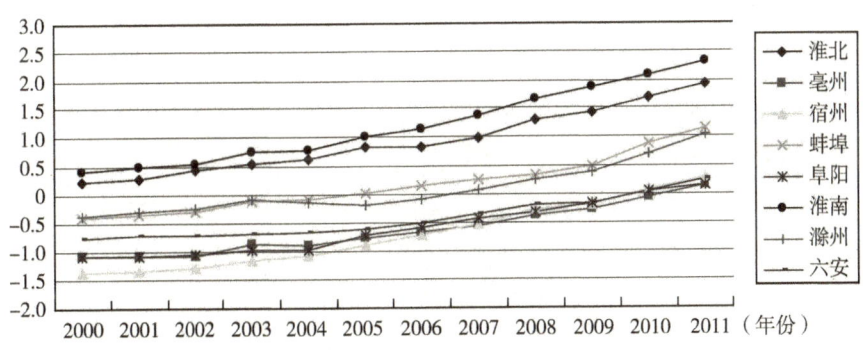

图8-7 淮河流域各地市工业化水平综合得分年度变化情况

第9章 工业化水平差异的影响因素

9.1 区域经济差异现状

9.1.1 总体状况

区域经济差异的测算指标有产出指标和生计指标两类,常用的产出指标有人均GDP、人均国民生产总值、人均国民收入等,常用的生计指标有农民人均纯收入、城镇居民人均可支配收入、人均消费水平等。测算区域经济差异的方法有绝对差异和相对差异,绝对差异一般通过平均差、标准差和极差来衡量,相对差异一般通过极值差率、洛伦兹曲线、基尼系数、变异系数等来衡量。本书首先以人均GDP为例,分析了淮河流域区域经济差异的变迁。表9-1反映的是淮河流域2000年以来淮河流域人均GDP的基本情况。从表9-1和图9-1可以看出,2000年以来,淮河流域人均GDP呈逐年增加态势,2011年已达到30599.88元;山东淮河流域、河南淮河流域、江苏淮河流域和安徽淮河流域的人均GDP也都呈逐年增加趋势,单从总量上看各地淮河流域人均GDP的差异较大,2008年最高的为山东淮河流域,最低的为安徽淮河流域。2009年江苏淮河流域的人均GDP赶超山东淮河流域,在四个省份中排名第一。

表9-1 2000~2011年淮河流域人均GDP

单位:元

年份	淮河流域 人均GDP	山东淮河流域 人均GDP	河南淮河流域 人均GDP	江苏淮河流域 人均GDP	安徽淮河流域 人均GDP
2000	5574.16	6749.04	5197.40	6936.65	3570.56
2001	6202.51	7440.32	6007.10	7595.83	3689.02

第9章　工业化水平差异的影响因素

续表

年份	淮河流域 人均 GDP	山东淮河流域 人均 GDP	河南淮河流域 人均 GDP	江苏淮河流域 人均 GDP	安徽淮河流域 人均 GDP
2002	6871.80	8355.35	6661.82	8432.78	3941.56
2003	7698.96	10051.87	6986.11	9462.23	4425.30
2004	9604.19	11836.00	9534.10	11258.73	5354.87
2005	11116.17	15028.41	10441.09	12729.39	6264.90
2006	12863.73	16795.85	12230.01	14936.64	7155.64
2007	15267.28	20039.49	14485.38	17588.42	8521.30
2008	18971.61	25011.53	18813.91	20847.40	10149.81
2009	21332.02	27050.65	20032.40	27248.13	11099.80
2010	25731.42	31484.05	23510.38	33771.46	14257.47
2011	30599.88	36159.03	27966.66	40658.57	17616.63

资料来源：依据山东、河南、江苏、安徽各省2001~2012年统计年鉴整理所得。

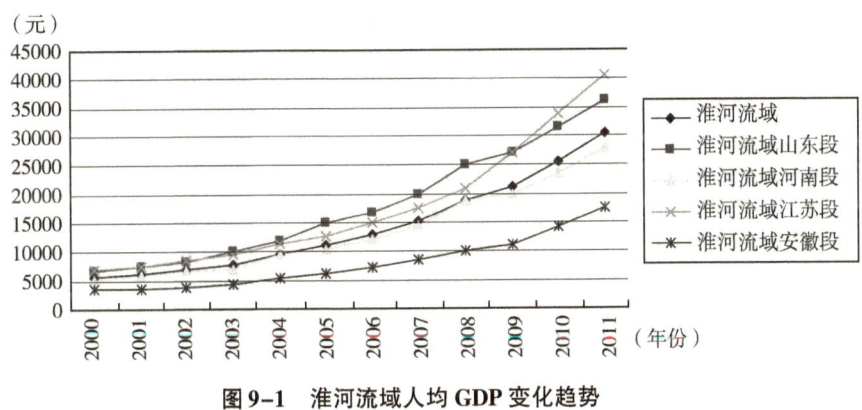

图9-1　淮河流域人均 GDP 变化趋势

从图9-1可以看出，淮河流域山东段、江苏段和安徽段人均 GDP 绝对差距呈不断扩大趋势。结合表9-2和图9-2可以看出，淮河流域人均 GDP 极差和标准差都呈不断增大趋势，极差和标准差是衡量绝对差异的两个指标，这两个指标值越大说明绝对差异越大，这就说明淮河流域人均 GDP 绝对差异在不断增大。再看极值差率和变异系数这两个反映相对差异的指标，从表9-2和图9-2发现，2000~2009年这两个指标总体上呈波浪式扩大趋势，2010~2011年这两个指标有所降低，但仍高于2000年，说明2000~2009年淮河流域

· 167 ·

人均GDP相对差异总体上呈扩大趋势,虽然2010~2011年人均GDP相对差异有所降低,但仍高于2000年。人均GDP差异的不断扩大在一定程度上能够说明淮河流域区域经济差异在不断扩大。因此,可以得出结论:淮河流域区域经济差异在不断扩大。

表9-2 2000~2011年淮河流域人均GDP差异变化

年份	平均值	最小值	最大值	极差	标准差	极值差率	变异系数
2000	5613.409	3570.555	6936.647	3366.092	1569.175	1.94	0.280
2001	6183.068	3689.020	7595.830	3906.810	1809.960	2.06	0.293
2002	6847.878	3941.560	8432.780	4491.220	2102.830	2.14	0.307
2003	7731.378	4425.300	10051.870	5626.570	2573.330	2.27	0.333
2004	9495.925	5354.870	11836.000	6481.130	2928.780	2.21	0.308
2005	11115.950	6264.900	15028.410	8763.510	3737.140	2.40	0.336
2006	12779.540	7155.640	16795.850	9640.210	4191.820	2.35	0.328
2007	15158.650	8521.300	20039.490	11518.190	4974.400	2.35	0.328
2008	18705.660	10149.810	25011.530	14861.720	6260.070	2.46	0.335
2009	21357.750	11099.800	27248.130	16148.330	7617.690	2.45	0.357
2010	25755.840	14257.470	33771.460	19513.990	8837.740	2.37	0.343
2011	30600.220	17616.630	40658.570	23041.940	10125.550	2.31	0.331

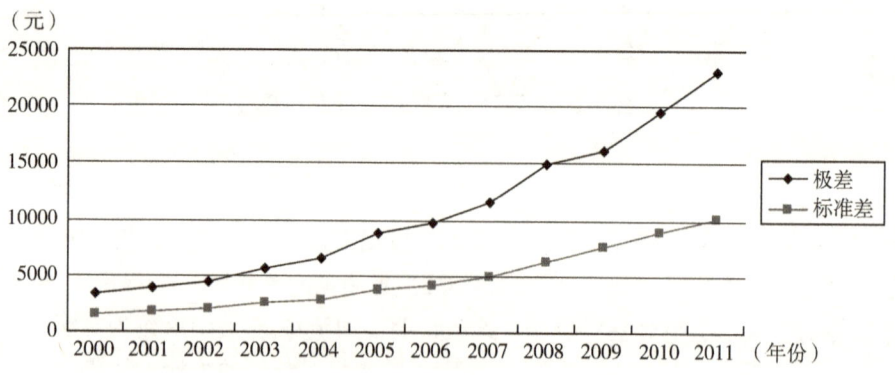

图9-2 淮河流域人均GDP差异变化趋势

第9章 工业化水平差异的影响因素

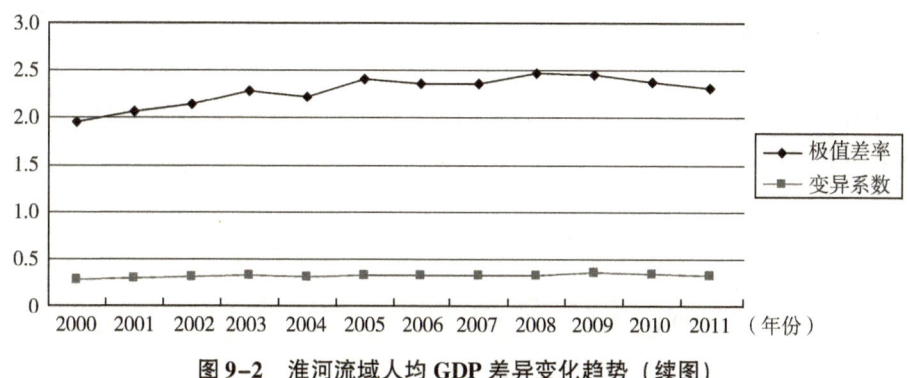

图9-2 淮河流域人均GDP差异变化趋势（续图）

9.1.2 地级市状况

通过表9-1、表9-2和图9-1、图9-2得出了2000~2011年淮河流域人均GDP的总体变化趋势，进而分析出了淮河流域区域经济差异的总体状况，接下来再根据第8章淮河流域安徽段8个地级市的工业化水平的综合得分，进一步分析得出淮河流域的经济差异现状。

表9-3 2000~2011年沿淮8地级市工业化水平综合得分变化

年份	平均值	最小值	最大值	极差	标准差
2000	-0.554160	-1.359100	0.417107	1.776210	0.637360
2001	-0.514040	-1.337470	0.495000	1.832473	0.666146
2002	-0.464460	-1.290380	0.551180	1.841559	0.699145
2003	-0.329970	-1.161360	0.758502	1.919865	0.714196
2004	-0.308220	-1.078960	0.777281	1.856244	0.722166
2005	-0.169910	-0.900330	1.016817	1.917151	0.737881
2006	-0.059040	-0.719380	1.139493	1.858871	0.713938
2007	0.097951	-0.559120	1.370546	1.929670	0.730059
2008	0.299353	-0.376280	1.676157	2.052438	0.787265
2009	0.419961	-0.271060	1.864534	2.135590	0.817088
2010	0.678192	-0.063830	2.081074	2.144902	0.827561
2011	0.904332	0.140154	2.323571	2.183416	0.855788

从表9-3可以看出,淮河流域安徽段8个地级市的工业化水平综合得分的平均值不断增加,说明淮河流域的工业化水平不断提高,极差和标准差两个指标呈现出波浪式扩大趋势,极差和标准差是衡量绝对差异的两个指标,这两个指标值越大说明绝对差异越大,这就说明淮河流域安徽段8个地级市的工业化水平绝对差异在不断增大。

9.2 空间计量经济学模型

9.2.1 空间计量方法

由于一个地区的经济发展总是与其他地区的发展有着一定的联系,也就是说它作为整个经济系统的一个部分是不可能独立存在的,这会使得那些忽视空间因素的模型估计出现误差。因此,变量的空间特性越来越引起人们的关注。空间计量经济学源于空间相互作用理论及其进展,它是新兴的一门边缘学科,是计量经济学的一个子集,侧重研究在横截面数据和面板数据模型中处理空间相互作用和空间结构等问题,是经济计量研究最近十几年发展起来的一个极其重要的分支,在许多学科领域特别是在应用经济领域中得到了广泛的运用。

空间计量经济学模型主要有两种形式的模型结构,即空间自回归模型(Spatial Autoregressive Model,SAR)和空间误差模型(Spatial Error Model,SEM)。

空间自回归模型(SAR)的基本模型为:

$$y = \rho (I_T \otimes W_N) y + x\beta + \varepsilon \tag{9-1}$$

其中,y 为列的决策变量观察值向量;x 为 n×k 的外生解释变量矩阵;ρ 为空间自回归系数,它的取值范围在 −1~1,用于表明相邻区域之间的影响程度,值越大表明影响程度越高;W_N 为 n×n 阶的空间权重矩阵;$(I_T \otimes W_N) y$ 为空间滞后被解释变量;β 为 k×1 阶回归系数向量;ε 为随机误差序列向量。

空间误差模型(SEM)的基本模型为:

$$y = x\beta + \mu \tag{9-2}$$

其中,$\mu = \lambda (I_T \otimes W_N) \mu + \varepsilon$。 $\tag{9-3}$

式(9-3)中,ε 为随机误差项向量;λ 为 n×1 的截面被解释变量向量的空间误差系数；μ 为正态分布的随机误差向量。参数 λ 衡量了样本观察值中的空间依赖作用，即相邻地区的观察值 y 对本地区观察值 y 的影响方向和程度，λ 值越大空间相关性越强；反之，λ<0 时各地区间为空间负相关。参数 β 反映了解释变量 x 对被解释变量 y 的影响。

9.2.2 空间权重设置[①][②]

模型空间权重 W 的设定是空间计量模型的关键，也是地区间空间影响方式的体现。本书将分别采用地理权重矩阵和经济权重矩阵来对模型进行描述。

（1）地理权重矩阵遵循的是 Rook 相邻判定规则，即 2 个地区拥有共同边界则视为相邻。矩阵 w 的设定方式如下：主对角线上的元素为 0，如果 i 地区与 j 地区相邻，则 w_{ij} 为 1，否则为 0。在实证估计时，w 需要经过行标准化处理，用每个元素同时除以所在行元素之和，使得每行元素之和为 1。

（2）事实上，地区间的相互影响关系并非完全相同，因为落后地区对发达地区的影响力度较小，而发达地区能够对周围落后地区产生更大的辐射力和吸引力，即有更强烈的空间影响力。因此，林光平在二元权重矩阵的基础上设置了经济权重矩阵，其形式为 W=w×E，其中 w 为地理权重矩阵；E 为量化区域间经济差异的权重矩阵。本书通过计算考察期间各地区实际 GDP 占所有地区实际 GDP 之和比重的均值来衡量地区经济水平的高低，并假设经济实力强的地区对周围地区产生的空间影响力强；反之就弱。经济空间权重矩阵 W 是地理空间权重 w 与各地区 GDP 所占比重均值为对角元的对角矩阵的乘积，具体形式为：

$$W = w \times \mathrm{diag}\left(\frac{\overline{y_1}}{\overline{y}}, \frac{\overline{y_2}}{\overline{y}}, \cdots, \frac{\overline{y_n}}{\overline{y}}\right) \tag{9-4}$$

其中，$\overline{y_i} = \dfrac{1}{t_1 - t_0 + 1}\sum_{t=t_0}^{t_1} y_{it}$，$\overline{y} = \dfrac{1}{n(t_1 - t_0 + 1)}\sum_{t=t_0}^{t_1}\sum_{i=1}^{n} y_{it}$。

式（9-4）中，t 为考察时间期数；n 为考察地区个数；y 为考察地区 GDP。由于不同空间权重矩阵的设置对模型估计的结果会产生较大的影响，本书分别采用这两种方法进行空间自相关检验和空间面板数据分析。

[①] 王火根，沈利生．中国经济增长与能源消费空间面板分析 [J]．数量经济技术经济研究，2007（12）．
[②] 王立平，马娇娇．R&D 投资对经济增长作用的空间面板模型 [J]．合肥工业大学学报（自然科学版），2010（9）．

9.3 模型的估计及检验

9.3.1 模型的估计

空间计量模型的估计一直是国外学者关注的焦点，目前仍没有形成比较规范和统一的检测标准。由于空间计量模型引入了空间因素，如果仍采用常用的最小二乘法进行估计，系数估计值会有偏或无效，因此需要引入新的方法对它进行估计。许多国外学者也对空间计量模型的估计问题进行了研究，如 Besag（1974）、Ord（1975）和 Mardia（1984）等分别讨论了不同空间自回归模型的估计问题，此后一些学者如 Cliff–Ord（1981）、Anselin（1988）、Haining（1988）、Anselin 和 Bera（1998）等开始采用最大似然法对空间计量模型进行估计（简称 ML 估计），取得了许多成果，为后人进行研究提供了宝贵的财富，但他们只分析了截面数据，针对截面回归模型设计了 ML 估计程序，并未考虑面板数据模型。其他的一些估计方法，如 Anselin（1990）、Conley（1996）、Kelejian 和 Prucha（1999）等提出的工具变量法（IV）、广义矩估计（GMM）等方法也引起了理论界的高度重视。在面板数据模型基础上，有人进一步提出了关于空间面板模型的极大似然估计（MLE）函数模型（Smirnov 和 Anselin，2001）。

如果二维误差项满足经典假设，则对于空间面板滞后模型，设定为以下形式：

$$L = \ln|I_T \otimes (I_T - \rho W_N)| - \frac{NT}{2}\ln\sigma_\varepsilon^2 - \frac{1}{2\sigma_\varepsilon^2}\varepsilon'\varepsilon \qquad (9-5)$$

其中，$\varepsilon = y - \rho(I_T \otimes W_N)Y - X\beta - \eta - \delta$，$|I_T \otimes (I_T - \rho W_N)|$ 为空间转换的雅可比行列式。如果雅可比行列式对角结构一致，那么式（9-5）可以简化为：

$$L = T\ln|I_T - \rho W_N| - \frac{NT}{2}\ln\sigma_\varepsilon^2 - \frac{1}{2\sigma_\varepsilon^2}\varepsilon'\varepsilon \qquad (9-6)$$

如果仍然假设随机误差项满足经典假设，则式（9-6）可以变为：

$$L = T\ln|I_T - \rho W_N| - \frac{1}{2}\ln\left|\sum\right| - \varepsilon'\sum\nolimits^{-1}\varepsilon \qquad (9-7)$$

其中，$\sum = E(\varepsilon'\varepsilon) = \sigma_u^2(i_T \otimes i_T') + \sigma_u I_{NT})$。

对于空间面板误差模型，MLE 函数可简化为：

$$L = -\frac{1}{2}\ln\left|\sum\right| - \frac{1}{2}\varepsilon'\sum{}^{-1}\varepsilon \tag{9-8}$$

9.3.2 模型的检验

单截面回归模型是判断地区间的空间相关性存在与否，一般通过 Moran' I 检验进行的。为此，本书选用 Moran' I 检验空间相关性，具体计算公式如下：

$$\text{Moran' I} = \frac{\sum_{i=1}^{n}\sum_{j=1}^{n}(Y_i-\overline{Y})(Y_j-\overline{Y})}{S^2\sum_{i=1}^{n}\sum_{j=1}^{n}W_{ij}} \quad \left(S^2=\frac{1}{n}\sum_{i=1}^{n}(Y_i-\overline{Y}),\ \overline{Y}=\frac{1}{n}\sum_{i=1}^{n}Y_i\right) \tag{9-9}$$

式（9-9）中，Y_i 为第 i 地区的观测值；n 为地区总数；W_{ij} 为二进制的邻接空间权重值矩阵，表示其中的任一元素，采用邻接标准或距离标准，其目的是定义空间对象的相互邻接关系。一般邻接标准为两个地区相邻取值为 1，否则为 0。Moran' I 指数的取值范围为 $-1 \leq I \leq 1$。若 $I>0$，则各地区间为空间正相关，且 I 值越大表示空间分布相关性越强；反之，若 $I<0$，则各地区间为空间负相关。

由于单截面回归模型的 Moran' I 检验不能直接用于面板数据模型，因此本书基于增广的空间权重矩阵代替空间权重矩阵，把该检验扩展到面板数据分析。此外，本书另外两个检验 LMerr、LMsar 统计量如下：

$$\text{LMerr} = \frac{[e'(I_T \otimes W_N)e/(e'e/NT)]^2}{\text{tr}[(I \otimes W_N^2)] + (I_T \otimes W_N'W_N)} \tag{9-10}$$

$$\text{LMsar} = \frac{[e'(I_T \otimes W_N)y/(e'e/NT)]^2}{\text{tr}(W_N^2 + W_N'W_N) + [(W\hat{y})'M(W\hat{y})/\sigma^2]} \tag{9-11}$$

其中，$W\hat{y}=(I_T \otimes W_N)X\hat{\beta}$，$M=I_{NT}-X(X'X)^{-1}$。

上述两个统计量服从 $\chi^2(1)$ 分布。LMerr 和 LMsar 及其稳健形式的空间相关性检验不仅可以用来检验空间相关性，还可以提供在空间自回归模型和空间误差模型之间进行选择。具体地说，通常做法是先用 OLS 方法估计不考虑空间相关性的受约束模型，然后进行空间相关性检验，如果 LMsar 比 LMerr 统计量更显著，那么恰当的模型是空间滞后模型；反之同理（王火根和沈利生，2007）。

9.4 工业化差异影响因素的空间计量模型

9.4.1 变量选择

因为本书分析的是淮河流域区域工业化差异的影响因素，建立的模型是柯布—道格拉斯生产函数模型，所以选择了淮河流域安徽段8个地级市工业增加值（亿元）作为被解释变量，选择淮河流域安徽段8个地级市的从业人员数（万人）、全部国有及规模以上非国有工业企业的资产总额（亿元）作为被解释变量。

9.4.2 模型设置

柯布—道格拉斯生产函数是数学家柯布和经济学家道格拉斯于20世纪30年代提出来的，被认为是一种很有用的生产函数。生产函数模式为：

$$Q = AL^{\beta_L} K^{\beta_K} \tag{9-12}$$

其中，Q为产量；L和K分别为劳动和资本投入量；A、β_L和β_K为3个参数。若$\beta_L + \beta_K > 1$，则为规模报酬递增；若$\beta_L + \beta_K = 1$，则为规模报酬不变；若$\beta_L + \beta_K < 1$，则为规模报酬递减。

为了方便估计取对数：

$$\ln(G) = \ln(A) + \beta_L \ln(L) + \beta_K \ln(K) \tag{9-13}$$

本书中G代表工业增加值（亿元），L代表从业人员数（万人），K代表各市全部国有及规模以上非国有工业企业的资产总额（亿元）。β_L和β_K分别代表L和K的弹性产出系数（劳动和资本的贡献率），A为结构参数。

本书设置的空间计量模型包括空间自回归模型（SAR）和空间误差模型（SEM），空间自回归模型和空间误差模型又分别包含4种形式，即无固定效应（Pooled Model Without Fixed Effects）、空间固定效应（Spatial Fixed Effects）、时间固定效应（Time Period Fixed Effects）、时空固定效应（Spatial and Time Period Fixed Effects），然后对此进行检验，甄别出最适合淮河流域区域经济差异的模型形式。对于空间计量模型，设置地理权重矩阵W_1和经济权重矩阵W_2是一个至关重要的范畴。本书依据上文提到的空间权重的原则设定权数，该空间权重矩阵W_1和W_2分别是一个8×8的矩阵。

在此基础上，依据已有的研究成果和有关理论为依据，在空间计量估计技术的支持下，对式（9-13）进行变换构建的 SAR 模型具体如下：

$$y_{it} = \rho (I_T \otimes W) y_{it} + X_{it}\beta + \varepsilon \tag{9-14}$$

其中，y_{it} 为淮河流域安徽段 8 个地级市工业增加值的对数，即 $\ln(G)$；W 为空间权重矩阵，自变量矩阵为以上选取变量的值取对数，即 $X_{it} = (\ln L, \ln K)$；ρ 为空间自回归参数；β 为 k×1 阶回归系数向量；ε 为误差项。

SEM 模型的设置与 SAR 模型类似，具体如下：

$$y_{it} = X_{it}\beta + \lambda(I_T \otimes W)\mu + \varepsilon \tag{9-15}$$

其中，μ 为溢出成分误差；λ 为空间自相关系数；其他字母含义与式（9-5）相同。

9.4.3 数据来源

本书所用的被解释变量选择了 2000~2011 年淮河流域安徽段 8 个地级市的工业企业增加值（亿元），解释变量分别为国有及规模以上非国有工业企业资产合计（亿元）、全部从业人员数（万人），其中工业企业增加值和国有及规模以上非国有工业企业资产合计为剔除价格因素的影响，以 2000 年为基年，所用数据均来源于《安徽省统计年鉴》（2001~2012）及世界银行网站。2011 年的数据如表 9-4 所示。

表 9-4　2011 年淮河流域安徽段各市指标

指标 城市	工业增加值 （亿元）	从业人员数 （万人）	资产合计 （亿元）
淮北	210.34	113.0	930.80
亳州	126.99	322.9	206.55
宿州	177.44	368.4	301.32
蚌埠	209.68	226.0	432.94
阜阳	183.11	602.8	359.02
淮南	254.00	136.8	1049.07
滁州	239.41	270.4	531.01
六安	191.71	399.5	433.50

9.4.4 实证结果与分析

（1）面板模型检验。运用面板数据单位根和协整检验等现代计量经济学方法对淮河流域安徽段的工业化影响因素进行研究。首先运用面板数据的单位根检验与协整检验来考察变量 ln(G) 和 ln(K) 之间的长期关系，然后根据前面构建的计量模型来量化它们之间的内在联系。

①面板数据单位根检验。由于面板数据是由时间序列和横截面组成的数据，它同样有可能产生"伪回归问题"。因此，必须对面板数据进行单位根检验，主要方法有 LLC 检验方法、IPS 检验、ADF 和 PP 检验等。为了克服某一种检验方法所带来的偏差，同时考虑 Eviews 软件的可操作性，本书运用以上四种方法分别对各面板数据变量及其一阶差分变量进行单位根检验，检验结果如表 9-5 所示。

表 9-5　2000~2011 年安徽省淮河流域单位根检验

变量	检验统计量及对应的 P 值	检验方法			
		Levin、Lin and Chu	Im、Pesaran and Shin	Fisher-ADF	Fisher-PP
$\ln(G_{it})$	检验统计量	4.61169	7.20718	0.50913	0.32478
	P 值	1.0000	1.0000	1.0000	1.0000
$\Delta\ln(G_{it})$	检验统计量	-6.18908	-3.33792	37.47120	60.16050
	P 值	0.0000	0.0004	0.0018	0.0000
$\ln(L_{it})$	检验统计量	1.73105	3.82184	4.11166	3.93518
	P 值	0.9583	0.9999	0.9987	0.9990
$\Delta\ln(L_{it})$	检验统计量	-7.10118	-4.76069	51.03470	78.25360
	P 值	0.0000	0.0000	0.0000	0.0000
$\ln(K_{it})$	检验统计量	5.67062	7.35742	0.62413	0.57374
	P 值	1.0000	1.0000	1.0000	1.0000
$\Delta\ln(K_{it})$	检验统计量	-5.22063	-2.55168	32.79480	39.08750
	P 值	0.0000	0.0054	0.0079	0.0011

注：P 值为对应单位根检验统计量的显著水平。

从表 9-5 的结果可以看出，在 10% 水平上不平稳，经一阶差分后，各变量 ln(G)、ln(L) 和 ln(K) 均在 1% 的水平上拒绝原假设，表明一阶差分为平稳变量。

②面板数据协整检验。由于选择 T 较短（为 12 年），因此本书采用 KAO

检验，这种方法的原假设是没有协整关系，主要是利用面板数据回归后得出的残差来构建统计量，具体检验结果如表9-6所示。

表9-6 2000~2011年安徽省淮河流域 Kao 协整检验

	t 统计量	P 值
ADF	-3.099885	0.0010

注：小概率 P 值为对应单位根检验统计量的显著水平。

由表9-6的面板协整检验结果可知：Kao 协整检验的 ADF 统计量在10%的显著性水平下拒绝原假设，表明 ln(G)、ln(L) 和 ln(K) 之间存在协整关系。

③Hausman 检验。本书选择 Hausman 检验来判定是选用固定效应模型和随机效应模型，具体检验结果见表9-7。

表9-7 2000~2011年安徽省淮河流域 Hausman 检验

	Chi-Sq. Statistic	P 值
Cross-section random	19.486459	0.0001

由表9-7的 Hausman 检验结果可知，P 值小于10%的显著性水平临界值，因此拒绝随机效应模型的系数与固定效应模型的系数没有差别的原假设，应选择固定效应模型。

（2）空间相关性检验与模型的选择。为了更好地反映淮河流域安徽段8个地市间的空间关系，本书分别根据标准化的地理增广的空间权重矩阵和经济增广的空间权重矩阵对淮河流域安徽段的空间相关性进行检验，空间自相关检验结果如表9-8所示。从表9-8中可以发现，无论是运用空间矩阵还是经济矩阵，淮河流域安徽段的 Moran' I 值均为正值，对 I 值进行显著性检验，在1%的显著性水平下均通过检验，表明淮河流域安徽段近几年在工业化之间存在正相关性，也说明了构建空间计量模型分析淮河流域安徽段工业化水平差异的影响因素具有可行性。通过观察表9-9可以发现，不管根据地理空间权重还是经济空间权重计算得到的 LMsar 统计量均大于 LMerr 统计量，可见 SAR 模型更贴近研究现实，所以选择空间自回归估计方法。

表9-8　2000~2011年安徽省淮河流域Moran'I估计值

指　标	Moran'I	Var	P值
地理权重	0.4102	0.0065	0.0000
经济权重	0.4085	0.0067	0.0000

表9-9　2000~2011年安徽省淮河流域LMerr和LMsar估计值

指　标	LMsar			LMerr		
	Lm	Chi	P	Lm	Chi	P
地理权重	63.7055	6.6350	0.0000	25.0326	17.6110	0.0000
经济权重	188.9259	6.6350	0.0000	23.1267	17.6110	0.0000

(3) 估计结果。空间相关分析已经定量证明了安徽省淮河流域的工业化具有空间相关性，因此可以采用空间计量经济模型进行动态面板估计。利用Matlab 7.11和Spatial Econometrics Toolbox模块实现参数模型的估计及其检验，比较结果发现，基于经济权重矩阵和地理权重矩阵的无固定效应模型和时间固定效应模型的拟合度较低，且有些指标不能通过显著性检验。因此本书只给出空间固定效应和时空固定效应模型的回归结果，如表9-10所示。

表9-10　空间自回归模型估计结果

模型变量	地理权重		经济权重	
	空间固定效应模型	时空固定效应模型	空间固定效应模型	时空固定效应模型
β_L	0.3742*** (6.0466)	0.3766*** (6.0705)	0.4486*** (6.6581)	0.4492** (6.6634)
β_K	0.7895*** (19.7803)	0.7919*** (19.8952)	0.8331*** (19.3252)	0.8340*** (19.3404)
ρ	0.1720*** (3.1129)	0.1690*** (3.0538)	0.1060** (1.7243)	0.1050** (1.7048)
Lik	1.5506	1.4386	-3.0110	-3.0492
R^2	0.8464	0.8457	0.8153	0.8152
$\overline{R}^2$	0.8199	0.8190	0.7834	0.7832
Sige	0.0535	0.0538	0.0664	0.0307

注：① ***、**和 *分别表示显著性水平1%、5%和10%下显著。
②括号里数值为对应系数的t统计量值。

第9章 工业化水平差异的影响因素

由表9-10可知,本书中的空间固定效应模型和时空固定效应模型整体拟合度较好,R^2和$\overline{R}^2$均大于75%。考虑到无论是运用空间矩阵还是经济矩阵,固定效应模型的自然对数似然函数值(地理权重下为1.5506,经济权重下为-3.0110)最大,拟合优度也高,且回归系数在5%的显著水平下显著。因此,本书选择运用空间固定效应模型对工业化的影响因素进行分析。

①从表9-10不难看出,基于地理矩阵的空间动态面板数据模型与经济矩阵的模型的拟合优度R^2和$\overline{R}^2$相差不大,自然对数似然函数值也相差无几,因此基于地理矩阵模型和基于经济矩阵模型具有同等的解释能力,据此认为在淮河流域地区间工业化的相互影响关系中,地理位置与经济差距的影响力具有同等的重要性。

②表9-10显示,基于空间自回归模型计算的空间自回归系数ρ均大于零,并且在10%的置信水平上显著,表明在考察期内(2000~2011年),淮河流域的工业化及其影响因素具有显著的空间正相关特征,反映出邻近地区之间劳动力、资本对地区工业化的影响具有空间溢出效应。综观所有ρ值的变化,最大估计值为0.1720,最小估计值为0.1050,说明区域间产生了较强的外溢效应。由此认为,随着淮河流域工业化进程的不断加快,沿淮各相邻城市生产要素(如劳动力和资金)的流动逐步增强,区域之间的工业化联系更加紧密。

③在运用固定效应模型进行系数回归的结果中发现β_L和β_K的系数之和大于1,这表明区域外的空间因素优化了区域内的资本和劳动的配置,目前工业企业的规模报酬是递增的,在现有技术下,工业企业可以通过扩大生产规模来增加产量。因此淮河流域地区可以通过增加第二产业的资本和劳动要素的投入来加快其工业化进程。

9.4.5 研究结论

本书基于C-D生产函数,引入空间相关因素,运用空间动态面板模型分析淮河流域工业化影响因素。结果表明,淮河流域工业化进程基于经济权重和地理权重都存在显著的相关性,经济水平因素和地理位置因素对安徽省淮河流域工业化溢出作用明显。在现有技术下,淮河流域工业企业处于规模报酬递增阶段,工业企业可以通过扩大生产规模来增加产量。

第 10 章 工业化与生态环境的协调性研究

本章将基于 EKC 曲线的视角，计量研究淮河流域工业化与自然生态环境之间的数理关系，实证分析淮河流域工业化与自然生态环境之间是否存在库兹涅茨曲线特征，以揭示淮河流域工业化与自然生态环境之间的可持续发展状况。

10.1 指标选取和模型确立

基于环境库兹涅茨曲线理论原理，根据国内外已有的研究成果，本书选取经验模型如下：

$$y_{it} = \alpha_i + \beta_1 x_{it} + \beta_2 x_{it}^2 + \varepsilon_{it} \tag{10-1}$$

其中，解释变量 x 代表了工业化水平综合指标，而被解释变量 y 则代表生态环境指标，包括局部环境指标（人均工业"三废"排放量）及综合环境质量指标。模型中 x_{it} 代表淮河流域第 i 个地区在第 t 年的工业化水平综合得分；y_{it} 代表第 i 个地级市在第 t 年的人均工业污染物排放量（或生态环境质量综合得分）；ε_{it} 代表影响环境质量变化的其他控制变量；α_i 则为特定的截面效应。

10.2 计量结果及分析

10.2.1 工业化与局部环境质量之间的计量分析

根据经验模型的设定，在对该区域面板数据进行回归分析前，必须进行 Hausman 检验以确定使用固定效应模型还是随机效应模型。根据 Hausman 检

第10章 工业化与生态环境的协调性研究

验结果，本书选择固定效应模型。具体计量结果如表10-1所示。

表10-1 工业废水、废气、固废排放量与工业化综合指标 GLS 回归结果

	Water	Gas	Solid
C	11.7921 ***	10000.97 ***	727.7343 ***
	(155.4225)	(63.7055)	(33.8190)
SII	0.5037 ***	11025.54 ***	964.6927 ***
	(4.7555)	(69.9224)	(29.6130)
SII^2	-2.4511 ***	7626.53 ***	761.3309 ***
	(-27.9617)	(35.2475)	(26.8589)
Adjusted-R^2	0.9962	0.9874	0.9678
F	2569.994	825.3287	318.2533

注：系数下方括号内的值为 t 统计量，***表示在1%水平上显著。

结合表10-1所给出的计量结果，可以得到人均工业废水排放量、人均工业废气排放量，以及人均工业固废产生量与工业化综合指标之间的拟合曲线方程，分别为式（10-2）、式（10-3）和式（10-4）。各方程所描述的经济增长与生态环境污染之间的关系曲线图分别如图4-1、图4-2和图4-3所示。

拟合方程：

$$\text{Water} = 11.7921 + 0.5037 \text{SII} - 2.4511 \text{SII}^2 + \varepsilon \qquad (10-2)$$

$$\text{Gas} = 10000.97 + 11025.54 \text{SII} + 7626.53 \text{SII}^2 + \varepsilon \qquad (10-3)$$

$$\text{Solid} = 727.7343 + 964.6927 \text{SII} + 761.3309 \text{SII}^2 + \varepsilon \qquad (10-4)$$

由式（10-2）、式（10-3）和式（10-4）可知：

（1）人均工业废水排放量与工业化水平综合得分之间存在二次函数关系，为典型倒"U"形库兹涅茨曲线关系。EKC 曲线自左呈上升趋势，当工业化水平综合得分达到0.1027附近时出现拐点，此后随着工业化水平综合得分的增加，曲线出现下降趋势。考查淮河流域安徽段各地市的工业化水平综合指标得分情况（见表8-19），淮南、淮北综合得分自2000年以来，越过拐点值，处于曲线右侧下降阶段；蚌埠、滁州地区的综合得分分别在2006年、2008年超过拐点，处于右侧下降阶段；亳州、宿州、阜阳、六安地区的综合得分2010年以前基本低于此拐点值外，处于左侧上升阶段，在2011年超过此拐点值，处于右侧下降阶段。综合来看，淮河流域在工业废水排放方面，基本处于靠近

淮河流域矿产资源开发、生态环境演变与新型工业化道路研究

或是超越拐点的位置，曲线位置保持在从上升向下降转化。这表明伴随着经济的不断增长，工业废水生态环境质量呈现出好转的趋势，符合典型环境库兹涅茨理论的描述。而这一结果得益于从"九五"期间以来，党中央国务院以及沿淮各级政府加大了对淮河流域水源质量的监管和污染物治理，很大程度上减少了工业废水的排放，改善了该流域水的质量状况，治理取得了有效成果。

（2）人均工业废气排放量与工业化水平综合得分之间存在"U"形二次曲线关系，没有显示典型 EKC 曲线倒"U"形特征。曲线自左向右在工业化水平综合指标值达到-0.7228 附近时出现拐点，此后随着工业化水平综合得分的增加，曲线出现上升趋势。考查淮河流域各地市的工业化水平综合指标得分情况（见表8-19），可以看到，除个别城市个别年份，如宿州、亳州、阜阳 2000~2005 年，六安 2000 年的工业化综合得分小于拐点值，目前该流域已经越过拐点，基本上处于曲线的右侧上升阶段。从淮河流域整体工业化水平来看，人均工业废气排放量将随着工业化水平综合指数的增长呈现不断上升的趋势，究其原因主要是由于淮河流域是煤矿富集地，电力、化工和冶金工业不断增加，SO_2 排放量居高不下。因此，必须加大对废气排放的监管和控制，制定相应的环境保护政策。在淮河流域水污染治理取得良好成绩的同时，也要加强对大气污染的治理和监管。

（3）人均工业固体废弃物产生量与工业化水平综合得分之间存在二次函数关系，曲线呈"U"形，也没有显示出典型 EKC 曲线倒"U"形特征。曲线自左向右在工业化水平综合指标值达到-0.6336 附近时出现拐点，此后随着工业化水平综合得分的增加，曲线出现上升趋势。考查淮河流域各地市的工业化水平综合指标得分情况（见表8-19），可以看到，除亳州、宿州、阜阳、六安部分年份得分值低于此拐点值，目前该流域已经越过拐点，基本上处于曲线的右侧上升阶段。这主要与该流域产业形态密切相关。如前所述，淮河流域工业企业主要以煤炭、电力、纺织等污染严重的产业为主，包括化工、矿山开采等高污染行业的增加，从而导致了该流域工业固体废弃物生产量的快速上升。在未来的一段时间里，生态环境随着工业化水平的增加仍然有继续恶化的趋势，必须积极制定政策，减少工业固废的产生量。

10.2.2 工业化与综合环境质量之间的计量分析

本章 10.1 节利用工业化水平综合得分与人均工业"三废"排放量进行计

第10章 工业化与生态环境的协调性研究

量分析,只能反映生态环境的某一方面,并不能反映该流域的综合生态环境和工业化水平之间的动态演化。因此,本节利用第8章中构建的环境综合指标作为生态环境指标,考察其与工业化水平综合得分之间的函数关系,以从整体趋势上把握淮河流域工业化与自然生态环境的关系,为政策制定和未来的发展规划提供科学的决策依据。

原始数据从表3-6与表8-19中获得,同样运用Eviews软件进行计量。根据Hausman检验结果,对该面板数据采用固定效应模型。计量结果如表10-2所示。

表10-2 环境综合指标与工业综合指标固定效应GLS回归结果

	SEI
C	-0.0700 ***
	(-5.0911)
SII	—
SII^2	0.1000 ***
	(5.8551)
Adjusted-R^2	0.9827
F	674.8948

注:系数下方括号内的值为t统计量,***表示在1%水平上显著。

相应的函数关系见式(10-5):

$$SEI = -0.07 + 0.1\ SII^2 + \varepsilon \qquad (10-5)$$

式(10-5)显示出:环境综合指标与工业化综合指标之间存在"U"形二次曲线关系,没有显示典型EKC曲线倒"U"形特征。曲线自左向右在工业化水平综合指标值达到0附近时出现拐点,此后生态环境综合指标值随工业化水平综合指标值的增大而增大。考查淮河流域各地市的工业化水平综合指标得分情况(见表8-19),可以看到,淮南、淮北等少数工业化程度相对较高的城市在2000年就已达到拐点值,处于曲线右侧上升阶段外,其余工业化程度较落后的地区分别在2000~2005年达到拐点值。就该流域整体而言,大部分工业化落后地区在2005年之前均处于该"U"形曲线左侧下降阶段,但有小部分工业化相对发达的地区逐步向右侧上升阶段转化,2010年之后,淮河流域安徽段个别地区均处于该"U"形曲线右侧上升阶段。曲线左侧部分,工业化综合水平增加的同时，流域生态环境质量也有所好转，但这并不意味着该流域工业化与自然生态环境之间已经呈现良性可持续发展，主要原因可能在于处于右侧下降阶段的大多工业化水平相对落后，基本处于工业化前期，距离工业化后期及后工业化时期差距较大，而伴随着经济的发展，工业化的推进，工业化综合指标得分的增长，少数工业化程度较高的地区已经越过拐点位置，到达曲线右侧上升阶段，面临着伴随工业化的不断推进，自然生态环境不断恶化，工业化与自然生态环境之间难以呈现可持续发展趋势。

第 11 章 新型工业化道路路径选择

坚定不移地走新型工业化道路，这是淮河流域加速工业化进程，提升其工业化水平的必然选择，对淮河流域经济的可持续发展具有重要意义。

（1）新型工业化道路有利于促进区域内部协调机制的建立。通过区域内部协作分工，淮河流域可以互通有无、优势互补、资源共享，实现资源在整个淮河流域区域内的合理有效配置，还可以使整个淮河流域紧密地联系在一起，形成合力，增强淮河流域的整体竞争力，促进淮河流域的工业化进程，同时通过协作分工还有利于促进区域内协调发展，减缓因区域内工业化差距过大而引发的一些社会问题。

（2）走新型工业化道路能有效解决淮河流域信息化水平低下的问题，提升其信息化水平。这是因为信息化是新型工业化道路的重要前提，也是实现新型工业化的重要保障。走新型工业化道路要求信息化水平达到一定程度，反过来也会促进信息化水平的提高。

（3）新型工业化强调转变经济增长方式，实现由粗放型经济增长方式向集约型经济增长方式转变。淮河流域以粗放型经济增长方式为主，这种增长方式存在许多缺陷，会导致资源消耗大，环境污染严重，经济效益低下。新型工业化道路能改变这种粗放型经济增长方式转向集约型经济增长方式，从而能够有效解决淮河流域存在的高消耗、高污染和低效益问题。

（4）新型工业化强调充分发挥人力资源优势，挖掘劳动力资源的潜力。淮河流域人力资源丰富，但没有得到充分利用，大量劳动力闲置。新型工业化道路是人力资源优势得到充分利用的工业化道路，能促使该流域充分发挥其人力资源优势，解决大量劳动力闲置问题。

（5）新型工业化强调科学发展观，推动工业经济可持续的增长。这是因为新型工业化特别注重生态建设与环境保护，强调处理好经济发展与人口、资源、环境之间的关系，内在地包含着工业与资源、环境和社会的可持续、和谐发展。因此，实施新型工业化道路能有效解决淮河流域生态环境污染问题，促进国民经济又好又快的增长。

新型工业化道路是全新的、具有中国特色的工业化道路，需要处理好工业化、高科技化、信息化、低碳化之间的关系。结合淮河流域的工业化历史与现状、工业化的影响因素、矿产资源开发与生态环境之间的联系、工业化与生态环境的协调性、新型工业化特征等，确立流域新型工业化的具体实施路径。

11.1 高科技化

目前淮河流域部分地区科技及转化能力依然薄弱、高新技术产业化程度低。这些地区要想快速提高工业生产效率，促进工业化进程，离不开产业的高科技化。

11.1.1 提升企业的创新能力

鼓励企业健全科技开发管理体系，建立健全企业技术创新中心，加快改造传统矿产资源型产业和产品转型升级；加强对企业员工的学习培训，努力提高劳动者素质；采取多种措施鼓励企业员工发明创造；积极营造尊重知识、尊重人才的社会环境，努力创造条件吸引人才到沿淮企业工作；激励企业与高等院校、科研机构建立产学研合作机制，通过相互兼职、培训等形式，加强不同单位之间的科技交流。

11.1.2 促进科技型企业的发展

深化科技体制改革，全面优化科技力量布局和科技资源配置。科研机构的改革要紧紧围绕淮河流域工业化和社会发展的需要，加快科技资源的优化配置，转变机制，产学研相结合，提高市场机制下的技术创新能力和自我生存发展能力；促进应用型科研机构和设计单位转变为科技型企业、中介服务机构等；通过扶持政策、竞争择优方式，对科技型企业从事的共性、关键性、环保性产业技术研究活动予以支持。

11.1.3 加快科技中介机构的发展

建立和完善为科技产业化服务的中介机构。发展科技创业服务、科技咨询服务、知识产权保护、无形资产评估等各种中介服务机构，为企业技术创新，特别是为传统企业转型升级技术创新提供技术、信息、人才、财务、法律等方面的服务；鼓励相关科研机构向中介服务机构转制，科技人员创办中介服务机构；引导中介服务机构加强科技情报工作，重点在及时发现、引进并向企业推荐煤炭资源开采、节能降耗等方面的阶段性科技成果或尚未进入技术市场的科技成果中。

11.1.4　加大企业技术改造力度

加强引进技术的消化、吸收、利用，紧紧围绕增加品种、改进质量、提高效益、减少能耗、改善环境等要求，在煤炭生产、火力发电、水泥制造等传统领域中，选择一批能带动全局的龙头企业进行技术改造，提高企业竞争能力，实现经济增长方式的转变。

11.1.5　加大金融支持力度

鼓励金融机构根据有关政策和规定，针对淮河流域内各类科技企业的不同特点提供优质服务；对符合条件的项目优先发放科技贷款和技改贷款；对于经济效益好、生态效益高、社会效益大的高新技术成果转化和技术改造项目，提高贷款的支持力度；鼓励有实力的企业和非银行金融机构组建科技风险投资机构，鼓励国内外风险投资机构在区域内开展科技风险投资业务，以入股等投资方式参与高新技术产业的开发。

11.1.6　构建科技人才保障体系

制订高层次科技人才队伍的中长期规划，重点抓好科技队伍建设；充分利用社会教育资源培养各级、各类技术人才，努力提高劳动者的综合素质；鼓励企业与高等院校联合定向培养硕士、博士研究生；鼓励用人单位聘请身体好、水平高的离退休老专家从事技术研究、开发和咨询工作。

11.1.7　建立区域协调机制

在高科技化的过程中，区域内各地、各部门要打破地区和部门的界限，由各地地方政府、专设区域机构作为协调主体，通过行政、经济、法律等协调手段，从区域的整体利益出发，树立全局观念，加强区域间在技术研发和引进过程中的分工与合作，实现各地区相互之间的联动效应，在平等的基础上充分尊重各地的知识产权,通过区域内技术引进和利益协调机制使各地都能从科技合作中获得好处,实现"共赢"。

11.2　信息化

世界已步入信息化和知识经济时代,信息化成为经济发展的"火车头",信息技术及其产业的发展已经成为世界经济新的增长点和国际竞争新的制高点。信息化将给淮河流域工业化带来巨大的发展空间,特别是利用现代信息技术改造传统煤炭产业,可以有效地协调煤炭产业与低碳产业、劳动密集型与资金技术密集型产业、虚拟经济与实体经济、传统产业与高新产业之间的相互关系,实现流域内经济结构的总体优化。

11.2.1　强化信息经济意识

淮河流域各地市要强化信息化经济意识,形成利益驱动的相互融合共识,实现信息产业发展与产业结构升级互动促进。信息产业和信息化管理部门要清醒地认识到,信息产业作为向市场供给各种信息产品的部门,其发展的信息需求为外部推动力,而传统产业具备这一需求的最大空间,只有渗透到传统产业中去才能得到更好的发展,才能成为流域新型工业化进程中的重要推力。

11.2.2　完善信息化政策法规体系

努力贯彻落实国家和河南、安徽、江苏、山东四省信息化方面的法律法规,以"工业化、城镇化、信息化"三轮驱动为抓手,逐步完善淮河流域信息化发展的政策法规体系,严格规范信息化工作的各项制度和程序,促进依法行政;要针对传统矿产资源型产业的信息化改造,研究解决信息化建设中出现的矛盾和问题;要树立"大淮河观"意识,从淮河流域整体利益出发,建立健全淮河流域生态环境综合治理、工业化、城镇化、信息化整体推进的信息资源共享机制体制,努力提高淮河流域信息化水平。

11.2.3　搞好信息产业发展的战略部署

认真处理信息产业创新与信息核心技术产业化的关系,充分调动和利用民间力量,尽快建立和完善高效的多元化投资体制,放宽行业准入限制,积极吸收民间投资进入区域信息化建设；鼓励和扶持具有较强竞争力的龙头企业，特别是传统煤炭产业以信息化改造为抓手，大力发展信息产业。

11.2.4 建立科学有效的产业互动模式

产业信息化是信息产业化的基础和前提，它在一定程度上可以为信息产业化提供必要的发展基础和环境氛围，同时信息产业化可以加快产业信息化的发展进程，并促使产业信息化不断向更高的阶段推进。因此，要加快淮河流域工业企业通过产业互动逐步实现产业化、科学化和高层次化，促进传统产业通过产业互动逐步实现技术、管理、制度等方面的创新，加快传统产业升级换代速度。

11.2.5 构建信息化人才保障体系

淮河流域要以企业信息化为基础，充分利用各级各类型信息化专业教育资源，通过学习培训造就出一批企业实用的信息化员工队伍；制定吸引人才的各项优惠政策，努力营造良好环境氛围，积极吸引国内外优秀的信息技术人才，努力会聚一批优秀的信息化人才队伍。

11.3 低碳化

研究表明，能源的消耗强度是影响该流域资源环境承载力的主要因子。能源是经济社会发展和人民生活的重要物质基础，淮河流域矿产资源丰富，能源产业是该区域工业经济的重要支柱。目前该区域正处于工业化、城镇化加速发展阶段，工业化率不断提高，高耗能产业占有较大比重，当地的生态环境保护落后于能源产业的发展。因此流域内各市要在控制能源消费上下工夫，破解资源瓶颈约束，实现低碳化转型。

11.3.1 依托传统煤电产业，加强煤炭工业城市治理

这主要是考虑到煤炭工业是淮河流域传统的支柱产业，在未来一定时期内，仍然占据主导地位，能源生产和消费结构不会有大幅度的转变，因此新的低碳路径不能完全脱离原有的经济发展模式。同时，该流域的生态环境已经严重影响到了区域经济的发展，要继续依靠传统产业，必须要进行生态治理与恢

复。可通过以下路径实现：首先，加强煤电行业区域合作，利用集群效应实现产业的高附加值转变，并通过延伸与煤电产业相关的行业产业链，改变以往低层次低效率低产出的简单化生产，转向深层次的加工行业；其次，应利用先进技术提高资源综合开采和回收利用率，提高消耗环节资源利用效率，加强对电力、化工、建材等重点行业的能源、原材料、水资源消耗的管理，提升资源的产出效益，降低标准能耗；再次，推进钢铁、有色金属、煤炭、电力、化工、建材、酿造等废物产生量大、污染重的行业废渣、废水、废气综合利用，鼓励钢铁、建材、石化、电厂等企业采取纯低温余热回收发电技术和热的分级利用，从而加强能源的综合利用；最后，通过对枯竭区土地的修复和复垦，将其改建成现代化的田园城区，吸收能源消费排放的二氧化碳和二氧化硫，实现传统煤炭采煤塌陷区的生态修复。

11.3.2 转变产业结构，发展具有低碳特征的非煤产业

根据本书之前的研究，淮河流域第二产业增加值占全流域 GDP 总值的比重过高是导致区域碳排放量激增的关键因素，流域多年来以煤电、化工为主的重化工业导致第三产业发展后劲不足，煤炭工业城市基础设施落后，工业化程度低等一系列社会与生态矛盾凸显。因此，要实现流域的低碳化转型，关键是要转变重化工业的特征，大力发展装备制造业、食品工业、纺织业等具有低碳特性的非煤产业。

11.3.3 发展低碳技术，实现煤炭工业城市节能减排

淮河流域作为我国重要的煤电基地，是华东地区不可或缺的"工业粮仓"，可通过煤炭资源安全高效开采技术的研发，清洁煤发电、煤炭多联产和农村新能源建设等典型低碳技术的应用，来实现节能减排、发展低碳经济的目标。如在矿业地区走"高碳资源低碳化利用"的发展之路，将煤泥、煤矸石、粉煤灰等副产品通过发电、造砖、复垦，全部实现"吃干榨尽"，促进煤炭资源的综合高效利用，减少二氧化碳的排放、提高煤泥矸石的处理、降低土地的占用，真正实现煤炭开采区的循环生产、清洁生产、生态环境修复。

11.3.4 大力发展新能源，实现能源结构的调整

煤炭消费在淮河流域能源消费中所占的比例一直较高，这决定了经济发展中的"高碳"特征，因此应充分发掘和利用新型能源来替代传统能源以减少

碳的排放。政府可以通过出台相关的配套政策及配套相应的资金技术支持沿淮城市建立光伏电站，促进流域内光伏产业的发展。同时深入发展循环农业，降低农业生产成本，大力普及农村沼气，推广秸秆综合利用技术。

11.3.5 健全低碳产业体系，完善城市综合服务功能

沿淮城市传统的支柱产业存在后期发展空间有限、发展动力不足等问题，城市经济发展不能再一味地依赖煤炭等资源产业，需要健全低碳产业体系，完善城市服务，依靠外部力量支持发展低碳替代产业，形成新产业集聚效应，建立新的主导产业。利用现代绿色农业技术来改造农村环境，优化城市交通运输环境，推广节能建设，完善现代服务业建设等，最终使沿淮城市实现绿色农业、新型能源业、生态建筑业、节能运输业和现代服务业的和谐一体化发展，建立完善的低碳产业体系。

11.3.6 加强政府规划，建立统筹协调的低碳体系

政府在煤炭工业城市低碳化转型的过程中要发挥关键性的指导、监督和支持作用，要立足于资源节约和环境友好的减排需求，为沿淮各城市低碳化转型制定短期、中期及长期的规划。一是优化发展煤炭产业，优化煤炭产能结构，支持大型煤矿企业兼并重组中小型煤矿。二是为非煤产业提供优惠政策，加大资金投入，支持企业在产品设计和低碳技术应用领域的自主创新。三是为传统产业与科研单位、高等院校间搭建合作桥梁，建立低碳技术研发中心或者技术联盟，帮助煤电产业实现节能减排，培养一批具有低碳技术研发的科研人才。四是积极打造"低碳经济发展区"、"低碳工业园区"，打造低碳产业发展的平台，通过专项资金对工业领域的低碳化生产与消费实行补贴，以激励机制来扩大低碳化生产的规模。五是流域内各市应立足资源禀赋和产业基础，发展战略性新兴产业，加速推动新兴产业的集聚和集群化发展。

11.4 其他

11.4.1 促进自然资源的合理利用

自然资源是人类生存和社会经济发展不可缺少的支撑基础，没有自然资源

的支撑,任何国家或地区的经济和社会都不可能有相应的发展。随着经济的快速发展,淮河流域各市对自然资源的需求将不断增加,自然资源利用强度增大和资源利用效率降低将使得该地区可以提供的资源数量不足、质量下降,最终导致资源环境承载力不足以支撑整个社会经济持续发展。对于水资源,应在加大节水力度和实施区域水资源优化配置的基础上,增加外流域调水,大力实施"引江济淮工程",提升水资源保障力度,积极开发利用降水资源,提高区域水资源承载力。土地是人类赖以生存和发展的基础资源,是人类社会不可替代的物质财富。随着城市工业化与城镇化进程的加速,流域内土地资源有限而建设用地需求持续增长,这将进一步加剧区域土地资源的供需矛盾,特别是基本农田保护与建设占用耕地之间的矛盾。因此,应加强对土地资源的管理,提高土地利用效率,完善土地征用补偿和安置制度,统筹城乡发展与区域发展,消除土地资源供给不足的瓶颈约束,妥善解决用地矛盾,增强土地资源承载力。

11.4.2　加强人口政策的贯彻实施

人口数量大、净增多、人口素质不高加重了国民经济负担,阻碍了人民生活水平的进一步提高,给资源、环境等带来较大的压力。人口的快速增长是流域资源环境承载力降低的重要原因。因此,应积极贯彻落实国家关于控制人口数量、提高人口素质的基本国策,继续坚持计划生育工作,扩大宣传教育途径,提高人口素质,将人口压力变成人口优势。

特别是加强关于可持续发展的宣传与教育活动。加大在学校中开展的环保教育力度,增开非环境专业学生的环境公开课;利用植树节、地球日、世界环境日等契机,组织公众积极参与环保活动,宣传环保思想;鼓励新闻媒体播放宣传环保专题节目,曝光环境污染与破坏事件,讨论环境危机的后果,保障社会对于生态环境的知情权。

11.4.3　加大环保经费的投入力度

本书研究表明,工业烟尘去除率、工业固废综合利用率等对安徽淮河流域的环境承载力存在较大的影响。根据国外治污经验,工业污染治理投资占固定资产投资的比率高于2%,占工业产值的比率高于1%时,才能有效治理环境污染。因此应建立和完善环境保护公共财政体制,加大政府在环保公共投资领域的投入力度,研究制定生态补偿政策,建立科学合理的转移支付制度,重视节能减排工作,从而提高环境保护能力的建设水平。

此外,各级政府应建立环保投入激励模式,发挥政府政策的导向作用,建立违规排放责任追究制度,引导企业加大环保投入力度,提高企业的污染治理水平;鼓励将社会公众的闲散资金集中到环保投资领域,增加环保投入总量,提高环保投入效率。

11.4.4 完善环境立法

建立一个长期严格有效的环境规制政策体系,可以提高生态环境质量,加速工业化与生态环境脱钩。一个长期严格有效的环境规制政策体系应该包括完善的环境、立法,严格的环境准入制度、坚决的环境执法。虽然,我国和淮河流域都已经初步建立了环境保护的法律体系,但是当下实行的环境保护法律可操作性不强,对违法处罚力度不够,有关部门在执法中存在有法不依、执法不严、违法不究的现象。而且许多环境规制忽视了外部性,像淮河流域这样横跨多个省份多个地市的,地方政府在环境执法操作上存在权责不清、互相推诿的现象。鉴于上述情况,淮河流域各地政府必须重视环境规制的作用,要参考国际和国内的环境规制,结合当地实际情况去完善环境规制政策体系,确保"有法可依";要规范执法队伍,要求做到"有法必依、违法必究、执法必严";淮河流域需要建立一套专门针对淮河流域跨界治理的环境规制政策体系,如2005年出台的《淮河流域水污染防治暂行条例》,建议出台《淮河流域水体污染跨界补偿条例》等规制。

参考文献

[1] Agnes Nemcsicsne Zsoka. Consistency and "Awareness Gaps" in the Environmental Behavior of Hungarian Companies [J]. Cleaner Production, 2008 (16): 322-329.

[2] Aigbedion I., Iyayi S. E.. Diversifying Nigeri's Petroleum Industry [J]. International Journal of Physical Sciences, 2007 (10): 263-270.

[3] Aigbedion I., Iyayi S. E.. Environmental Effect of Mineral Exploitation in Nigeria [J]. International Journal of Physical Sciences, 2007, 2 (2): 33-38.

[4] Aly Salama. A Note on the Impact of Environmental Performance on Financial Performance [J]. Structural Change and Economic Dynamics, 2005 (16): 413-421.

[5] Ambuj D. Sagar. Sustainable Development of the India Coal Sector [J]. Energy, 2009 (12): 12-14.

[6] Andreoni James, Levinson Arik. The Simple Analytics of the Environmental Kuznets Curve [J]. Journal of Public Economics, 2001 (2): 269-286.

[7] Angela, Nigeria. The Devastating Effects of Environmental Degradation-A Case Study of the Niger Delta Region of Nigeria [C]. Fig Working Week, 2009.

[8] Anne Ilinitch, Naomi Sodertrom, Tom E. Thomas. Measuring Corporate Environmental Performance [J]. Journal of Accounting and Public Policy, 1998 (17): 383-408.

[9] Arrow K., Bolin B., Costanza R., et al. Economic Growth, Carrying Capacity, and the Environment [J]. Science, 1995, Vol. 268: 520-521.

[10] B. R. Copeland and M. S. Taylor. North-South Trade and the Environment [J]. Quarterly Journal of Economics, 1994, 109 (3): 755-787.

[11] Barbara. Some Problems of Sustainable Management of Mineral Resources

in Poland Estonian [J]. Journal of Earth Science, 2008, 57 (2): 75-79.

[12] Bernhard S., Boni H., Schluep M., et al. Assessing Computer Waste Generation in Chile Using Material Flow Analysis [J]. Waste Management, 2010 (3): 473-482.

[13] Bishop A. B.. Carrying Capacity in Regional Environment Management [M]. Washington: Government Printing Office, 1974.

[14] Bradbury J. H., St. Martin I. Winding Down in a Qubic Town: A Case Study of Schefferville [J]. The Canadian Geographer, 1983, 27 (2): 128-144.

[15] Bradbury J. H.. Living with Boom and Cycles: New Towns on the Resource Frontier in Canada [A]. Resource Communities, 1988: 3-19.

[16] C. Chichilnisky. North-South Trade and the Global Environment [J]. The American Economic Review, 1994, 84 (4): 851-874.

[17] Capatina, Laza. The Study of the Air Pollution by a Surface Mining Exploitation from Romania [J]. Journal of the University of Chemical Technology and Metallurgy, 2008, 43 (2): 245-250.

[18] Capatina. The Study of the Air Pollution by a Surface Mining Exploitation from Romania [J]. Journal of the University of Chemical Technology and Metallurgy, 2008, 43 (2): 245-250.

[19] Charles J. Corbet, Jeh-Nan Pan. Evaluating Environmental Performance Using Statistical Process Control Techniques [J]. European Journal of Operational Research, 2002, 139 (2): 68-83.

[20] Chikkatur A. P., Ambuj S. D., Sankar T. L.. Sustainable Development of the Indian Coal Sector [J]. Energy, 2010 (4): 942-953.

[21] Cleff, Rennings. Determinants of Environmental Product and Process Innovation [J]. European Environment, 1999, 9 (5): 191-201.

[22] Cox D. P.. Mineral Deposit Models [R]. USA: Geological Survey Bulletin, 1993.

[23] D. Holtz-Eakin and T. M. Selden. Stoking the Fires? CO_2 Emissions and Economic Growth [J]. Journal of Public Economics, 1995 (57): 85-101.

[24] D. L. Stern, M. S. Common and E. B. Barbier. Economic Growth and Environmental Degradation: The Environmental Kuznets Curve and Sustainable Development [J]. World Development, 1996, 24 (7): 1151-1160.

[25] D. S. Rothman. Environmental Kuznets Curves—real Progress or Passing the Buck? A Case for Consumption-based Approaches [J]. Ecological Economics, 1998, 25 (2): 177-194.

[26] David Styles, Eileen O'Learyc, Michael B. Jones. Measuring the Environmental Performance of IPPC Industry: Applying the Environmental Emissions Index to Quantify Environmental Performance Trends from Routinely Reported Data [J]. Environmental Science and Policy, 2009 (5): 243-256.

[27] Dietrich Earnhart, Lubomir Lizal. Effects of Ownership and Financial Performance on Corporate Environmental Performance [J]. Journal of Comparative Economics, 2006 (34): 111-129.

[28] E. J. Jung. The Measurement of Corporate Environmental Performance and Its Application to the Analysis of Efficiency in Oil Industry [J]. Journal of Cleaner Production, 2001(9): 551-563.

[29] E. W. Burgess. The Growth of the City [M]. Chicago: Chicago University Press, 1925.

[30] Eakin H. D., Selden T. M.. Stoking the Fires CO_2 Emissions and Economic Growth [J]. Journal of Public Economics, 1995 (57): 85-101.

[31] Elizabeth, Stanton, Ackerman F.. Climate and Development Economics: Balancing Science, Politics, and Equity [D]. Working Paper, 2009.

[32] Enrique Claver, María D. López, José F. Molina. Environmental Management and Firm Performance: A Case Study [J]. Journal of Environmental Management, 2007 (9): 606-619.

[33] Frank Wisotzky. Acid Mine Groundwater in Lignite Overburden Dumps and its Prevention-the Rhineland Lignite Mining Area in Germany [J]. Ecological Engineering, 2003, 17 (2-3): 115-123.

[34] Furuya K.. Environmental Carrying Capacity in an Aquaculture Ground of Seaweeds and Shellfish in Sanriku Coast [J]. Bull. Fish. Res. Agen. Supplement, 2004 (1): 65-69.

[35] G. C. Unruh and W. R. Moomaw. An Alternative Analysis of Apparent EKC-type Transitions [J]. Ecological Economics, 1998, 25 (2): 221-229.

[36] G. M. Grossman, A. B. Kruger. Economic Growth and the Environment [J]. Quarterly Journal of Economics, 1995, 110 (2): 353-377.

[37] G. M. Grossman and A. B. Kruger. Environment Impacts of a North American Free Trade Agreement [R]. NBER Working Paper, No. W3914, 1991.

[38] Galeotti M., Manera M., Lanza A.. On the Robustness of Robustness Checks of the Environmental Kuznets Curve [D]. Working Paper, 2006.

[39] Gerst M. D.. Linking Material Flow Analysis and Resource Policy via Future Scenarios of In-Use Stock: An Example for Copper [J]. Environ. Sci. Technol, 2009 (16): 6320-6325.

[40] Grossman G. M., Krueger A. B.. Environment Impacts of a North American Free Trade Agreement [D]. NBER Working Paper, 1991.

[41] Harris M. J.. Carrying Capacity in Agriculture Globe and Regional Issue [J]. Ecological Economics, 1999 (3): 443-461.

[42] Hidemichi Fujii, Tatsuo Kimbara, Shinji Kaneko. Mechanism of Corporate Environmental Management: Empirical Study for Japanese and U.S. Companies [R]. Japan: Grant-in-Aid for Scientific Research and Grant-in-Aid for Japan Society for the Promotion of Science Fellows.

[43] J. Andreoni and A. Levinson. The Simple Analytics of the Environmental Kuznets Curve [J]. Journal of Public Economics, 2001, 80 (2): 269-286.

[44] J. Agras, D. Chapman A.. Dynamic Approach to the Environmental Kuznets Curve Hypothesis [J]. Ecological Economics, 1999, 28 (2): 267-277.

[45] J. Simone. The Simple Analytics of the Environmental Services [J]. Journal of Public Economics, 2000, 80 (2): 269-286.

[46] Jim Skea. Policies and Practices for a Low-carbon Society [J]. Climate Policy, 2008 (8): 5-16.

[47] Joardar S. D.. Carrying Capacities and Standards as Bases towards Urban Infrastructure Planning in India: A Case of Urban Water Supply and Sanitation Urban Infrastructure Planning in India [J]. Habitat International, 1998 (3): 327-337.

[48] Jorge Oyarzún, Ricardo Oyarzún. Sustainable Development Threats, Inter-Sector Conflicts and Environmental Policy Requirements in the Arid, Mining Rich, Northern Chile Territory [J]. Wiley Inter Science, 2009 (12): 234-239.

[49] K. Anderson and R. Blackhurst. The Greening of World Trade Issues [M]. Harvester Wheatsheaf, New York, 1992.

[50] K. Gawande, A. K. Bohara, R. P. Berrens, and P. Wang. Internal

Migration and the Environmental Kuznets Curve for U. S. Hazardous Waste Stes [J]. Ecological Economics, 2000, 33 (1): 151-166.

[51] K. Gawande, R. P. Berrens, and A. K. Bohara. A Consumption-based Theory of the Environmental Kuznets Curve [J]. Ecological Economics, 2001, 37 (1): 101-112.

[52] Kei Gomi. A Low-carbon Scenario Creation Method for a Local-scale Economy and its Application in Kyoto City [J]. Energy Policy, 2010, 38 (9): 4783-4786.

[53] Khaled Elsayed, David Paton. The Impact of Environmental Performance on Firm Performance: Static and Dynamic Panel Data Evidence [J]. Structural Change and Economic Dynamics, 2005 (16): 395-412.

[54] Kishore Gawan, Berrens R. P., Bohara A. K.. A Consumption-based Theory of the Environmental Kuznets Curve [J]. Ecological Economics, 2001 (1): 101-112.

[55] Klassen R. D., McLaughlin C. P.. The Impact of Environmental Management on Firm Performance [J]. Management Science, 1996, 42 (6): 1199-1214.

[56] Koji Shimada. Developing a Long-term Local Society Design Methodology towards a Low-carbon Economy: An Application to Shiga Prefecture in Japan [J]. Energy Policy, 2007, 35 (9): 4688-4703.

[57] Krishnamurthy. Environmental Impacts of Coal Mining in India. Proceedings of the National Seminar on Environmental Engineering with Special Emphasis on Mining Environment [C]. NSEEME, 2004.

[58] List J. A., Allet C. G.. The Environmental Kuznets curve: Does One Size Fit All [J]. Ecological Economic, 1999 (31): 409-423.

[59] Long K. R., Singer D. A.. A Simplified Economic Filter for Open-pit Gold-silver Mining in the United States [R]. USA: USDS, 1998.

[60] Lucas R. A.. Minetown, Milltown, Railtown: Life in Canadian Communities of Single Industry [M]. Toronto: University of Toronto Press, 1977.

[61] Luciano Gutierrez. On the Power of Panel co Integration Tests: A Monte Carlo Comparison [J]. Economics Letters, 2003 (1): 105-111.

[62] M. A. Cole. Air Pollution and "Dirty" Industries: How and Why Does

the Composition of Manufacturing Output Change with Economic Development? [J]. Environmental and Resource Economics, 2000, 17 (1): 109-123.

[63] M. A. Cole. Trade, the Pollution Haven Hypothesis and Environmental Kuznets Curve: Examining the Linkages [J]. Ecological Economics, 2004, 48 (1): 71-81.

[64] M. Torras and J. K. Boyce. Income, Inequality, and Pollution: A Reassessment of the Environmental Kuznets Curve [J]. Ecological Economics, 1998, 25 (2): 147-160.

[65] M. E. Kahn. A Household Level Environmental Kuznets Curve [J]. Economics Letters, 1998, 59 (2): 269-273.

[66] M. K. Ghose. Assessment of the Impact on the Air Environment Due to Opencast Coal Mining-an Indian Case Study [J]. Atmospheric Environment, 2004, 34 (17): 2791-2796.

[67] Maboeta, Claassens, Vanrensburg, Jansen. The Effects of Platinum Mining on the Environment from a Soil Microbial Perspective [J]. Water, Air, & Soil Pollution, 2006 (1): 149-161.

[68] Marcelo E.. Ethanolas Fuel: Energy, Carbon Dioxide Balances and Ecological Footprint [J]. American Institute of Biological Sciences, 2007, 55 (7): 593-602.

[69] Marsh B.. Continuity and Decline in the Anthracite Towns of Pennsylvania [J]. Annals of the Association of American Geographers, 1987, 77 (3): 337-352.

[70] Matthew Clark. Corporate Environmental Behavior Research: Informing Environmental Policy [J]. Structural Change and Economic Dynamics, 2005 (16): 422-431.

[71] Mckeon G. M. Stone G. S., Syktus J. I., et al. Climate Change Impacts on Northern Australian Rangeland Livestock Carrying Capacity: A Review of Issues [J]. The Rangeland Journal, 2009 (1): 1-29.

[72] Millington R., Gifford R.. Energy and How We Live [R]. Australian UNESCO Seminar, Committee to Man and Biosphere, 1973.

[73] N. Shafik and S. Bandyopadhyay. Economic Growth and Environmental Quality: Time Series and Cross-Country Evidence [R]. Background Paper for World Development Report, World Bank, Washington, DC, 1992.

[74] National Research Council. A Review of the Florida Keys Carrying Capacity Study [M]. Washington D. C. National Academy Press, 2002.

[75] Panayotou T.. Economic Growth and the Environmental [M]. Economic Survey of Europe, 2005.

[76] R. Berrens, A. Bohara, K. Gawande, and P. Wang. Testing the Inverted U-hypothesis for U. S. Hazardous Waste: An Application of the Generalized Gamma Model [J]. Economics Letters, 1997, 55 (3): 435-440.

[77] R. Jha and K. V. B. Murthy. An Inverse Global Environmental Kuznets Curve [J]. Journal of Comparative Economics, 2003 (31): 352-368.

[78] R. K. Kaufmann, B. Davidsdottir, S. Garnham, and P. Pauly. The Determinants of Atmospheric SO_2 Concentrations: Reconsidering the Environmental Kuznets Curve [J]. Ecological Economics, 1998, 25 (2): 209-220.

[79] R. Lopez. The Environment as a Factor of Production: The Effects of Economic Growth and Trade Liberalization [J]. Journal of Environmental Economics and Management, 1994, 27 (2): 163-184.

[80] Recoche. Defining and Sharing Indicators to Support a Sustainable Management of Mineral Resources in Africa [D]. Working Paper, 2006.

[81] Rijsberman M. A., Van De Ven F. H. M.. Different Approaches to Assessment of Design and Management of Sustainable Urban Water System [J]. Environment Impact Assessment Review, 2000 (3): 333-345.

[82] S. Dinda, D. Coondoo, and M. Pal. Air Quality and Economic Growth: An Empirical Study [J]. Ecological Economics, 2000, 34 (3): 409-423.

[83] S. Dinda. Environmental Kuznets Curve Hypothesis: A Survey [J]. Ecological Economics, 2004, 49: 431-455.

[84] S. Kuznets. Economic Growth and Income Inequality [J]. The American Economic Review, 1955, 45 (1): 1-28.

[85] Saveriades A.. Establishing the Social Tourism Carrying Capacity for the Tourist Resorts of the East Coast of the Republic of Cyprus [J]. Tourism Man, 2000 (2): 147-156.

[86] Schneider D. M.. The Carrying Capacity Concept as a Planning Tool [M]. American Planning Association, 1978.

[87] Simone J.. The Simple Analytics of the Environmental Kuznets Curve

[J]. Journal of Public Economics, 2000, 80 (2): 269-286.

[88] Singh R. N.. Environmental Catastrophes in the Mining Industry in Australia and the Development of Current Management Practices [J]. Journal of Mines, Metals and Fuels, 1999, 47 (12): 339-343.

[89] Sleeser M.. Enhancement of Carrying Capacity Options——ECCO [M]. Resource Use Institute, 1990.

[90] Smulders S., Bretschger L., Egli H.. Economic Growth and the Diffusion of Clean Technologies: Explaining Environmental Kuznets [D]. Working Paper, 2005.

[91] Stanwick P. A., Stanwick S. D.. The Relationship between Corporate Social Performance and Organization Financial Performance and Environmental Performance: An Empirical Examination [J]. Journal of Business Ethics, 1998, 17 (2): 195-204.

[92] Stefano Pagiola, Agustin Arcenas and Gunars Platais. Can Payments for Environmental Services Help Reduce Poverty? An Exploration of the Issues and the Evidence to Date from Latin American [J]. World Development, 2005, 33 (2): 237-253.

[93] Stephen E. Kesler. Mineral Resources, Economics, and the Environment [M]. USA: Lehigh Press, 1994.

[94] Stern D. L., Common M. S., Barbie E. B.. Economics Growth and Environmental Degradation: The Environmental Kuznets Curve and Sustainable Development [J]. World Development, 1996 (7): 1151-1160.

[95] T. A. Cavlovic, K. H. Baker, R. P. Berrens and K. Gawande. A Meta-analysis of Environmental Kuznets Curve Studies [J]. Agricultural and Resource Economics Review, 2000, 29 (1): 32-42.

[96] T. Panayotou. Empirical Tests and Policy Analysis of Environmental Degradation at Different Stages of Economic Development [R]. International Labour Office, Technology and Employment Programme, Working Paper, WP238, 1993.

[97] T. Selden and D. Song. Environmental Quality and Development: Is There a Kuznets Curve for Air Pollution Emission [J]. Journal of Environmental Economics and Management, 1994, 27 (2): 147-162.

[98] Tietenberg T.. Environmental and Natural Resources, 5th [M].

Beijing: Tsinghua University Press, 2001.

[99] V. Suri and D. Chapman. Economic Growth, Trade and Energy: Implications for the Environmental Kuznets Curve [J]. Ecological Economics, 1998, 25 (2): 195-208.

[100] Ventang Systems, Inc. Vensim PLE Help. 60 Jacob Gates Rates. Road Harvard MA 01451 USA. 1998.

[101] 安徽省人民政府. 安徽省矿产资源总体规划（2008-2015 年）[Z], 2010.

[102] 保罗·A. 萨缪尔森. 经济学[M]. 北京: 人民邮电出版社, 2011.

[103] 鲍健强. 低碳经济: 人类经济发展方式的新变革[J]. 中国工业经济, 2008 (4): 153-160.

[104] 庇古. 福利经济学[M]. 北京: 华夏出版社, 2007.

[105] 曹宪娜. 房地产价格形成机制的系统动力学研究 [D]. 天津: 河北工业大学硕士学位论文, 2010.

[106] 陈翠翠. 资源节约型社会的评价方法研究[D]. 厦门: 厦门大学硕士学位论文, 2007.

[107] 陈东, 王良健. 环境库兹涅茨曲线研究综述[J]. 经济学动态, 2005 (3): 104-108.

[108] 陈广洲, 汪家权, 李如忠等. 淮河安徽段水质与产业密度的关系[J]. 水资源保护, 2005, 21 (3): 6-9.

[109] 陈佳贵, 黄群慧, 钟宏武. 中国地区工业化进程的综合评价和特征分析[J]. 经济研究, 2006 (6): 4-15.

[110] 陈南祥, 申瑜. 基于熵权属性识别模型的地下水资源承载能力[J]. 灌溉排水学报, 2008 (4): 48-50.

[111] 陈南祥, 张海丰, 高军芳. 黄河流域水资源承载能力影响因素分析[J]. 人民黄河, 2005 (11): 31-34.

[112] 陈强. 高级计量经济学及 Stata 应用[M]. 北京: 高等教育出版社, 2010.

[113] 陈晓玲, 李国平. 我国地区经济收敛的空间面板数据模型分析[J]. 经济科学, 2006 (5): 5-17.

[114] 陈修谦, 夏飞. 中部六省资源环境综合承载力动态评价与比较[J]. 湖南社会科学, 2011 (1): 106-109.

[115] 陈璇, 淳伟德. 企业环境行为对经济行为的影响分析[J]. 经济体制改革, 2010 (4): 77-80.

[116] 陈业新等. 明至民国时期皖北地区灾害环境与社会应对研究[J]. 中国农史, 2008 (4).

[117] 程必定, 余世伟, 林斐. 淮河流域经济发展与社会、资源、环境相协调的战略模式[J]. 管理世界, 2000 (1): 201-203.

[118] 程必定. 中部省份要加快走新型工业化道路[J]. 中国城市经济, 2004 (9): 24-27.

[119] 程国平, 薛昇旗, 邱映贵. 煤炭生产与环境资源承载力的关系模式研究[J]. 科技进步与对策, 2009 (24): 173-175.

[120] 程军蕊, 曹飞凤, 楼章华等. 钱塘江流域水资源承载力指标体系研究[J]. 浙江水利科技, 2006 (4): 1-3.

[121] 程莉, 汪德燧. 苏州市水资源承载力研究[J]. 水文, 2010 (1): 47-51.

[122] 程雨光. 江西省区域资源环境承载力评价及启示[D]. 南昌: 南昌大学硕士学位论文, 2007.

[123] 崔睿, 李延勇. 企业环境管理与财务绩效相关性研究[J]. 山东社会科学, 2011 (7): 169-171.

[124] 邓伟. 山区资源环境承载力研究现状与关键问题[J]. 地理研究, 2010 (6): 959-969.

[125] 丁磊. 资源型城市经济转型——以太原为例[J]. 清华大学学报, 2000 (1): 52-57.

[126] 丁湘城. 资源型城市转型与发展模式选择——基于生命周期理论的研究[J]. 江西社会科学, 2008 (8): 109-113.

[127] 董锁成, 张文中, 方创琳. 资源、环境与经济作用机制和规律探讨[J]. 资源科学, 1999 (4): 15-21.

[128] 董文, 张新, 池天河. 我国省级主体功能区划的资源环境承载力指标体系与评价方法[J]. 地球信息科学学报, 2011 (2): 177-183.

[129] 都沁军. 矿产资源可持续开发利用的系统思考[J]. 国土与自然资源研究, 2001 (3): 1-2.

[130] 樊杰, 孙威, 傅小锋. 我国矿山城市持续发展的问题、成因与策略[J]. 自然资源学报, 2005, 20 (1): 27-30.

[131] 樊杰．我国煤矿城市产业结构转换问题研究[J]．地理学报，1993 (3)：218-226．

[132] 樊霆．旅游环境承载力理论及评价方法研究[D]．长沙：湖南大学硕士学位论文，2006．

[133] 范况生，孟德友．基于熵值法的河南城市化水平综合测度与区域比较[J]．国土与自然资源研究，2011（4）：7-9．

[134] 方创琳，宋吉涛，蔺雪芹．中国城市群可持续发展理论与实践[M]．北京：科学出版社，2010．

[135] 封志明，杨艳昭，张晶．中国基于人粮关系的土地资源承载力研究：从分县到全国[J]．自然资源学报，2008（5）：865-874．

[136] 福格特．生存之路[M]．张子美译．北京：商务印书馆，1981．

[137] J. W. 福雷特斯．工业动力学[M]．北京：科学出版社，1985．

[138] 付允，张永欢．低碳经济的发展模式研究[J]．中国人口·资源与环境，2008（3）：14-19．

[139] 高春华，何爱平．EKC 对经济增长与工业环境污染的计量研究[J]．内蒙古农业大学学报（社会科学版），2007，9（1）：88-89，92．

[140] 高吉喜．可持续发展理论探索[M]．北京：中国环境科学出版社，2001．

[141] 高展聪，吴宝生，黄凯昌，刘晓华．关于中国环境库兹涅茨曲线的实证分析[J]．新西部，2007（8）：16，19．

[142] 高振宁，缪旭波，邹长新．江苏省环境库兹涅茨特征分析[J]．农村生态环境，2004，20（1）：41-43，59．

[143] 格日乐，程宏，邹学勇等．额济纳绿洲土地承载力研究[J]．北京师范大学学报（自然科学版），2006（6）：624-628．

[144] 葛远群．资源型城市转型与淮南市经济结构调整[D]．合肥：安徽大学硕士学位论文，2010．

[145] 谷树忠，耿海青．国家能源、矿产资源安全的功能区划与西部地区定位[J]．地理科学进展，2002，21（5）：410-419．

[146] 关劲峤．太湖流域印染业企业环境行为分析[J]．湖泊科学，2005，17（4）：351-355．

[147] 郭斌．安徽工业化水平和工业结构的分析[J]．安徽师范大学学报（人文社会科学版），2002，30（4）：419-423．

[148] 郭万清, 倪发科. 安徽城市六十年[M]. 合肥: 安徽人民出版社, 2009.

[149] 郭文慧. 淮河流域矿产资源开发与生态系统耦合机制研究[D]. 合肥: 合肥工业大学硕士学位论文, 2012.

[150] 国家发改委能源研究所. 2020年中国的可持续发展能源情景分析[J]. 节能与环保, 2003 (6).

[151] 国家环境保护总局环境影响评价管理司. 煤炭开发建设项目生态环境保护研究与实践[M]. 北京: 中国环境科学出版社, 2006.

[152] 过文俊. 我国传统工业化的历史回顾与总结 [J]. 文史博览, 2006 (14): 74-77.

[153] 过文俊. 我国传统工业化的历史回顾与总结[J]. 文史博览, 2006 (7): 74-77.

[154] 韩贵锋, 徐建华, 苏方林, 马军杰. 环境库兹涅茨曲线（EKC）研究评述[J]. 环境与可持续发展, 2006, 1: 1-3.

[155] 韩立民, 罗青霞. 海域环境承载力的评价指标体系及评价方法初探[J]. 海洋环境科学, 2010 (3): 446-450.

[156] 何建坤. 发展低碳经济关键在于低碳技术创新[J]. 绿叶, 2009 (1): 46-50.

[157] 何建坤. 中国绿色发展与低碳城市建设[J]. 中国城市经济, 2010 (3): 17-18.

[158] 何利霞, 武友德, 黄玉强等. 煤炭资源型城市可持续发展模糊综合评价及对策分析[J]. 北方经济, 2009 (12): 74-76.

[159] 何琼. 经济可持续增长中的若干理论问题 [D]. 合肥: 中国科技大学博士学位论文, 2007.

[160] 何书金, 郭焕成. 中国煤矿区的土地复垦[J]. 地理研究, 2001, 15 (31): 23-32.

[161] 何思思. 基于改进的Topsis模型的长株潭两型社会评价研究[D]. 长沙: 中南大学硕士学位论文, 2010.

[162] 洪阳, 叶文虎. 可持续环境承载力的度量及其应用[J]. 中国人口·资源与环境, 1998 (3): 54-58.

[163] 胡建兵, 顾新一. 政府环境规制下的企业行为研究[J]. 商业研究, 2006 (19): 35-38.

[164] 胡友彪,袁兴程,赵葆青. 淮南市环境承载力评价与分析[J]. 安徽理工大学学报(社会科学版),2009(4):14-19.

[165] 胡志华. 淮河流域区域经济差异的影响因素与协调发展对策研究[D]. 合肥:合肥工业大学硕士学位论文,2010.

[166] 黄秋香. 矿区资源环境承载力评价指标体系及评价方法[J]. 矿业研究与开发,2009(1):62-64.

[167] 黄志斌. 自然辩证法概论新编[M]. 合肥:安徽大学出版社,2007.

[168] 姜春海. 资源型城市产业转型应走"循序渐转"之路[J]. 决策咨询通讯,2005(5):29-31.

[169] 蒋晓辉,黄强,惠泱河等. 陕西关中地区水环境承载力研究[J]. 环境科学学报,2001(3):312-317.

[170] 焦华富. 试论我国煤炭城市产业结构的调整[J]. 地域研究与开发,2001,20(2):27-30.

[171] 金涌. 低碳经济:理念·实践·创新[J]. 中国工程科学,2008(10):26-28.

[172] 鞠耀绩. 煤炭开采项目环境影响评价中的公众参与问题研究[J]. 中国矿业,2010(7):52-56.

[173] 孔静. 天津市经济与环境协调发展的综合评价与分析[D]. 天津:天津商业大学硕士学位论文,2011.

[174] 兰竹虹. 企业环境行为的经济分析[J]. 生态经济,2008(5):98-101.

[175] 李春生,王翊,庄大昌. 经济发达城市经济增长与环境污染关系分析——以广州市经济增长与废水排放关系为例[J]. 系统工程,2006,24(3):63-66.

[176] 李达. 上海经济增长、结构效应与污染排放关系研究[J]. 世界经济情况,2007(4):68-71.

[177] 李红,王宏英,白婷. 资源区经济与资源环境承载力与可持续发展研究[J]. 数学的认识与实践,2007(9):40-44.

[178] 李岚,高智,罗静等. 京津冀北区域经济发展和资源环境保护研究[M]. 石家庄:河北人民出版社,2006.

[179] 李仁发,赵华. 西部矿产资源型产业发展生态化途径[J]. 产业经济,2011(3):30-32.

[180] 李树文, 康敏娟. 生态—地质环境承载力评价指标体系的探讨[J]. 地球与环境, 2010 (1): 85-90.

[181] 李文彦. 煤矿城市的工业发展与城市规划问题[J]. 地理学报, 1928, 3 (1): 73-78.

[182] 李新春, 商会娟. 西部地区煤炭资源开采与环境的耦合效应研究[J]. 管理学报, 2008, 5 (5): 703-707.

[183] 李新平. "两型社会"全国综合配套改革试验区建设研究[D]. 沈阳: 辽宁大学博士学位论文, 2011.

[184] 李秀彬等. 中国水土流失防治与生态安全·北方土石山区卷[M]. 北京: 科学出版社, 2009.

[185] 李彦龙. 关于矿业企业社会责任的若干理论探讨[J]. 中国矿业, 2011 (8): 29-32.

[186] 李彦明. 南京市工业"三废"排放的环境库兹涅茨特征研究[J]. 世界科技研究与发展, 2007, 29 (3): 82-86.

[187] 李周, 包晓斌. 中国环境库兹涅茨曲线的估计[J]. 科技导报, 2002 (4): 57-58.

[188] 联合国等. 国民经济核算体系 (1993) [M]. 北京: 中国统计出版社, 1995.

[189] 梁若皓. 矿产资源开发与生态环境协调机制研究 [D]. 北京: 中国地质大学 (北京) 博士学位论文, 2009.

[190] 梁钰. 矿产资源开发与利用的循环经济模式研究[J]. 中国矿业, 2008, 17 (8): 22-24.

[191] 林斐. 淮河流域资源型工业的发展战略[J]. 地域研究与开发, 2000, 19 (3): 40-43.

[192] 凌亢, 王浣尘, 刘涛. 城市经济发展与环境污染关系的统计研究——以南京市为例[J]. 统计研究, 2001 (10): 46-52.

[193] 刘蓓蓓, 俞钦钦, 毕军等. 基于利益相关者理论的企业环境行为影响因素研究[J]. 中国人口·资源与环境, 2009 (6): 80-84.

[194] 刘伯恩. 对建立矿产资源管理长效机制的思考[J]. 中国矿业, 2006 (11): 16-19.

[195] 刘刚. 淮河流域桐柏大别山区植被退化机制与生态修复模式[D]. 济南: 山东农业大学博士学位论文, 2010.

[196] 刘洪, 杨伟民. 关于煤炭城市产业结构调整的几个问题[J]. 宏观经济研究, 1992 (4): 43-53.

[197] 刘瑞. 低碳经济与中国经济发展模式转型[J]. 经济问题探索, 2009 (1): 83-87.

[198] 刘向东. 让资源大省的载舟之水更充沛——山西省环境承载力与经济可持续发展形势分析[J]. 环境保护, 2010 (16): 57-59.

[199] 刘晓丹, 孙英兰. "生态环境"内涵界定探讨[J]. 生态学杂志, 2006, 25 (6): 722-724.

[200] 刘洋. 我国矿区土地资源复垦立法的可行性研究[D]. 哈尔滨: 东北林业大学硕士学位论文, 2010.

[201] 刘耀斌. 中国城市经济增长与环境质量变化关系的实证研究[J]. 商业研究, 2007 (10): 24-27.

[202] 刘玉娟, 刘邵权, 刘斌涛, 刘淑珍. 汶川地震重灾区雅安市资源环境承载力[J]. 长江流域资源与环境, 2010 (5): 554-559.

[203] 刘玉强, 龚羽飞. 我国主要矿产资源及矿产品供需形势分析与对策建议[J]. 矿产与地质, 2004 (3): 294-296.

[204] 卢勇, 王思明. 明清淮河流域生态变迁研究 [J]. 云南师范学院学报（自然科学版）, 2007 (6): 45-52.

[205] 陆国荣, 吕乃璧. 论我国矿产资源开发中生态经济社会协调发展的问题和对策[J]. 中国矿业, 1996 (5): 7-14.

[206] 陆阳. 经济—社会—自然环境多目标协调发展综合评价及应用[D]. 西安: 陕西师范大学硕士学位论文, 2011.

[207] 路世昌. 耗竭性资源城市经济发展战略研究[J]. 中国软科学, 2003 (8): 118-129.

[208] 罗伯特·平狄克, 丹尼尔·鲁宾费尔德. 微观经济学（第6版）[M]. 北京: 中国人民大学出版社, 2006.

[209] 马尔萨斯. 人口原理 (1798) [M]. 北京: 商务印书馆, 2009.

[210] 马俊. 上海市工业"三废"的环境库兹涅茨曲线研究[J]. 重庆工商大学学报（西部论坛）, 2007, 17 (6): 79-81.

[211] 马清裕. 关于矿区城镇合理布局问题的探讨[J]. 城市规划, 1981 (4): 20-31.

[212] 孟庆峰, 李真, 盛昭瀚等. 企业环境行为影响因素研究现状及发展

趋势[J]. 中国人口·资源与环境, 2010 (9): 100-106.

[213] 苗丽娟, 王玉广, 张永华等. 海洋生态环境承载力评价指标体系研究[J]. 海洋环境科学, 2006 (3): 75-77.

[214] 帕克, 伯吉斯, 麦肯齐. 城市社会学[M]. 北京: 华夏出版社, 1987.

[215] 潘庆忠, 李望晨, 王在翔等. 两种改进加权 Topsis 综合评价方法的探讨与实证[J]. 中国卫生统计, 2008 (4): 439-441.

[216] 彭积敩. 论高科技产业化的重要意义[J]. 湖南高等专科学校学报, 2004, 2 (17): 26-28.

[217] 彭立, 刘邵权, 刘淑珍等. 汶川地震重灾区 10 县资源环境承载力研究[J]. 四川大学学报, 2009 (3): 294-300.

[218] 彭水军, 包群. 经济增长与环境污染——环境库兹涅茨曲线假说的中国检验[J]. 财经问题研究, 2006 (8): 3-17.

[219] 彭秀丽. 湖南矿产开发与矿区生态环境协调发展研究[D]. 长沙: 中南大学博士学位论文, 2011.

[220] 彭再德, 杨凯, 王云. 区域环境承载力研究方法初探[J]. 中国环境科学, 1996 (2): 6-10.

[221] 平顶山市人民政府. 平顶山市矿产资源总体规划 (2008-2015 年) [Z]. 2010-10.

[222] 钱纳里等. 工业化和经济增长的比较研究[M]. 上海: 上海人民出版社 (中译本), 1989.

[223] 秦格. 煤炭矿区生态环境补偿机制研究[D]. 徐州: 中国矿业大学博士学位论文, 2009.

[224] 秦江波, 于冬梅, 孙永波. 中国矿产资源现状与可持续发展研究[J]. 经济研究导刊, 2011 (22): 11-12.

[225] 秦颖, 武春友, 翟鲁宁. 企业环境绩效与经济绩效关系的理论研究与模型构建[J]. 系统工程理论与实践, 2004 (8): 111-117.

[226] 冉圣宏, 薛纪渝, 王华东. 区域环境承载力在北海市城市可持续发展研究中的应用[J]. 中国环境科学, 1998 (18): 83-87.

[227] 任建雄. 区域矿产资源开发利用的路径创新与协调机理[M]. 杭州: 浙江大学出版社, 2010.

[228] 闫磊. 矿产资源生态补偿制度探究[R]. 中国环境科学学会学术年

会优秀论文集，2008.

[229] 山东省国土资源厅．山东省矿产资源总体规划（2001-2010年）[Z]．2002-10.

[230] 商会娟，李新春．西部煤炭资源开采与环境的耦合效应研究[J]．矿业安全与环保，2008（2）：67-72.

[231] 申亮．我国环保监督机制问题研究：一个演化博弈理论的分析[J]．经济与金融，2011，23（8）：46-51.

[232] 沈镭，魏秀鸿．区域矿产资源开发概论[M]．北京：气象出版社，1998.

[233] 沈满洪，许云华．一种新型的环境库兹涅茨曲线——浙江省工业化进程中经济增长与环境变迁的关系研究[J]．浙江社会科学，2000（4）：53-57.

[234] 宋宝莉，何东．基于核心利益相关者的企业承担生态责任创造战略价值回归研究[J]．企业管理，2011（12）：84-85.

[235] 孙海燕．区域协调发展机制构建[J]．经济地理，2007（3）：362-365.

[236] 孙晓伟．基于环境规制视阈的企业环境责任缺失分析[J]．技术经济与管理研究，2011（7）：81-85.

[237] 孙雅静．资源型城市转型与发展出路[M]．北京：中国经济出版社，2008.

[238] 唐剑武，叶文虎．环境承载力的本质及其定量化初步研究[J]．中国环境科学，1998（3）：227-230.

[239] 田敏．煤炭资源型城市经济转型探讨[J]．中国城市经济，2011（8）：35-36.

[240] 田晓四，陈杰，朱诚，朱同林．南京市经济增长与工业"三废"污染水平计量模型研究[J]．长江流域资源与环境，2007，16（4）：410-413.

[241] 屠晓峰，王学潮，胡杰．生态环境系统与核算体系的分析与探讨[J]．水利经济与管理，2002，8（3）：128-130.

[242] 万伦来，胡志华，昂小刚．安徽淮河流域工业化实证研究[J]．华东经济管理，2007，21（7）：9-14.

[243] 万伦来，胡志华，李勤．矿产资源开发利用的环境效应研究进展[J]．地域研究与开发，2009，25（11）：23-27.

[244] 万伦来,李勤,朱骏锋. 淮河流域工业企业环境行为的实证研究[J]. 合肥工业大学学报,2007,21(4):25-28.

[245] 万伦来,王立平. 统计学原理与应用[M]. 合肥:合肥工业大学出版社,2007.

[246] 万伦来,朱骏锋,沈典妹. 淮河流域经济增长与生态环境质量变化的关系——来自1998-2007年安徽淮河流域的经验[J]. 地域研究与开发,2009,28(4):125-128.

[247] 万宇艳. 基于MFA分析下的低碳经济发展战略[J]. 中国能源,2009,31(6):8-11.

[248] 王常文. 经济学发展理论初探[J]. 当代经济,2004(6):8-9.

[249] 王欢. 哈尔滨市环境承载力评估与研究[D]. 哈尔滨:东北林业大学硕士学位论文,2009.

[250] 王火根,沈利生. 中国经济增长与能源消费空间面板分析[J]. 数量经济技术经济研究,2007(12):98-107.

[251] 王剑,孙铁珩,李培军等. 环境承载力研究进展[J]. 应用生态学报,2005(4):768-772.

[252] 王立平,管杰,张纪东. 中国环境污染与经济增长:基于空间动态面板数据模型的实证分析[J]. 地理科学,2010(6):818-825.

[253] 王立平,马娇娇. R&D投资对经济增长作用的空间面板模型[J]. 合肥工业大学(自然科学版),2010(9):1406-1411.

[254] 王立平,王健. 中国产业结构变迁对区域经济增长影响分析——基于空间动态面板数据模型[J]. 统计与信息论坛,2010(7):92-97.

[255] 王孟本."生态环境"概念的起源与内涵[J]. 生态学报,2003,23(9):1910-1914.

[256] 王其藩. 系统动力学(修订本)[M]. 北京:清华大学出版社,1994.

[257] 王如松. 生态环境内涵的回顾与思考[J]. 科技术语研究,2005,7(2):28-31.

[258] 王文举. 淮河流域水污染治理与水资源可持续利用研究[M]. 合肥:合肥工业大学出版社,2009.

[259] 王燕. 煤炭开采对生态环境的影响及治理对策[J]. 中国矿业,2009(12):125-128.

[260] 王怡, 罗杰, 陈天鹏等. 企业污染治理战略联盟的动态演化博弈分析[J]. 决策参考, 2011 (17): 68-71.

[261] 王志华, 温宗国, 闫芳, 陈吉宁. 北京环境库兹涅茨曲线假设的验证[J]. 中国人口·资源与环境, 2007, 17 (2): 40-47.

[262] 魏文侠, 程言君, 王洁等. 造纸工业资源环境承载力评价指标体系探析[J]. 中国人口·资源与环境, 2010 (11): 338-340.

[263] 文传浩, 杨桂华, 王焕校. 自然保护区生态旅游环境承载力综合评价指标体系初步研究[J]. 农业环境保护, 2002 (4): 365-368.

[264] 吴海鹰, 张盛林. 西部地区经济发展与环境质量关系的实证研究[J]. 宁夏社会科学, 2005, 5: 29-33.

[265] 吴开亚, 陈晓剑. 安徽省经济增长与环境污染水平的关系研究[J]. 重庆环境科学, 2003, 25 (6): 9-12.

[266] 吴荣庆. 我国矿业发展现状与发展趋势及对矿山工程装备的现代化需求[J]. 国土资源情报, 2010 (8): 37-43.

[267] 吴亚飞, 李科. 基于SPSS的主成分分析法在评价体系中的应用[J]. 当代经济, 2009 (3): 166-168.

[268] 吴玉萍, 董锁成, 宋键峰. 北京市经济增长与环境污染水平计量模型研究[J]. 地理研究, 2002, 21 (2): 239-246.

[269] 吴振良. 基于物质流和生态足迹模型的资源环境承载力定量评价研究[D]. 北京: 中国地质大学硕士学位论文, 2010.

[270] 伍华佳. 中国产业低碳化转型与战略思路[J]. 社会科学, 2011 (8): 46-54.

[271] 武强, 陈奇. 矿山环境问题诱发的环境效应及对策[J]. 水文地质工程地质, 2008 (5): 81-85.

[272] 夏军等. 中国水问题观察[M]. 北京: 科学出版社, 2011.

[273] 肖文韬. 专用性资产与资源型城市产业转型[J]. 财经理论与实践, 2005 (3): 110-114.

[274] 肖玉, 谢高地, 鲁春霞等. 生态系统对社会经济发展的响应[J]. 资源科学, 2001, 23 (6): 17-19.

[275] 谢雄标, 严良. 矿产资源产业可持续发展研究综述[J]. 资源产业经济, 2009 (7): 13-17.

[276] 信阳市人民政府. 信阳市矿产资源规划研究报告[Z]. 2004-05.

[277] 徐建中. 我国矿业资源城市经济可持续发展研究[D]. 哈尔滨: 哈尔滨工程大学博士学位论文, 2003 (3): 125-128.

[278] 许海霞, 王立杰, 李新春. 我国煤炭资源型城市发展系统协调机制研究[J]. 煤炭经济研究, 2008 (12): 42-44.

[279] 许良虎. 企业环境绩效审计评价指标研究[J]. 商业会计, 2011, 21 (7): 45-47.

[280] 闫军印, 赵国杰等. 区域矿产资源开发生态经济系统[M]. 北京: 中国物资出版社, 2008.

[281] 闫旭骞, 徐俊艳. 矿区资源环境承载力评价方法研究[J]. 金属矿山, 2005 (6): 56-58.

[282] 严良. 矿产资源开发利用环境问题对策——基于资源经济视角[C]. 第三届能源资源开发利用战略研讨会, 2009.

[283] 杨凯, 叶茂, 徐启新. 上海城市废弃物增长的环境库兹涅茨特征研究[J]. 地理研究, 2003, 22 (1): 60-66.

[284] 杨勇, 周兵. 淮河流域开办环境污染责任保险的政策分析[J]. 淮海工学院学报, 2012, 10 (5): 29-31.

[285] 叶京京. 中国西部地区资源环境承载力研究[D]. 成都: 四川大学硕士学位论文, 2007.

[286] 叶明霞, 罗国云. 长江上游地区资源环境承载力的实证分析[J]. 华东经济管理, 2009 (3): 1-4.

[287] 殷朝华. 新疆区域经济协调发展的机制研究[D]. 石河子: 石河子大学硕士学位论文, 2005.

[288] 于峰. 环境库兹涅茨曲线研究回顾与评析[J]. 经济问题探索, 2006, 8: 4-12.

[289] 余春祥. 可持续发展的环境容量和资源承载力[J]. 中国软学, 2004 (2): 130-133.

[290] 余建杰. 构建淮河流域生态环境途径的思考[J]. 赤峰学院学报 (自然科学版), 2011 (3): 163-166.

[291] 余建杰. 构建淮河流域生态环境途径的思考[J]. 赤峰学院学报, 2011, 27 (3): 163-166.

[292] 余可. 地方财政科技投入对广东省经济增长的影响: 基于面板数据的实证分析[J]. 科技管理研究, 2011 (9): 33-36.

[293] 曾祥坤, 邓翔, 邹书波. 贵州矿产资源型产业发展的思考[J]. 贵州社会科学, 2013 (3): 90-94.

[294] 翟书斌. 中国新型工业化路径选择与制度创新[M]. 北京: 中国经济出版社, 2006.

[295] 张炳, 毕军, 袁增伟等. 企业环境行为: 环境政策研究的微观视角[J]. 2007 (3): 40-44.

[296] 张存玲, 陈爱萍. 树立低碳经济理念加速淮北城市转型[J]. 安徽科技, 2010 (7): 44-45.

[297] 张复明, 普景秋. 资源生态环境补偿机制研究[M]. 北京: 经济科学出版社, 2010.

[298] 张恒毅. 信息化推动经济发展的机制研究[D]. 天津: 天津大学博士学位论文, 2009.

[299] 张红. 国内外资源环境承载力研究述评[J]. 理论学刊, 2007 (10): 80-83.

[300] 张劲松. 资源约束下企业环境行为分析及对策研究[J]. 企业战略, 2008 (7): 33-37.

[301] 张嫚. 环境规制与企业行为间的关联机制研究[J]. 财经问题研究, 2005 (4): 34-39.

[302] 张世秋. 中国低碳化转型的政策选择[J]. 产业经济, 2010 (6): 21-22.

[303] 张天宇. 青岛市环境承载力综合评价研究[D]. 青岛: 中国海洋大学硕士学位论文, 2008.

[304] 张伟. 资源环境约束下西部地区矿产资源型产业发展模式研究[J]. 改革与战略, 2008, 24 (7): 115-117.

[305] 张文国, 杨志峰. 基于指标体系的地下水环境承载力评价[J]. 环境科学学报, 2002 (4): 541-545.

[306] 张文锦. 淮河流域生态环境可持续发展思考[J]. 环境保护, 2011 (4): 41-42.

[307] 张效莉, 王成璋, 王野. 人口、经济发展与生态环境系统协调性测度研究——以新疆为例[J]. 生态环境, 2006 (11): 123-126.

[308] 张以诚. 我国矿业城市现状和可持续发展对策[J]. 中国矿业大学学报, 1999 (10): 75-80.

[309] 张义岭. 矿产资源开发利用与区域经济协调发展研究——以泰安市大汶口石膏工业园为例[D]. 泰安：山东农业大学硕士学位论文，2010.

[310] 张永凯. 熵值法在干旱区资源型城市可持续发展评价中的应用[J]. 资源与产业，2006（8）：1-6.

[311] 张玉媚. 广东省工业化进程中经济增长与环境变化之间关系的实证研究[D]. 广州：暨南大学硕士学位论文，2007.

[312] 张正堂，陶学禹. 企业环境污染行为的经济学研究[J]. 环境污染与防治，2002（7）：326-328.

[313] 张志芬，王江. 基于Topsis模型的区域水资源承载力评价方法简介[J]. 内蒙古水利，2009（6）：62-63.

[314] 赵兵. 资源环境承载力研究进展及发展趋势[J]. 西安财经学院学报，2008（3）：114-118.

[315] 赵娟. 全国重点城市工业废水污染状况比较研究[D]. 北京：北京林业大学硕士学位论文，2008.

[316] 赵俊平. 资源型城市发展循环经济的思考[J]. 商业时代·学术评论，2007（19）：87-89.

[317] 赵天石. 资源型城市可持续发展战略问题研究[M]. 北京：红旗出版社，2001.

[318] 赵细康，李建民，王金营，周春旗. 环境库兹涅茨曲线在中国的检验[J]. 南开经济研究，2005（3）：48-54.

[319] 赵晓梅，盖美. 基于熵权模糊物元的辽宁省生态环境承载力研究[J]. 环境科学与管理，2010（6）：144-149.

[320] 郑少春. 论资源环境约束和福建区域创新体系建设[J]. 中共福建省委党校学报，2010（10）：55-62.

[321] 钟茂初，闫文娟. 企业行为因应生态环境责任的研究述评与理论归纳[J]. 经济体制改革，2011（3）：94-99.

[322] 钟永光，贾晓菁，李旭等. 系统动力学[M]. 北京：科学出版社，2010.

[323] 周建安. 资源约束与我国产业结构演进生态发展路径的实证研究[J]. 当代财经，2008（6）：77-81.

[324] 周军，张启兵. 淮北煤矿区地表塌陷的环境效应及对策[J]. 能源环境保护，2008（5）：35-37.

[325] 周曙东. 企业环境行为绩效综合评价指标体系研究[J]. 中国国情国力, 2011 (11): 52-54.

[326] 周炜. 淮河流域工业化与生态环境的脱钩性: 理论与实证研究[D]. 合肥: 合肥工业大学硕士学位论文, 2013.

[327] 朱骏锋. 淮河流域工业化与自然生态环境的可持续性研究[D]. 合肥: 合肥工业大学硕士学位论文, 2009.

[328] 朱丽波. 宁波市北仑区经济社会发展环境承载力评价及保护对策研究[D]. 上海: 同济大学硕士学位论文, 2008.

[329] 庄贵阳. 低碳经济: 气候变化背景下中国的发展之路[M]. 北京: 气象出版社, 2005.

[330] 庄贵阳. 中国经济低碳发展的途径与潜力分析[J]. 国际技术经济研究, 2005, 8 (3): 79-87.

[331] 邹伟进, 胡畔. 政府和企业环境行为: 博弈及博弈均衡的改善[J]. 理论月刊, 2009 (6): 161-164.